# KUM NYE

## Preparação Profunda para o Yoga Tibetano

# KUM NYE

## Preparação Profunda para o Yoga Tibetano

### *Tarthang Tulku*

Tradução:
OCTAVIO MENDES CAJADO

Editora
Pensamento
SÃO PAULO

Título no original: *Kum Nye Relaxation, Part 1 and Part 2*
Copyright © 1978, 2007 Dharma Publishing, USA

Nova edição revisada pela Editora Dharma: Paula Rozin, Robson de Brito, Carline Piva e Jennifer Gollop

Diagramação e capa: Helen Ressude

Foto da capa: Yuca Hibino

Copyright da edição brasileira © 2012 Editora Pensamento-Cultrix Ltda.

Texto de acordo com as novas regras ortográficas da língua portuguesa.

1ª edição 2012.

```
Dados Internacionais de Catalogação na Publicação (CIP)
       (Câmara Brasileira do Livro, SP, Brasil)

    Tarthang Tulku
       Kum Nye : preparação profunda para o yoga
    tibetano / Tarthang Tulku ; tradução Octavio
    Mendes Cajado. -- São Paulo : Pensamento, 2012.

       Título original: Kum Nye Relaxation, part 1 and
    part 2.
       ISBN 978-85-315-1789-1

       1. Automassagem 2. Relaxamento 3. Yoga Tibetano
    I. Título.


12-05020                              CDD-613.7046
```

Índices para catálogo sistemático:

1. Yoga Tibetano : Promoção da saúde    613.7046

Todos os direitos reservados. Nenhuma parte desta obra pode ser reproduzida ou usada de qualquer forma ou por qualquer meio, eletrônico ou mecânico, inclusive fotocópias, gravações ou sistema de armazenamento em banco de dados, sem permissão por escrito, exceto nos casos de trechos curtos citados em resenhas críticas ou artigos de revistas.

A Editora Pensamento não se responsabiliza por eventuais mudanças ocorridas nos endereços convencionais ou eletrônicos citados neste livro.

Obra publicada em 2 volumes no ano de 1984 pela Editora Pensamento com o título: Kum Nye – Técnicas de Relaxamento.

---

Direitos de tradução para a língua portuguesa adquiridos com exclusividade pela
EDITORA PENSAMENTO-CULTRIX LTDA.
Rua Dr. Mário Vicente, 368 — 04270-000 — São Paulo, SP
Fone: (11) 2066-9000 — Fax: (11) 2066-9008
E-mail: atendimento@editorapensamento.com.br
http://www.editorapensamento.com.br
que se reserva a propriedade literária desta tradução.
Foi feito o depósito legal.

*Corpo, mente e sentidos se juntam em um processo de alquimia interior.*

# Índice

Exercícios e Massagens     VIII
Prefácio de Tarthang Tulku     XIII

**Parte Um:** *Teoria, Preparação e Massagem*
*Massagem Interna e Externa do Sentimento*     1
**Preparação**     15
*A Postura dos Sete Gestos*     25
**Respiração**     35
   *Exercícios de Respiração*     42
**Massagem**     55
   *A Massagem como Parte da Prática*     59
**Orientação Prática**     143
   *Grupo Um*     148
   *Grupo Dois*     173

**Parte Dois:** *Exercícios de Movimento*
*Equilibrando e Integrando Corpo, Mente e Sentidos*     199
   *Nível Um*     204
   *Nível Dois*     221
   *Nível Três*     247
*Estimulando e Transformando Energias*     273
   *Nível Um*     278
   *Nível Dois*     297
   *Nível Três*     334

**Retiro**     387

**Índice Remissivo**     389

# Exercícios e Massagens

## Parte Um: Teoria, Preparação e Massagem

| | | |
|---|---|---|
| Exercício 1 | Soltando | 29 |
| Exercício 2 | Dissolvendo a Tensão | 30 |
| Exercício 3 | Saboreando o Relaxamento | 31 |
| Exercício 4 | Acompanhando a Sensação | 32 |
| Exercício 5 | Expandindo o Sentimento | 33 |
| Exercício 6 | Respiração Alegre | 44 |
| Exercício 7 | Abrindo os Sentidos | 45 |
| Exercício 8 | Vivendo a Vida na Respiração | 46 |
| Exercício 9 | OM | 48 |
| Exercício 10 | AH | 49 |
| Exercício 11 | HUM | 50 |
| Exercício 12 | Respiração OM AH HUM | 51 |
| Exercício 13 | Respiração Purificadora | 52 |
| Exercício 14 | Sentindo a Respiração | 53 |

### MASSAGENS

| | |
|---|---|
| Energizando as Mãos | 61 |
| Massagem das Mãos | 63 |
| Massagem do Rosto | 70 |
| Massagem da Cabeça | 84 |
| Massagem do Pescoço | 95 |
| Massagem dos Ombros | 104 |
| Massagem do Peito | 106 |
| Massagem da Barriga | 112 |
| Massagem dos Braços | 117 |
| Massagem das Costas | 122 |
| Massagem dos Quadris | 126 |
| Massagem das Pernas | 128 |
| Massagem dos Pés | 133 |

### ORIENTAÇÃO PRÁTICA: GRUPO UM

| | | |
|---|---|---|
| Exercício 15 | Relaxando | 149 |
| Exercício 16 | Tocando o Sentimento | 151 |
| Exercício 17 | Tornando Leves os Pensamentos | 153 |

| | | |
|---|---|---|
| Exercício 18 | Mãos Mágicas | 155 |
| Exercício 19 | Revitalizando a Energia 1 | 159 |
| Exercício 20 | Tocando a Energia do Corpo | 161 |
| Exercício 21 | Curando o Corpo e a Mente | 164 |
| Exercício 22 | Voando | 166 |
| Exercício 23 | Equilibrando o Corpo e a Mente | 168 |
| Exercício 24 | O Ser e o Corpo | 170 |

**ORIENTAÇÃO PRÁTICA: GRUPO DOIS**

| | | |
|---|---|---|
| Exercício 25 | Acalmando a Energia Interior | 174 |
| Exercício 26 | Estimulando a Energia Interior | 177 |
| Exercício 27 | Tocando o Sentimento Nutriente | 179 |
| Exercício 28 | Corpo de Conhecimento | 181 |
| Exercício 29 | Luz Clara | 184 |
| Exercício 30 | Expandindo a Atenção | 186 |
| Exercício 30 | Expandindo a Atenção | 188 |
| Exercício 32 | Tocando o Corpo, a Mente e a Energia | 190 |
| Exercício 33 | Energizando a Parte Inferior do Corpo | 192 |
| Exercício 34 | Ouro Interior | 194 |

## *Parte Dois: Exercícios de Movimento*

**EQUILIBRANDO E INTEGRANDO: NÍVEL UM**

| | | |
|---|---|---|
| Exercício 35 | Soltando a Mente | 206 |
| Exercício 36 | Despertando os Sentidos | 208 |
| Exercício 37 | Equilibrando os Sentidos | 210 |
| Exercício 38 | Desfrutando a Sensação | 211 |
| Exercício 39 | Nadando no Espaço | 212 |
| Exercício 40 | Atenção aos Sentidos | 214 |
| Exercício 41 | O Alerta do Corpo | 216 |
| Exercício 42 | Equilibrando o Corpo | 218 |
| Exercício 43 | Sentindo a Energia do Corpo | 219 |

**EQUILIBRANDO E INTEGRANDO: NÍVEL DOIS**

| | | |
|---|---|---|
| Exercício 44 | Tocando os Sentidos | 222 |
| Exercício 45 | Equilibrando a Energia Interior | 224 |
| Exercício 46 | Refrescando a Energia | 226 |
| Exercício 47 | Integrando o Corpo e a Mente | 228 |
| Exercício 48 | Desfrutando o Espaço | 230 |

| | | |
|---|---|---:|
| Exercício 49 | Exercitando-se no Espaço | 232 |
| Exercício 50 | Interação do Corpo e da Mente | 234 |
| Exercício 51 | Tocando o Alerta | 236 |
| Exercício 52 | Vitalizando a Energia | 238 |
| Exercício 53 | Equilibrando a Energia | 240 |
| Exercício 54 | Relaxando a Autoimagem | 242 |
| Exercício 55 | Equilibrando a Mente e os Sentidos | 244 |
| Exercício 56 | Coordenando o Corpo e a Mente | 246 |

**EQUILIBRANDO E INTEGRANDO: NÍVEL TRÊS**

| | | |
|---|---|---:|
| Exercício 57 | Abrindo o Coração | 249 |
| Exercício 58 | Coordenando a Totalidade da Energia | 251 |
| Exercício 59 | Transformando Emoções | 254 |
| Exercício 60 | Aliviando a Negatividade | 256 |
| Exercício 61 | Expandindo a Energia do Corpo | 259 |
| Exercício 62 | Aumentando a Resistência | 261 |
| Exercício 63 | Abraçando o Espaço | 263 |
| Exercício 64 | Aumentando o Equilíbrio Psicológico | 265 |
| Exercício 65 | Igualdade do Interior e do Exterior | 267 |
| Exercício 66 | Aumentando o Equilíbrio Interior | 269 |

**ESTIMULANDO ENERGIAS: NÍVEL UM**

| | | |
|---|---|---:|
| Exercício 67 | Sentindo a Energia | 280 |
| Exercício 68 | Clareando a Confusão | 282 |
| Exercício 69 | Mente Clara | 284 |
| Exercício 70 | Energia Suave | 286 |
| Exercício 71 | Liberando a Tensão | 288 |
| Exercício 72 | Corporificação | 290 |
| Exercício 73 | OM AH HUM | 292 |
| Exercício 74 | Vitalidade Saudável | 294 |
| Exercício 75 | Corpo de Energia | 296 |

**ESTIMULANDO ENERGIAS: NÍVEL DOIS**

| | | |
|---|---|---:|
| Exercício 76 | Construindo Força e Confiança | 298 |
| Exercício 77 | Fluxo da Energia | 301 |
| Exercício 78 | Estimulando a Energia do Corpo | 303 |
| Exercício 79 | Energia Curativa | 305 |
| Exercício 80 | Satisfação que Alimenta | 307 |
| Exercício 81 | Estimulando o Corpo Presente | 309 |

| | | |
|---|---|---|
| Exercício 82 | Massagem Interna | 311 |
| Exercício 83 | Estimulando a Energia Vital | 313 |
| Exercício 84 | Estimulando a Essência da Vitalidade | 315 |
| Exercício 85 | Ser e Energia | 317 |
| Exercício 86 | Estimulando a Sensação Saudável | 319 |
| Exercício 87 | Transmutando Energias Negativas | 321 |
| Exercício 88 | Estimulando as Energias Internas do Corpo | 323 |
| Exercício 89 | Transformando Energia | 326 |
| Exercício 90 | Respiração Viva | 329 |
| Exercício 91 | Ativando a Energia Curativa | 331 |
| Exercício 92 | Canalizando a Energia do Corpo para os Sentidos | 333 |

**ESTIMULANDO ENERGIAS: NÍVEL TRÊS**

| | | |
|---|---|---|
| Exercício 93 | Refrescando os Sentidos | 336 |
| Exercício 94 | Alimentando a Energia do Corpo | 338 |
| Exercício 95 | Estimulando a Energia Interior | 340 |
| Exercício 96 | Totalidade da Alegria | 342 |
| Exercício 97 | Tocando o Tempo | 344 |
| Exercício 98 | Imortalidade Interior da Energia | 346 |
| Exercício 99 | Tocando o Sentimento Positivo | 349 |
| Exercício 100 | Energia Saudável | 351 |
| Exercício 101 | Tocando a Energia Presente | 353 |
| Exercício 102 | Textura da Alegria | 355 |
| Exercício 103 | Vitalidade | 358 |
| Exercício 104 | Energia Sagrada | 360 |
| Exercício 105 | Fio de Ouro do Coração | 362 |
| Exercício 106 | Trindade da Prática: Respiração, Energia e Atenção | 364 |
| Exercício 107 | Expandindo a Energia Interior | 366 |
| Exercício 108 | Tocando o Corpo Presente | 368 |
| Exercício 109 | Totalidade da Energia | 370 |
| Exercício 110 | Energizando o Corpo e a Mente | 372 |
| Exercício 111 | Circulação de energia | 374 |
| Exercício 112 | Estimulando o Equilíbrio da Energia | 378 |
| Exercício 113 | Sentindo a Bem-aventurança | 380 |
| Exercício 114 | Utilizando a Energia Expansiva | 382 |
| Exercício 115 | Totalidade do Corpo e da Mente | 384 |

# Prefácio de Tarthang Tulku

O Relaxamento Kum Nye é um suave sistema de cura que alivia a tensão, transforma os padrões negativos, ajuda-nos a ser mais equilibrados e saudáveis, e aumenta nosso prazer e apreciação pela vida. Nos tempos modernos, a confusão, o caos e o excesso de estímulos se tornaram tão constantes na nossa vida diária que nos sentimos muito tensos e sobrecarregados para gozar a vida. O Kum Nye oferece uma maneira de se contrapor a esse efeito: abre os nossos sentidos e o coração e sentimo-nos satisfeitos e realizados, capazes de apreciar mais plenamente cada aspecto da vida. Em curto espaço de tempo, enriquecemos a qualidade da experiência e aprendemos a viver em harmonia.

O valor único do sistema de Relaxamento Kum Nye está no fato de abordar holisticamente o corpo e a mente, integrando e equilibrando o físico e o psicológico para gerar saúde. O Kum Nye cura o corpo e a mente, reunindo as suas energias para que funcionem de modo calmo e suave. Como conduz à integração do corpo e da mente em todos os exercícios, esse relaxamento tem uma qualidade vital e duradoura maior do que a sensação de bem-estar vivenciada em exercícios físicos comuns, ou até em disciplinas como o yoga. Quando aprendemos a abrir os sentidos e a tocar diretamente nossas sensações, o corpo e a mente se conectam plenamente, e tornam a nossa experiência mais rica, saudável e bela. À medida que nos conhecemos com mais profundidade, tornamo-nos também capazes de um compartilhar mais pleno com os outros.

A tradição escrita do Kum Nye está contida nos textos médicos tibetanos, bem como nos antigos textos Vinaya do Budismo, que focalizam o viver de acordo com leis físicas e universais e incluem extensas descrições de práticas de cura. O Kum Nye (pronuncia-se Kum Niê) é parte, portanto, da linhagem de teorias e práticas espirituais e médicas que ligam a medicina tibetana às medicinas indiana e chinesa. Essa linhagem deu origem a muitas disciplinas, incluindo o yoga e a acupuntura, e está nas raízes de outras mais recentes que tratam do corpo e da mente.

Entretanto, o sistema de Kum Nye apresentado nesse livro é todo moderno, extraído da minha própria experiência e adaptado especialmente para servir às necessidades atuais. Quando eu era menino no Tibete, meu pai era médico e lama e foi ele quem me introduziu no Kum Nye. Embora não fosse muito conhecido no Tibete, o Kum Nye era mais utilizado como prática auxiliar a outras. Meus gurus algumas vezes ensinavam a teoria e a prática básicas do Kum Nye ao introduzir a tradição oral do yoga do *Nying-thig tsa-lung* (sistema de energia do corpo sutil) como prática introdutória. Até hoje o Kum Nye não tem um corpo sistematizado de instruções escritas, e minha prática do Kum Nye sempre teve para mim um sabor de investigação e experimentação.

Utilizei o aspecto aberto do Kum Nye para introduzir novas adaptações e desenvolvi centenas de exercícios que meus estudantes ocidentais consideram bastante úteis. Vários deles foram adaptados para atender a necessidades e problemas específicos encontrados pelos ocidentais. No decorrer dos anos, à medida que os alunos praticavam, escreviam e discutiam em classe suas experiências, conclui que certos exercícios eram particularmente benéficos. Este livro inclui os exercícios mais simples e efetivos, e todos podem ser feitos com segurança por qualquer pessoa, jovem ou idoso, sem um professor, incluindo exercícios de respiração, automassagem e diferentes tipos de movimento. Tenho a esperança de que o prazer provocado pelo descobrimento de muitos aspectos ainda não desenvolvidos do Kum Nye enriqueça a prática dos estudantes ocidentais e, finalmente, estimule a sistematização no Ocidente.

Espero que este livro leve os benefícios do Kum Nye para pessoas de várias formações e interesses, ajudando-as a desenvolver e prosseguir suas experiências de relaxamento interior. Escrevi este livro com o objetivo de ser um guia prático para o profundo prazer de uma vida saudável e equilibrada, rica em beleza e satisfação. Que ele conduza à harmonia de todos os seres, mesmo nestes tempos difíceis.

Agradeço às várias pessoas cuja experiência do Kum Nye contribuiu para o desenvolvimento desses exercícios. Dedico este livro ao Nyingma Institute de Berkeley, Califórnia, onde o Kum Nye se desenvolveu e atingiu a sua forma atual.

Tarthang Tulku

Setembro de 1978

*Parte Um*
# Teoria, Preparação e Massagem

# Massagem Interna e Externa dos Sentimentos

*Por meio do relaxamento descobrimos um modo inteiramente novo de ser.*

Todos temos lembranças de momentos em que nos sentíamos particularmente vivos, quando o mundo parecia novo e promissor, como um jardim florido numa bela manhã de primavera. Sejam quais forem as circunstâncias que conduzem a tais momentos, de repente, há uma sensação de intensa vitalidade, sustentada pelo conhecimento de que todos os elementos estão em absoluta harmonia. O ar pulsa com vida. O nosso corpo se sente saudável e energético, a nossa mente clara e confiante. Há uma qualidade luminosa de percepção. Todas as características do ambiente agradam aos sentidos: as cores são vívidas, os sons melodiosos e os cheiros perfumados. Todos os aspectos da experiência se fundem perfeitamente e em tudo há uma qualidade vibrante; a fronteira habitual entre o espaço interno e o externo torna-se fluida. Nada é fixo e nos sentimos espaçosos e abertos. Agimos com perfeita tranquilidade e adequação.

A essência dessa experiência é o equilíbrio, e o seu resultado é um sentimento profundo de nutrição e de frescor, que se amplia muito além do sentimento a que normalmente chamaríamos de "felicidade". O Kum Nye é a arte de desenvolver esse verdadeiro equilíbrio. Por meio do relaxamento descobrimos um modo inteiramente novo de ser, uma perspectiva que é aberta e que se deleita na integração do corpo, da mente, dos sentidos, dos sentimentos e do ambiente. Aprendemos a apreciar a qualidade totalmente saudável da experiência de viver. Todo o corpo se refresca como se fosse banhado por dentro com a pura água da primavera. Não só o corpo físico desperta, mas também a mente e todos os sentidos são revigorados; as impressões dos sentidos e os pensamentos ganham vida. Uma qualidade de relaxamento inspira todas as atividades, como andar ou comer. Nossa vida funciona de modo suave, e nos tornamos saudáveis e equilibrados.

A chave para a nossa integração interna e uma relação equilibrada com o mundo está dentro dos sentimentos e sensações. Podemos alimentar e curar o corpo e a mente ao tocar profundamente nossos sentimentos e expandir os ritmos fluentes que eles nos trazem, uma vez que estão ligados à vitalidade do próprio universo. Por meio do relaxamento, despertamos sentimentos que depois se expandem e se acumulam até que, pouco a pouco, nos tornamos conscientes de um campo profundo e interpenetrante de energia, dentro do corpo e além dele. Essa energia pode ser estimulada internamente para sustentar e nutrir a nossa vida diária, reciclando sensações para que nos tornemos sensíveis e fortes, nossas sensações ricas e poderosas. Nossa mente também fica mais clara, e descobrimos o que significa ser equilibrado.

Os nossos sentidos, sentimentos e pensamentos estão integrados, e todas as nossas relações, ações, ideias e movimentos são fluentes e harmoniosos. Nossa atenção plena nos concede a liberdade de tomar conta da nossa vida, não de modo forçado ou ansioso, mas confiante. Fazemos então, naturalmente, o que é apropriado e benéfico, e agimos de modo positivo no mundo. Compreendemos que as ideias e ações que resultam em estabilidade e felicidade para nós contribuem também à harmonia do mundo que nos rodeia.

Quando sentimos a beleza do mundo, parece natural viver em harmonia com o universo, desfrutar um relacionamento mutuamente satisfatório como o de uma égua e seu potro. De certa maneira, porém, nós nos tornamos alienados a esse estado de ser. Embora falemos em Mãe Natureza, somos como seus filhos adolescentes, lutando com a própria identidade, à custa de perder o calor e a ternura de que vagamente nos lembramos.

Na primeira infância, quando os nossos sentidos eram mais abertos, podemos ter vivenciado um sentimento maior de união com o universo; mas, à medida que crescemos, passamos a cultivar a nossa personalidade com demasiada intensidade, aprofundando os sentimentos de separação em lugar dos sentimentos de calor e segurança que o nosso coração deseja. As pressões e complicações da sociedade moderna tornam difícil fazermos outra coisa, pois, para sermos bem-sucedidos nos negócios, nas amizades e até em jogos, somos quase forçados a participar de situações competitivas e repletas de tensão, que geram sentimentos de alienação e de ansiedade. Todas as nossas principais realizações, incluindo a escola, a constituição da família e o desenvolvimento de uma carreira envolvem complicações e limitações que não conseguimos evitar.

Até quando tentamos ampliar a nossa vida, podemos acabar contraindo a experiência em vez de expandi-la. Nossas atividades mentais e físicas raramente conseguem nos satisfazer de verdade, porque não integramos o mental e o físico. Não compreendendo a importância de integrar o corpo e a mente em todas as nossas atividades, enfatizamos o mental à custa do sentimento, e o corpo físico à custa das ricas sensações internas.

Quando restringimos os sentimentos e as sensações, impedimos que eles nos dêem o sustento de que precisamos para sermos saudáveis e felizes. Os nossos sentidos podem reagir a essa constrição e nos pressionar sutilmente para nos abrirmos, mas a nossa mente "racional" controla as delicadas impressões sensoriais e, assim, não podemos sequer ouvir seus apelos. Famintos de realização, começamos a procurar fora de nós, correndo, não raro sem descanso, de uma fonte de prazer a outra, como se o seu suprimento fosse limitado. Cativa-nos a ideia de que a satisfação está "lá fora": é suficiente olhar, trabalhar e nos divertir o máximo possível. Somos arrastados para atividades excitantes, que parecem estimular a mente e os sentidos, mas que aumentam ainda mais o nosso desejo. Quanto mais depressa corremos, tanto mais longe ficamos da verdadeira satisfação, que permanece dentro, por trás da porta dos sentidos.

Em vez de abrir essa porta, podemos nos voltar para as drogas, como o álcool ou alucinógenos. Podemos até nos voltar para o caminho espiritual, esperando ser afinal verdadeiramente alimentados, só para descobrir que ali também continuamos insatisfeitos. Seguimos gastando energias, pulando de uma experiência a outra, de um pensamento a outro. Imaginamos o que gostaríamos que tivesse acontecido, nos lembramos de como era antes ou fazemos planos. Perdidos em devaneios, vislumbramos um momento de prazer ou uma rica sensação, mas não vivenciamos o pleno sabor do contato; de alguma forma, ele nos escapa.

Tentamos recuperar um sentimento de inteireza pela "posse" da nossa família e propriedades, tentando, desse modo, controlar tanto a natureza como a nossa vida. Mas tal controle é artificial e não tem relação alguma com as leis e ciclos naturais que governam o nosso corpo e a nossa mente, bem como o mundo ao nosso redor. Começamos a nos sentir fechados e insatisfeitos. Incapazes de perceber que a causa disso pode ter sido a nossa própria falta de equilíbrio, nos vemos em situações pouco saudáveis e nos perguntamos como chegamos lá.

Podemos até chegar à conclusão de que nos é impossível perceber as coisas de modo mais substancial, ou nos abrir para níveis mais profundos da experiência. Negligenciados, nossos sentidos se enrijeceram como o couro de um elefante, diminuindo a plenitude da nossa capacidade sensorial. Enquanto não amaciarmos pouco a pouco essa "dureza", desenvolvendo as energias naturais dos sentimentos e sensações, não podemos nos abrir para o campo pleno da experiência.

Quando realmente sabemos disso, podemos participar do fluir natural do universo, pois compreendemos que dependemos da natureza, e que a natureza, ou melhor, o universo inteiro depende de nós. O mundo será equilibrado quando estivermos equilibrados. Estamos naturalmente ligados a ele: os elementos que constituem o universo estão dentro de cada um de nós. Carregamos essa linhagem antiga em nosso corpo, e nos espelhamos em nossa família, na sociedade e em nosso planeta. Toda ação que praticamos, por menor que seja, afeta o universo inteiro, assim como uma onda transforma a praia.

Participamos de relações infinitamente complexas e interdependentes com todos os múltiplos níveis de existência, desde o subatômico até o cósmico. Como outros sistemas no universo, somos uma unidade completa em nós mesmos e, no entanto, somos compostos de inúmeras unidades menores, que estão todas interligadas entre si e também com o todo. Além dos muitos sistemas que formam o corpo físico – ósseo, muscular, nervoso, etc. – há o sistema psicológico ou emocional, bem como outros sistemas de energia sutil. O funcionamento de cada um desses sistemas depende do funcionamento de todos os demais sistemas do corpo; e a condição do todo unitário que chamamos de "ser humano", se relaciona intimamente com a condição do ambiente.

O nosso ambiente imediato também se relaciona com todos os outros ambientes terrestres, e a Terra sofre a influência de acontecimentos ocorridos nos pontos mais afastados do universo. Sofremos a influência de um sem-número de forças, algumas das quais pouco percebemos ou compreendemos. Nossas ações e pensamentos afetam outros sistemas, incluindo os mundos microscópicos existentes dentro do nosso corpo.

Quando reconhecemos essas inter-relações, reconhecemos também a importância de criar harmonia dentro de nós. Compreendemos que possuímos, em nosso interior, os recursos de que necessitamos para ser equilibrados e felizes, pois nosso corpo e nossa mente são os veículos de toda aprendizagem e crescimento. Diminuindo o nosso ritmo, relaxando-nos e abrindo gentilmente os nossos sentidos, podemos aprender a desenvolver esses recursos. Descobrimos, então, que podemos curar o corpo e a mente com o sentimento canalizado por todo o corpo físico. Quando abrandamos o retesamento crônico dos músculos e da mente, tornamo-nos sensíveis às sutis qualidades do sentimento e as vivificamos em uma experiência revigorante e nova, enriquecendo-as para que continuem a crescer como brotos rijos.

À medida que nossas energias mentais e físicas são vitalizadas e se tornam integradas, tais sensações se tornam muito mais férteis e nutrientes do que as sensações habituais. Sua nutrição nos liberta da grande distração causada pelos pensamentos pululantes e o ansiar por aquilo que está sempre fora do nosso alcance. Descobrimos o estado naturalmente alerta e fluente do corpo, da mente e da energia, de modo que somos capazes de encontrar satisfação dentro de nós. À medida que nosso corpo e nossa mente se tornam bons amigos, nossos músculos também trabalham em união, livres da tensão muscular supérflua. Temos a concentração necessária para a experiência plena. Nossos relacionamentos passam a ser mais ricos e profundos, mais harmoniosos do que competitivos, pois nos relacionamos mais sensivelmente com os outros e com nós mesmos.

No Kum Nye há várias técnicas, incluindo a quietude e o movimento, para estimular o fluxo de sentimento e energia que integra o corpo e a mente. Começamos desenvolvendo a quietude do corpo, da respiração e da mente. O simples fato de nos sentarmos quietos e relaxados dá-nos a oportunidade de apreciar sentimentos de que normalmente não nos damos conta. O relaxamento é então sutilmente auxiliado pela respiração, que se dá pelo nariz e pela boca, tão gentil e uniforme que mal temos consciência da inspiração e da expiração – modo de respirar que nos permite estabelecer contato com a vitalidade positiva do centro da garganta.

À medida que a respiração se torna calma e tranquila, um número menor de pensamentos e imagens que nos distraem passa pela mente, e o corpo todo se torna vivo. Nossas energias mentais e físicas se renovam e se acalmam, como um lago claro no meio da floresta. Descobrimos uma qualidade de sentimento comum ao corpo, à respiração e à mente – uma qualidade calma, clara e profunda – que nos suaviza e "massageia" profundamente por dentro. Quando nos relaxamos ainda mais, o nível sutil desse sentimento se abre como uma lente, deixando entrar mais "luz" ou energia e criando "fotogramas" mais abrangentes e luminosos da experiência.

Para continuar explorando as qualidades desse relaxamento, acrescentamos a automassagem e a "massagem" dos exercícios de movimento, até o sentar e respirar. Geralmente pensamos em massagem como em algo que alguém faz para nós, mas o corpo pode massagear a si próprio. A massagem envolve nossos sentimentos e sensações, e toda a nossa estrutura interior, assim como nossa forma externa. Durante a massagem, tons sutis de sensação ou energias permeiam e acalmam todo o nosso ser, integrando o mental e o físico, relacionando o sentimento à forma. Tais energias são como uma aura vibrante e móvel que nos percorre dentro, corre para fora e também nos cerca. Podemos aprender a nos curar interiormente com essas energias e encaminhá-las a fluir externamente, harmonizando todos os aspectos do nosso ser. Podemos gerar um sol interior que irradia sensações que nos aquecem e penetram em tudo à nossa volta.

Se a princípio estimulamos a massagem fisicamente – por meio da respiração, pressão e massagem do corpo, movimentos lentos, ou produzindo e liberando tensão – mais tarde, podemos iniciar a massagem por meio das tonalidades de sentimento. À medida que o relaxamento se aprofunda, começamos a sentir diretamente as interligações entre a respiração, os sentidos, o corpo e a mente. Os sentidos abrem novos canais e dimensões de sensação, liberando emoções alegres que se expandem e se acumulam, até não querermos saber de mais nada no mundo. Cada célula fica impregnada e saturada de sentimentos positivos de plenitude e realização. Até entre os músculos e os tecidos absorvemos esses maravilhosos sentimentos.

Quando realmente usamos os sentidos, cada parte do corpo se torna vibrante e saudável - tornamo-nos totalmente despertos, mentalmente e emocionalmente. Descobrimos que podemos vivenciar a beleza extasiante de cada momento, como se estivéssemos sempre ouvindo uma bela música, vendo as mais lindas obras de arte. Somos até capazes de curar a nós mesmos, pois esse relaxamento ativa um tom de sentimento que se torna uma massagem autogeradora, um sistema de autonutrição que se expande e cresce. Essa é a massagem do Kum Nye.

Quanto mais rica e profunda for a nossa experiência dessa massagem autogerada, tanto mais simples e naturalmente ela ocorrerá, vitalizando cada sentido, sentimento e atividade da vida cotidiana. Expandindo-se no espaço e no tempo, tonalidades sutis de sentimentos ou energias ativam a massagem tanto fora quanto dentro do nosso corpo, harmonizando o ambiente que nos cerca. Sentimentos amorosos e a alegria do riso se expandem além do corpo, flutuando no espaço e no tempo, como a neve que cai delicadamente. Todos os sentidos se expandem de um modo sutil, aumentando o prazer.

No ato de ver nos concentramos levemente em um objeto, de modo que temos um sentimento que vem da sua forma. Ao abrir os olhos dessa maneira, convidamos uma interação extasiante entre as energias sutis "internas" e "externas". O ver, nesse caso, transforma-se em visão, expressão constante de uma totalidade vital.

O alimento passa a ser um oferecimento aos sentidos. Quando aprendemos a gozar todas as tonalidades de sentimentos do paladar, distribuindo-as pelo corpo e além dele, o comer é, na verdade, um encontro dos sentidos com o seu objeto, um ato cerimonial de apreciação.

Aprendemos igualmente a fazer contato com o som e apreciá-lo, sentindo-o no corpo em toda a sua plenitude, usando-o para estimular interações harmoniosas entre nós e o universo circundante. Assim como permitimos à música suave que nos relaxe e acalme quando estamos cansados, ativamos sentimentos que podem até nos curar. Quando falamos, cada som é delicado, de modo que não existe nenhuma qualidade chocante ou destrutiva em nossa comunicação.

A doçura criada pelo pleno exercício dos nossos sentidos pode expandir-se mais e mais a cada dia. Sem tentar possuí-la, sem nenhuma meta fixa, quase sem interesse, deixamos vir a alegre sensação, abrindo o nosso corpo à sua delicada influência. Sua qualidade, suave e doce como o leite e o mel, nos toca de maneira profunda, sempre contínua, renovando-se e crescendo até vivenciarmos uma sensação quase irresistível de satisfação.

Ao respirar mais sutilmente, sentimos ainda mais: uma qualidade de maciez se mistura ao calor. Nosso corpo se torna leve e quieto. Dentro do corpo e além dele, energias sutis alimentam sentimentos de satisfação e harmonia. Ficamos integrados a esses sentimentos, nos tornando inseparáveis deles. Nossa atenção plena se expande, relacionando pensamentos e sentimentos simultaneamente, prolongando sua duração. Descobrimos a alegria do exercício sem esforço. Vivemos dentro de um sentido de liberdade, de uma vital totalidade, um sentimento que vai se acumulando constantemente. A vida passa a ser um contínuo e alegre fluir no vasto universo: cada célula, cada sentido, cada parte da consciência passada ou futura participa desse fluxo. Deste modo, aprendemos a viver com alegria. Viveremos por mais tempo até, pois a nossa vida é saudável e equilibrada.

Assim que o corpo e a respiração estiverem suficientemente calmos e relaxados, de imediato, de modo quase mágico, surge o sentimento de alegria. Esse é o sentimento que deve ser expandido e acumulado, esse é o creme do Kum Nye, a essência. Podemos bater o creme de modo que se torne mais abundante e profundo, espesso e amplo. Ele pode se tornar tão abundante que é quase perpétuo, e nunca precisamos perdê-lo. Sua textura é cremosa; sua própria essência é néctar. Podemos acumular e distribuir esse néctar pelos sentidos, entre a pele e os músculos, em toda parte do corpo. Por meio deste tipo de relaxamento podemos curar até o nosso lado ávido e sombrio, o lado desequilibrado que age contra nós. A qualidade calmante desse sentimento pode curar pensamentos, sentimentos, conceitos e imagens, envolvendo-os até que não haja mais nenhuma qualidade negativa.

Quando abrimos e cultivamos a fonte de relaxamento e a energia curativa dentro das nossas sensações e sentimentos, estamos praticando Kum Nye. *Kum* significa corpo, existência, a maneira de se corporificar. *Nye* significa massagem ou interação. Em tibetano, *lu*

significa o nosso corpo comum; *ku* corpo mais elevado, mais sutil. No Kum Nye ativamos o *ku*, estimulando os sentimentos que é *nye*.

Quando sabemos realmente como ativar e desenvolver sentimentos e energias sutis, cultivando seu potencial de modo que alimentem a si mesmos de forma fluente, em constante expansão, é até possível purificar, recriar e regenerar todos os padrões do organismo vivo. O Kum Nye nos coloca em contato com as energias puras do corpo e da mente. Aumentando a nossa atenção à tonalidade sensível e imediata de cada sensação ou emoção, aprendemos a nos mover dentro dessas formas de energia, familiarizando-nos com os diferentes níveis sensoriais até que, por fim, estabelecemos contato com a energia neutra e totalmente salutar que permeia todas as formas exteriores.

Cada exercício de Kum Nye pode ser vivenciado em três níveis, que correspondem a três diferentes níveis de relaxamento. No primeiro, os sentimentos têm uma espécie de "tonalidade", como alegria ou tristeza, calor ou frio. Tais sentimentos são fáceis de identificar e descrever: há talvez uma sensação de formigamento, uma sensação ligeiramente dolorosa, ou um sentimento de relaxamento e energia que flui pelo corpo. Estes são sentimentos "superficiais". Nós os sentimos em determinados locais do corpo, e permanecemos atentos ao nosso "eu" que vivencia esses sentimentos durante o exercício.

Estando sensivelmente atentos a esses sentimentos ou sensações iniciais, chegamos a um nível mais profundo de sentimento. A primeira camada de sentimento se abre para um sentimento de maior densidade e rigidez, caracterizada por uma qualidade de retenção, que bloqueia o fluxo de energia. Tal sentimento não pode ser identificado com precisão, mas contém um "sabor". Embora essa camada de sentimento seja mais difícil de aprofundar do que a primeira, ela pode se dissolver delicadamente por meio de uma concentração aberta. Neste nível haverá uma sensação de que o exercício está se fazendo sozinho, se bem que ainda há uma consciência do "eu" que sente a sensação. Todavia o eu pode ser vivenciado como menos sólido.

No terceiro nível de sentimento abordamos a energia pura ou experiência. Nesse nível, todos os resíduos da padronização foram superados. Já não há sentimento algum que se possa isolar e identificar, apenas uma espécie de qualidade que se derrete totalmente, semelhante à qualidade infinita dos sentimentos muito alegres. Essa qualidade não está localizada em lugar algum. Não sabemos onde nem como isso acontece, nem o que é; falta-lhe uma "qualidade inerente de coisa". Neste nível o ego individual já não existe; tornamo-nos o sentimento ao nos fundir com ele. Este é o estágio da fruição, o nível de completude que é o verdadeiro relaxamento.

Uma vez que tocamos esse relaxamento, aprendemos a operar todas as sensações e emoções com uma atitude lúdica, aberta, e tudo se torna relaxamento. Sabemos que em cada sentimento ou sensação existe a energia pura – que tanto as emoções "negativas" quanto as "positivas" são manifestações flexíveis de energia, pois apenas no nível superficial existe negativo e positivo, tristeza e felicidade.

Sabemos então como utilizar a matéria-prima da experiência. No início de qualquer sensação, nós a aumentamos e expandimos até que ela se estabeleça com firmeza. Quando atingimos a segunda camada de sentimento, nós a expandimos também, sentindo-a plenamente até passarmos para a fase final. Quando surge o próximo sentimento ou sensação, começamos de novo, criando um círculo contínuo. Depois, a energia se refresca e se reabastece, e todos os padrões da existência básica, os padrões do nosso ser vivo, são constantemente renovados. Nem o tempo nem a velhice conseguem capturar e congelar essa energia, porque ela está sempre em movimento ativo, cultivando a si mesma, nunca atrasada ou parada. Às vezes damos a esse processo misterioso o nome de "longevidade", e o seu potencial reside nos sentidos.

As práticas de Kum Nye são símbolos que nos chamam a atenção para a natureza de toda a existência. Ao estimular as próprias energias da existência, começamos a compreender como mente e matéria funcionam e interagem. Desenvolvemos uma compreensão das leis físicas – como surgem as sensações, como as percepções se desenvolvem, como os conceitos vêm a existir e os eventos mentais ocorrem. Conscientes da energia e potencial de toda a existência, aprendemos a ver, a buscar e a vivenciar esse potencial. Apreciamos o caráter vibrante da forma física, e usamos essa vitalidade para nos nutrir. Por meio dos sentimentos e da energia corporificada na forma física, aprendemos a vivenciar os padrões físicos que ocorrem no nosso corpo, e então entendemos como a matéria propriamente dita é padronizada.

As leis do universo tornam-se transparentes. Aí entendemos que nosso organismo vivo não difere da nuvem que se forma e se dissolve. Já não vemos nosso corpo como coisa fixa, sólida; vivenciamos a nós mesmos como um processo de corporificação contínua que, a qualquer momento, manifesta-se como uma entidade física, e que possui a capacidade de continuamente regenerar a si mesmo. Assim que percebemos que o corpo não é uma máquina física, mas sim uma corporização de valores e responsividade, descobrimos uma maneira de ser além da habitual polaridade de "existência" e "não-existência".

Quando nos abrimos para o sentimento, não vemos a "energia" apenas como alguma coisa que assumiu uma forma com início, meio e fim; vemos a energia como um todo. Ela não tem limitações, nem "exterior"; ela contém as características de um sem-número de formas. Entretanto, a expressão "sem-número" não é exata, porque a energia propriamente dita é um todo. Portanto, assim que compreendermos a nós mesmos, compreenderemos os outros; se compreendermos nosso próprio corpo, compreenderemos universos.

Quando expandimos suficientemente a nossa atenção plena, vemos a energia como não tendo nenhuma relação entre sujeito e objeto. Só há um centro, e tudo se torna o centro. Falando no nível comum, poderíamos dizer que o centro é sujeito e objeto ao mesmo tempo, mas, de outra dimensão, não há relação sujeito-objeto. O próprio centro não tem limitações nem formas; é um todo. Tudo o que contemplamos é o centro: universo, corpo, sentidos.

# Preparação

*No momento em que a prática se inicia, você está plantando a semente de uma atitude saudável e positiva.*

A prática do Kum Nye investiga e equilibra o nosso ambiente interno. Para obter os maiores benefícios dessa experiência, o ambiente externo deve ser tão harmonioso quanto possível. O ambiente externo reflete o estado interno da mente, e uma preparação cuidadosa pode encorajar sentimentos positivos. À medida que a experiência do mundo interior se expande por meio da prática do Kum Nye, e nos tornamos mais equilibrados, a apreciação do mundo externo aumenta sem nenhum esforço. Com a prática contínua, a separação entre o externo e o interno aos poucos se dissipa e, naturalmente, interagimos de modo harmonioso com o ambiente.

Escolha um lugar limpo e sossegado, dentro ou fora de casa, onde você não corra o risco de ser interrompido ou distraído. Como a completa quietude nem sempre é possível numa cidade moderna e barulhenta, procure um lugar e um momento tão quietos quanto possível. Ensine as pessoas que moram com você a respeitar a sua necessidade de ficar só por algum tempo. A temperatura deve ser confortável, nem muito quente nem muito fria, e a claridade, suave. Um chão atapetado ou gramado tornam a prática especialmente agradável. Se você estiver praticando dentro de casa, talvez queira abrir uma janela para arejar o aposento, ou acender um incenso. Antes de começar, procure familiarizar-se com o ambiente e reconhecer as coisas que o cercam. Talvez seja útil andar e observar à sua volta; procure se desfazer de toda e qualquer distração até sentir-se à vontade para voltar sua atenção para dentro.

Durante a prática, use roupa folgada e confortável, que lhe dê mais liberdade de movimento. À medida que os sentidos se expandem, a atenção plena aumentará, e a sensação da textura e do peso do tecido tornar-se-ão parte do prazer da prática. Retire roupas e acessórios que possam impedir o movimento ou o fluxo de energia, como joias, relógios, óculos ou lentes de contato.

Para o exercício de sentar, você precisará de uma almofada, para que a sua pélvis fique mais alta do que as pernas. Se achar muito difícil sentar-se no chão, escolha uma cadeira de espaldar reto. Quando estiver executando os exercícios em pé, faça-os sobre um tapete ou diretamente no chão, mas evite um tapete grosso. Para a massagem, use um creme levemente perfumado ou um óleo vegetal, como o óleo de açafrão ou de oliva. Se usar um óleo vegetal, talvez queira acrescentar-lhe um perfume, como almíscar ou canela.

A criação de um ambiente útil à prática é a expressão de uma atitude positiva para consigo mesmo – no momento em que a prática se inicia, você está plantando a semente de uma atitude saudável e positiva. Intrínseca à pratica dos exercícios está a decisão de encontrar satisfação dentro de si mesmo. Alimente essa atitude e ela crescerá dentro de você, desenvolvendo e aumentando o seu sentido de equilíbrio, de felicidade e de relaxamento.

Todos os exercícios contidos neste livro são formas de tocar e expandir sentimentos e energias internos. A forma externa do exercício pode ser de quietude, respiração, automassagem ou movimento, mas o exercício interno ou massagem, essência do Kum Nye, está no sentimento. Desde o momento em que você inicia a prática, concentre-se nos sentimentos e sensações que surgem. Estando sentado, de pé ou deitado, considere sua postura e seus gestos como parte da qualidade da sua experiência, e esteja atento à forma como afetam seus sentimentos. Quando fizer algum movimento, faça-o de modo lento, gracioso e rítmico.

Assim como você não consegue apreciar a paisagem vista da janela de um trem veloz, quando realiza a sua prática com excessiva rapidez, também não será capaz de saborear a alegria de suas descobertas. Cada movimento poderá ser sentido com intensidade e executado graciosamente: imagine o sentimento que uma bailarina tem ao dançar. Execute cada movimento com delicada concentração; não uma concentração fixa, mas uma espécie de abertura que estimulará a atenção plena.

A sua experiência tem uma qualidade aberta quando você aprende a praticar dessa maneira, visto que, ao executar um exercício, você está atento à forma, à textura e ao movimento dos sentimentos sutis do seu corpo. Sentimentos de torpor dão lugar a uma investigação alerta e uma sensação viva dos ajustamentos musculares e energias sutis; profundos insights são então possíveis.

Participe de cada exercício tão plenamente quanto puder, envolvendo nele todo o seu ser - seu coração, seus sentidos, sua atenção, seus sentimentos e sua consciência. Entregue-se todo à forma do exercício. Deixe que os sentimentos, tanto os negativos quanto os positivos, façam parte da experiência. O Kum Nye se torna então uma dança da qual você participa por inteiro. Você não está "trabalhando com o corpo" ou "trabalhando com os sentidos", mas participando e respondendo plenamente a essa dança.

Torne-se íntimo dos seus sentimentos sem tentar nomeá-los ou rotulá-los. Quando sentir alguma coisa, conserve viva a energia do sentimento tanto quanto possível, deixando que ela se expanda e o preencha. Amplia os seus sentimentos, deixe que sejam um mandala, expandindo-se em todas as direções no tempo e no espaço. Você pode encontrar profunda satisfação em estados que estão não só dentro dos sentidos, mas também além deles. Nesse caso, tudo o que fizer terá a qualidade desses sentimentos.

A experiência de cada exercício ou massagem tem três características: positiva, negativa e neutra. Tais características, todavia, não são julgamentos, pois é tão importante sentir as negatividades e trabalhá-las, quanto sentir e trabalhar as qualidades positivas. A percepção dessas qualidades é uma parte importante de cada exercício. O sentimento positivo é quente e suave e toca-lhe o coração. Você pode sentir um sentimento negativo como uma sensação entorpecida, sombria e pesada na barriga. O sentimento neutro, por sua vez, é leve, equilibrado, quieto e calmo, parte do espaço.

Prove sua experiência tão plenamente quanto puder, mastigando, engolindo, digerindo, assimilando e distribuindo-a por todo o corpo. Você descobrirá níveis diferentes de sentimentos e experiência, e tomará consciência da energia no interior de cada molécula e de cada célula. Poderá então aumentar sua atenção e o seu contato com essa energia até que, por fim, cada parte do seu corpo atuará como uma fonte de energia. Quando compreender que a energia não tem localização, não está "aqui" nem "ali", é abundante e acessível a qualquer momento, você poderá vivenciar de fato a integração do corpo e da mente.

Aborde cada exercício abertamente, sem expectativa e sem julgamento, pois ao iniciar um exercício com a expectativa de chegar a algum lugar, você ficará fora da experiência. Julgar é um dos obstáculos ao vivenciar. Muitas vezes é difícil não assumir uma atitude crítica, porque a maioria de nós julga quase constantemente. Tendemos a colocar-nos fora de nós mesmos, julgando a nossa experiência e criando um diálogo interior que nos ocupa e congela a energia: "Isto é gostoso", ou "Devo estar fazendo errado".

A chave da prática do Kum Nye não está em rotular, manipular ou tentar fazer que os sentimentos signifiquem alguma coisa. Quando um julgamento surge em sua mente, use-o como sinal para ir mais fundo nas sensações e sentimentos. Observe que os órgãos, os tecidos e os músculos estão despertando; vá até esses espaços e os investigue. Você sente dor ou alegria, talvez calor ou energia? Qual é a natureza da experiência, quais são suas tonalidades e qualidades?

Embora a experiência de plena participação possa chamar-se presença mental, consciência, ou estar atento e sensível, sua natureza nada tem a ver com o nomear e definir; não há mais uma mente crítica julgando. O que está acontecendo é o que você está fazendo. Não há necessidade de fazer perguntas nem relatar a si mesmo o que está acontecendo. Seus sentimentos simplesmente se expressam.

Ao aprender a relaxar, tendemos a pensar que há um objetivo, e que algo deve ser feito para atingí-lo. A tendência ao esforço está sempre no fundo de nossa mente, e pode converter-se em um obstáculo ao relaxamento. Observe se você tende a se ajustar em certas preparações. Procure não arranjar nada dentro de si mesmo – seja apenas natural. Não há nada específico que você deva fazer para relaxar. Quando entender isso, você relaxará mais depressa.

A maneira de desenvolver o relaxamento não é seguir instruções. Quando você se prende a planos ou explicações, não consegue encontrar a abertura interior. O segredo está em apenas ser, sem depender de instruções. Isso talvez não seja fácil. Estamos acostumados a pensar que há uma maneira certa de ser ou de fazer as coisas. Tentamos até nos manipular para que nos ajustemos a esse molde. Quando começamos a relaxar sem seguir as instruções que nos damos, geralmente surge o sentimento de "não sei como fazer isso". À medida que o relaxamento se aprofunda, no entanto, esse sentimento de não familiaridade passa, e há apenas o permitir e continuar.

Neste livro você encontra instruções de como sentar-se quieto, como respirar, e como realizar automassagens e outros exercícios. Essas instruções são importantes e úteis quando você as aplica com habilidade, sem ficar preso às descrições externas. Você vai além do nível mecânico para o nível da energia sutil, tornando-se totalmente aberto, sem reter nada.

Reter é como estar continuamente à espera do relaxamento, aguardando que ele venha de algum lugar. Existe uma espécie de expectativa ou diálogo interno – especulamos sobre o sucesso e o fracasso e comentamos o nosso "progresso". Desse modo, é possível passar muitas horas praticando Kum Nye sem abrirmo-nos para as energias e o relaxamento interior. Por isso, não deixe que o diálogo interno assuma o comando; relaxe e deixe o Kum Nye se fazer. Dirija sua energia para que flua livremente – no físico, no mental e no emocional. Esteja atento e aberto a aceitar, "soltando-se", sem levar a sério seu diálogo interno, nem envolver-se com ele. Simplesmente ocupe-se com o que está acontecendo – o exercício ou a massagem – e não se preocupe com os resultados. Então, poderá desenvolver a atitude aberta.

Durante a prática, não se preocupe em avaliar se você precisa de mais experiência ou esforço para fazer os exercícios funcionarem. Simplesmente abra-se para a sensação de relaxamento o máximo possível. Quanto mais puder se abrir, menor será o número de distrações, problemas, pensamentos e conflitos que surgirão. A experiência cada vez maior do relaxamento alimentará o seu corpo; todo o seu ser se tornará cada vez mais sadio. Não precisa ter exercícios específicos para alcançar essa mudança; a experiência da observação alerta e do relaxamento é, em si, o meio para transformar as energias físicas habituais. O seu corpo agirá por si mesmo.

Ao concluir um exercício ou um período de massagem, sente-se e mergulhe nas sensações. O sentar em silêncio também faz parte do exercício – é uma oportunidade para desenvolver e expandir os sentimentos que foram estimulados. Sensações de calor, vivacidade, formigamento, podem vir à tona. Fique com elas sem tentar retê-las. Nenhum esforço é necessário. Prender-se aos sentimentos, analisar ou categorizar sensações, interromperá o fluxo. Permaneça simplesmente aberto e a energia se estimulará sozinha.

Passarão provavelmente diversos meses até que você possa relaxar de verdade, portanto, é importante praticar com regularidade. A maneira de começar a praticar o Kum Nye é por quarenta e cinco minutos, duas vezes ao dia: pela manhã, faça o sentar, os exercícios de respiração e movimento, e à noite a automassagem, antes de ir para a cama. Se quiser praticar por menos tempo, reserve quarenta e cinco minutos, uma vez ao dia. Se comer, espere pelo menos uma hora para começar o exercício.

Comece devagar, pouco a pouco, de modo equilibrado. Muitos exercícios são apresentados neste livro, mas é aconselhável limitar-se a três ou quatro por várias semanas, até que haja um despertar interior para a experiência do Kum Nye. Use o tempo que precisar em cada prática. Correr de um exercício para o outro cria um sentido falso de progresso. O verdadeiro progresso não está em ir rapidamente para exercícios mais avançados, mas depende do aprofundamento gradual da experiência de um exercício. Use pelo menos três minutos em cada repetição de um único exercício, desenvolvendo sua capacidade de trabalhar com uma determinada experiência. Cada exercício é um universo em si mesmo e pode ser totalmente investigado em seu interior.

De tempos em tempos, especialmente no começo, você poderá se sentir relutante em praticar, como se não tivesse certeza de que deseja relaxar e sentir. Escute o seu corpo para descobrir onde se sente hesitante ou onde está se refreando, e quando começar o Kum Nye, concentre sua energia lá. Mais tarde, quando tiver mais experiência, acolherá com prazer a sensação de uma nova energia no corpo.

Seu corpo naturalmente buscará o Kum Nye, e à medida que praticar, ele o conduzirá aos exercícios e variações que mais precisa explorar. Às vezes, um exercício acontece espontaneamente durante a prática, não porque você tomou uma decisão racional de fazê-lo, mas porque seus sentimentos naturalmente tomaram a forma do exercício. Quando isso acontece, você desenvolve maior confiança e respeito pelo seu corpo, e maior entendimento da natureza da corporificação. Você começa a descobrir seu corpo de conhecimento.

À medida que investigar seu corpo, você descobrirá áreas sensíveis e até dolorosas. Respire dentro da dor; depois expire lenta e suavemente, e relaxe a área dolorida. Você descobrirá que, com o efeito curativo dos exercícios, a dor pode ser transformada em doçura profunda.

Se uma cor ou imagem aparecer durante a prática, pare e olhe por um momento. Algumas vezes você toca uma experiência além do tempo e do espaço. Talvez os centros de energia estejam se abrindo. À medida que você experimenta o relaxamento, o fluxo de energia dentro do corpo pode abrir o seu coração, dissolvendo ali a tensão, assim como em outros partes. Você vivenciará uma abertura dos seus sentidos e um aumento de sensibilidade à cor, sabor e som.

À medida que os pensamentos diminuem, a harmonia interior surge. Ocorre uma sensação de alívio e de confiança. Por fim, você descobrirá que os sentimentos de alegria, tranquilidade e harmonia se expandem, até que os perceberá se expandindo para o universo, e você estará ciente disto, nada mais.

Confie na sua prática de Kum Nye, e não desista. Estimule-se e pacientemente prossiga, independentemente do que acontecer no exercício. Outros, incluindo sua família e amigos, podem não lhe dar suporte nem apreciar o valor do que você está fazendo. Mas o motivo que o leva a praticar não é meramente beneficiar a si mesmo. Se deseja fazer o melhor pelas futuras gerações da humanidade, seus amigos e família, você precisa começar cuidando bem de si próprio.

Isso pode parecer egoísta, mas, por fim, o conhecimento de nós mesmos nos dará muito para compartilhar com os outros. No princípio talvez dediquemos 75% do nosso tempo e energia a nós mesmos, e 25% aos outros; mais tarde, as porcentagens poderão se inverter. Quando nos tornamos plenamente realizados ou iluminados, poderemos nos doar inteiramente aos demais. Então seremos livres e tudo se tornará servir.

# A Postura dos Sete Gestos

*À medida que os pensamentos diminuem, a harmonia interior surge, e aparece uma sensação de alívio e de segurança interior.*

Comece o Kum Nye simplesmente sentando quieto e relaxado. Encontre um lugar sossegado onde possa sentar-se numa esteira, almofada ou cadeira reta. A posição tradicional do sentar (mostrada pelo Buddha quando se iluminou) facilita o relaxamento do corpo e da mente. A energia flui suavemente nessa posição e, com o tempo, todas as energias mentais e físicas se transformam em uma sensação positiva e curativa. Essa posição tem sete "gestos".

O primeiro gesto consiste em sentar com as pernas cruzadas. (Para esses exercícios, entretanto, se for muito difícil para você sentar com as pernas cruzadas, sente-se em uma cadeira reta com as pernas descruzadas. Sente-se mais para a frente na cadeira, sem encostar-se no espaldar. Afaste uma perna da outra a uma distância confortável e apoie os pés no chão. Isso permite que o peso do corpo seja distribuído sobre uma base triangular firme.) Quando se sentar com as pernas cruzadas, arrume um colchonete ou almofada para que a pélvis fique mais alta que as pernas. Sentar na posição de meio-lótus ou de lótus completo (isto é, com um ou ambos os tornozelos descansando na parte mais alta da coxa) é bom, mas não essencial.

Os seis gestos restantes são os seguintes:

Coloque as mãos nos joelhos, com as palmas viradas para baixo. Solte a tensão dos seus braços e ombros, e relaxe as mãos, para que descansem confortavelmente sobre os joelhos. A coluna está equilibrada e não rígida. Isso permite que a energia flua naturalmente da parte inferior para a parte superior do corpo.

Recue um pouquinho o pescoço e a cabeça inclinará levemente para frente.

Deixe os olhos entreabertos e relaxados, voltados para o chão, seguindo a linha do nariz, bem suaves e compassivos, "olhos de Bodhisattva", como uma mãe contemplando o filho.

A boca está ligeiramente aberta, com a mandíbula relaxada.

A ponta da língua toca de leve o palato, logo atrás dos dentes, curvando-se um pouco para trás.

Enquanto estiver sentado desta maneira, procure piscar o mínimo possível, relaxando a área em torno dos olhos e voltando sua atenção para dentro.

Se você não estiver acostumado a sentar de pernas cruzadas, talvez sinta algum desconforto no início, até aprender a relaxar a tensão desnecessária. Se sentir dor nos joelhos, cruze as pernas frouxamente e coloque uma almofada mais alta sob a pélvis. Pode ser que a dificuldade esteja nos joelhos, mas o mais provável é que suas articulações estejam enrijecidas. Os dois exercícios das páginas seguintes o ajudarão a relaxar a rigidez das articulações das coxas. Esses exercícios também serão benéficos se você conseguir sentar confortavelmente de pernas cruzadas, mas tiver dificuldade de sentar na posição de meio-lótus ou lótus completo.

**Exercício 1   Soltando**

Sente-se em uma esteira ou almofada, junte as plantas dos pés e coloque as mãos sobre os joelhos, aproximando os pés do corpo. Empurre os joelhos com as mãos, para cima e para baixo, num movimento leve e rápido com as pernas, como o bater das asas de um pássaro. Preste atenção especial ao movimento para cima. Continue por cerca de um minuto. Em seguida, sente-se quieto, por alguns minutos, sentindo as sensações no corpo. Repita três vezes.

### Exercício 2   Dissolvendo a Tensão

Sente-se em uma esteira ou almofada e cruze as pernas com o tornozelo direito sobre a coxa esquerda. Com as costas retas, entrelace os dedos das mãos e abrace o joelho direito. Bem devagar, erga um pouco esse joelho e, a seguir, abaixe-o. Faça o movimento três ou nove vezes, muito devagar, sentindo as sensações no corpo.

Depois, inverta a posição das pernas e repita o movimento, três ou nove vezes. Quando terminar, volte à postura do sentar por cinco minutos, permitindo que suas sensações continuem.

Se precisar mudar de posição enquanto estiver na postura sentada, endireite uma perna à sua frente e erga o outro joelho, colocando a sola do pé no chão. Segure o joelho da perna flexionada com as duas mãos e fique nessa posição. Depois de um tempo, inverta a posição das pernas. Quando se sentir pronto, volte a sentar de pernas cruzadas. Outra possibilidade é sentar cerca de dez minutos, depois massagear as pernas e os pés por alguns minutos, e tornar a sentar por mais dez, continuando assim por quanto tempo quiser.

O desconforto físico tem um componente mental ou emocional; quando a mente não está à vontade, o corpo não consegue relaxar. Se sentir desconforto enquanto estiver sentado, preste atenção ao seu estado mental. Há um fluxo ativo de pensamentos, diálogos, imagens e fantasias? Com o tempo, descobrirá que a própria postura do sentar – os sete gestos –, e a respiração macia e suave que ela possibilita, aliviam não só a agitação mental e emocional como também a tensão física.

No princípio, você talvez pense que o sentar quieto significa que o corpo não se move, que você busca manter-se imóvel. Mas é possível aprender a ficar imóvel sem rigidez. Continuando a praticar, você descobrirá que não precisa fazer um esforço para relaxar. E, finalmente, vivenciará um completo estado de alerta e quietude.

Agora, confortavelmente, coloque-se na postura do sentar com as pernas cruzadas, ou sente-se em uma cadeira. Reserve para si de meia a uma hora, e experimente fazer os dois exercícios seguintes.

### Exercício 3   Saboreando o Relaxamento

Faça cerca de dez respirações profundas, e lentamente relaxe todo o corpo. Relaxe os olhos, fechando-os se preferir, deixe a boca solta. Solte a tensão da testa e do couro cabeludo até que se dissolva. Bem devagar, sinta cada parte da cabeça – nariz, ouvidos, maxilar, interior da boca, face – até que cada uma relaxe completamente. A seguir, relaxe a parte posterior e lateral do pescoço, a garganta e a parte inferior do queixo. Quando encontrar uma área tensa, desfrute a sensação de sentir a tensão se derretendo. Depois desça para os ombros, peito, braços e mãos, barriga, costas, pernas e pés, até os dedos dos pés. Saboreie a sensação de relaxamento, sinta-a realmente, desfrutando-a mais e mais, até que ela alimente todas as partes do seu corpo. Continue por 15 a 30 minutos.

### Exercício 4    Acompanhando a Sensação

Sente-se tão relaxado e quieto quanto possível. Devagar, procure perceber qualquer sensação ou tonalidade de sentimento que surge. No início, você terá de relembrar de tempos em tempos: "Acompanhe tudo o que acontece!". Você poderá sentir uma sensação física ou emoção. A sensação não precisa ser forte, pode ser leve, até delicada.

Esteja afinado com o seu ouvido interior. Confie na sua experiência presente e se abra para ela o mais possível. Traga a sua experiência do modo que puder, pois não há regras para isso. Toda vez que sentir uma sensação ou uma tonalidade de sentimento, deixe que ela continue pelo maior tempo possível e se expanda. Continue por quinze a trinta minutos.

Durante a próxima semana, fique tão relaxado quanto possível em diversos momentos do dia. Relaxe enquanto estiver comendo, fazendo compras ou trabalhando. Observe seus movimentos com sensibilidade (até o piscar dos olhos), notando padrões sutis de tensão muscular. Relaxe cada parte do corpo, incluindo a respiração, a pele e todos os órgãos internos. Até o cabelo pode ser relaxado. Deixe que todos os aspectos do seu corpo tenham uma qualidade relaxada e suave. Então, poderá tornar vivos os sentimentos e as sensações, e esses irão inspirar e alimentar você.

Estimular sentimentos e expandi-los é a atividade básica do Kum Nye. Dessa maneira, aprendemos a aumentar nossa satisfação e apreciação de cada aspecto da vida. Até uma minúscula sensação pode ser aumentada, acumulada e, depois, distribuída até que flua por todo o corpo, expandindo-se além de nós para o mundo à nossa volta.

## Exercício 5   Expandindo o Sentimento

Sente-se bem quieto na postura do sentar e respire suave e uniformemente, com a boca entreaberta. Traga à sua mente uma lembrança maravilhosa e deixe que ela se torne muito real. Talvez você se lembre de um dos momentos mais felizes da sua infância, do seu primeiro amor, ou de um belo passeio às margens de um rio. Como você se sente? Recrie a energia positiva dessa lembrança, expandindo-a ainda mais. Sinta seu calor no corpo e a respiração um pouco mais alta no peito, até sentir uma sensação alegre. Feche os olhos e expanda essa sensação alegre até senti-la fisicamente no corpo.

Expanda a sensação por todo o corpo, de modo que se torne interpenetrante, até não saber ao certo onde estão suas fronteiras, se dentro ou fora. Continue expandindo o sentimento para fora do corpo alguns centímetros. Você é o centro do sentimento, e a partir desse centro o sentimento se propaga livremente em todas as direções, em infinitos níveis e ondulações.

Agora, bem devagar, devolva essa sensação vital ao corpo; você pode vê-la quase que fisicamente. Deixe essa energia unir e purificar o corpo e a mente.

Permaneça exercitando o sentimento de alegria por quinze ou vinte minutos, primeiro expandindo-o, criando mais e mais sentimento, e depois trazendo esse sentimento de volta ao corpo e aos sentidos. Se você fizer isso sempre que tiver belas ideias, imagens ou sentimentos, sua percepção sensorial se desenvolverá de modo mais apurado e substancial.

Pratique este exercício várias vezes nas próximas semanas, todos os dias se possível.

# Respiração

*Quando sabemos contatar a energia da respiração, ela se torna uma fonte infinita de energias vitalizantes.*

A respiração determina os ritmos da vida, e a maneira como respiramos indica o estado das nossas energias. Quando estamos agitados ou excitados, a respiração é irregular e rápida; quando calmos e equilibrados, nossa respiração é regular, lenta e suave. Esta relação íntima entre nossos padrões de respiração e energias indica que podemos alterar nosso estado mental e físico com o modo de respirar. Até mesmo quando estamos aborrecidos, podemos nos acalmar e equilibrar, respirando de modo lento e regular.

Quando a respiração se mantém calma e regular, a energia aumenta e a saúde melhora. Dormimos melhor e o organismo mental e físico se equilibra. A mente fica lúcida e o corpo alerta e sensível: o ouvir se torna claro, as cores mais vibrantes e é possível sentir melhor os sabores da experiência. As tonalidades de sentimento se tornam mais ricas, de modo que até coisas que parecem insignificantes e pequenas podem ser intensamente apreciadas, como por exemplo, uma risada. Quando sabemos contatar a energia da respiração, respirar se torna uma fonte infinita de energias vitalizantes.

Esse suave respirar nos liga uma fluente energia ou "respiração", que é inseparável das sutis energias mentais e físicas que se movem pelo corpo. Esse "padrão de energia" é como um mandala – centro gerador ou ponto zero do qual a energia flui em todas as direções. Dentro deste padrão estão "centros" que atuam como "terminais" para essas energias que se irradiam e circulam por todo o corpo. Entre esses centros estão o da cabeça, o da garganta e o do coração. Se pudéssemos ver essa estrutura à distância, ela pareceria uma espiral com o centro da cabeça no topo; visto de cima, seria como uma série de círculos concêntricos com um anel para cada centro de energia.

A energia da "respiração" está associada diretamente com o centro da garganta, que evoca e coordena o fluxo por todo o corpo. Portanto, é por meio do centro da garganta que aprendemos mais facilmente a contatar e a equilibrar a energia da respiração e outras energias sutis.

O centro da garganta é representado tradicionalmente como uma flor de dezesseis pétalas, com duas florações de costas uma para a outra, ligadas entre si. Uma floração de oito pétalas está diretamente associada ao centro da cabeça; a outra, ao centro do coração. À medida que as energias passam pelo centro da garganta, elas fluem para esses outros centros. Quando o centro da garganta está estável e calmo, as energias fluem de modo equilibrado e coordenado: as energias mentais e físicas se integram e a própria "respiração" se equilibra e purifica. Em geral, contudo, o centro da garganta é agitado, de modo que essas energias ficam "bloqueadas" e não fluem de forma adequada.

É possível, todavia, respirar de tal modo que o centro da garganta se torne calmo e funcione suavemente. A maneira de fazer isso consiste em respirar devagar e de modo uniforme, tanto pelo nariz quanto pela boca, com a boca entreaberta e a língua tocando de leve o palato. No início, isso não é muito confortável, mas, à medida que a energia começa a circular uniformemente para os centros da cabeça e do coração, os efeitos vitalizantes desse modo de respirar são sentidos.

Então, torna-se cada vez mais fácil e agradável continuar. À medida que o fluxo de energias dentro de nós se equilibra, nossos sentimentos e sensações se desenvolvem naturalmente e nos abrimos para sensações profundas de realização.

Mas isso leva tempo. Como o fluxo de energias que passa pelos nossos sistemas é tão frequentemente desequilibrado, perdemos o contato com as sensações e os sentimentos. Isto, por si só, torna difícil para nós seguirmos consistentemente em direção ao equilíbrio. Nosso velho hábito de voltar para fora em busca de satisfação, esperando que os outros nos proporcionem sentimentos positivos de alegria e preenchimento, é difícil de quebrar. Entretanto, quanto mais olhamos para fora de nós à procura de preenchimento, mais perdemos com nossas sensações internas. Perdemos contato com o nosso corpo físico e nosso corpo emocional.

Uma vez instalado, esse padrão perpetua a si mesmo. Em vez de sentir diretamente, assimilando plenamente nossas sensações e integrando-as com os sentimentos do coração, ficamos presos a padrões de pensamento sobre a experiência, rotulando e relatando sua natureza a nós mesmos. Assim, reforçamos o sujeito – o "eu" que vive a experiência – e a própria experiência se torna um objeto, congelado em forma e significado.

Quando estamos nesse estado, nossos sentimentos são, na verdade, sentimentos secundários, interpretações de imagens mentais que ficamos realimentando. Vivemos "na cabeça", com a atenção focada em memórias de experiências passadas – verbalizações mentais desconectadas dos nossos verdadeiros sentimentos. Surge um sentimento de contínua insatisfação, uma forma sutil de ansiedade que sentimos no centro da garganta como uma espécie de aperto. Essa tensão se manifesta como o "eu" que vai em busca da experiência. Como resultado, o fluxo de energia do centro da cabeça aumenta e o fluxo de energia para o centro do coração diminui.

Todos os extremos emocionais e todos os desequilíbrios ocorrem nesse estado: picos de emoção como a raiva ou o ódio, ou a depressão severa e a falta de energia. Até que o centro da garganta se acalme e as energias sutis se distribuam para o coração e para a cabeça, não podemos realmente contatar nossos sentidos, nem tocar nossos verdadeiros sentimentos. Sem a energia necessária para ativá-los, os sentidos não podem exercer bem sua função e parecem adormecidos.

O Kum Nye nos mostra como dissolver com delicadeza esse padrão de ansiedade e de busca de satisfação fora de nós, levando-nos de volta à experiência direta. Ao respirar suavemente pelo nariz e pela boca, pouco a pouco, trazemos a respiração a um nível regular, e equilibramos o centro da garganta, de modo que as energias se dirigem uniformemente para o centro da cabeça e para o centro do coração. Esse respirar contínuo e uniforme, sem esforço, tem uma qualidade aberta. Até mesmo quando começamos ao respirar dessa maneira, sentimos os sentidos despertarem e começarem a se avivar.

Preste atenção quando respirar igualmente pelo nariz e pela boca. A qualidade da respiração deve ser sem esforço e sem tensão. Deixe que ela seja natural; você não precisa pensar para respirar corretamente... Mas, seja como for, à distância, a sua percepção apreende que a respiração está igualmente distribuída entre o nariz e a boca, e entre a inspiração e a expiração.

Ao respirar do modo descrito acima, seu corpo se acalma e você começa a se sentir mais relaxado. Quando sentir o relaxamento, sinta seu gosto, desfrute-o. Se não senti-lo logo no início, imagine o seu ideal dos sentimentos mais celestiais, mais requintados. Desfrute-os, sinta-os. Mais tarde você sentirá fisicamente a energia. Assim que estabelecer contado com o sentimento de relaxamento, você terá encontrado o caminho. Entre por esse caminho o mais fundo que puder; quanto mais você se aprofundar, mais rico será o sentimento. Então, você poderá reuni-lo e distribuí-lo à todas as partes do seu corpo. Poderá senti-lo na medula óssea e também fora do corpo. Para onde quer que olhe, o mesmo sentimento estará lá.

Depois, intensifique a qualidade desse sentimento, estimulando-o, tornando-o ainda mais rico, mais profundo e mais amplo. Estimule a qualidade da respiração. Deixe que ela se torne vibrante; acumule essa vibração como se acumula a água para criar energia elétrica. O sentimento é alegre, feliz e aberto, com uma grande qualidade de fusão. O sentimento pode tornar-se tão vasto que há uma qualidade quase avassaladora, tão poderosa que você sente não poder suportar. Quando o sentimento adquire essa força, ele pode abrir todos os seus centros de energia, células e sentidos; seu corpo inteiro torna-se equilibrado.

Ao praticar essa respiração constantemente e contatar esse sentimento, você poderá acumulá-lo mais e mais até que, por fim, consiga tocar diretamente a sua essência. Você não precisa de interpretações, nem de palavras – estará ali de forma simples e direta. Depois, cada vez que quiser utilizar essa energia, poderá fazê-lo. Como se adicionasse tempero à comida, você será capaz de usá-la o quanto quiser, todas as vezes que precisar.

À medida que desenvolver a qualidade do seu respirar, a atenção plena, que nasce da experiência direta, se expandirá pouco a pouco até que a respiração e a atenção plena se tornem uma unidade. Então, as energias da atenção plena e da respiração se estimulam mutuamente, e a energia aumenta, sempre nova e acessível. O processo é quase como o de carregar uma bateria: você conecta a atenção plena (ou energia mental) com a respiração, e estimula energia. Esse é o segredo da energia abundante. Mesmo que sua energia a seja baixa no momento, você tem o caminho e sabe como chegar até ela. Quando souber o que fazer para regenerar sua energia e mantê-la em bom suprimento, poderá se dar ao luxo de ser generoso e distribuí-la, pois você tem um manancial infinito.

Quando a respiração estiver verdadeiramente equilibrada – não muito controlada, nem apertada, porém lenta, suave e uniforme – e, ao mesmo tempo unida à atenção plena, como em um casamento, certos efeitos acontecem naturalmente. A respiração passa a ser como um radar, e você será capaz de detectar os sinais de suas próprias emoções e as dos outros. A percepção do início de uma emoção ou de um sentimento cria um espaço para o controle consciente do desenvolvimento das emoções, no lugar do controle feito à força ou pela supressão cega, depois que elas já se manifestaram.

Com a consciência plena da respiração, toda a sua vida se torna equilibrada. Mesmo em situações que despertem grande raiva, frustração e dor, você poderá dissolver a perturbação simplesmente ficando atento à sua respiração, focando sua atenção de forma leve, tornando-a calma, lenta e rítmica. Quanto mais energia você acumular com a respiração, mais todo o seu corpo se acalma; quando der à energia a chance de se estabilizar, várias partes do corpo, em todos os níveis, se aquietam. A vida adquire um ritmo saudável, imperturbável mesmo em situações extremas, e os sentidos poderão amadurecer plenamente.

É importante trabalhar continuamente com a respiração, se não os efeitos não perduram: o corpo, a mente e os sentidos voltam a um ritmo desequilibrado. Portanto, tente praticar os exercícios de respiração diariamente, de 20 a 30 minutos, durante pelo menos três meses. Procure manter a energia fluindo, acumulando-a e gerando-a com o respirar. Comece despertando sua atenção à respiração. Depois, gradualmente, dia a dia, desenvolva uma qualidade de atenção semelhante à meditação. Não importa o nome que você lhe der, relaxamento, atenção plena ou meditação; esses serão apenas rótulos. O importante é a qualidade da experiência.

Ao aprendermos a acumular energia desse modo, podemos usar esse processo dia e noite, e não apenas em certos momentos. O corpo todo relaxa, a tensão muscular e os bloqueios mentais se dissolvem e a energia é distribuída por toda parte. Nossa vida se torna mais ampla e saudável. Mais tarde, talvez nem nos seja preciso fazer esforço para tocar essa energia da respiração, pois ela permeia todas as energias físicas e mentais.

As energias externas e internas vêm do mesmo "respirar" ou "prana"; assim, quando o nosso ambiente interno se modifica, nossa relação com o mundo externo também se modifica. O universo se torna um lugar mais confortável de estar. É como se o mundo externo dos objetos e nosso mundo interno dos sentidos – nossa consciência – se fundissem. Apoiamos o mundo e o mundo dá suporte aos nossos sentidos. Nossos sentidos nos dão prazer, e nos sentimos positivos; projetamos esse prazer e recebemos de volta o que projetamos. Interno e externo se harmonizam e se equilibram.

Comece respirando de modo bem leve. Enquanto continua, respire mais devagar, deixando a respiração diminuir seu ritmo até que se torne suave e regular, uma sutil inspiração e expiração que quase não dá para notar. Sua energia aumentará continuamente. Enquanto pratica o Kum Nye, examine sua respiração de tempos em tempos e verifique como ela está se desenvolvendo.

## Exercícios de Respiração

Para desenvolver a respiração do Kum Nye – suave, lenta e regular, pelo nariz e pela boca ao mesmo tempo – é melhor praticar por 20 ou 30 minutos, todos os dias, durante três meses pelo menos. Em um primeiro momento, talvez seja útil distinguir as diferentes qualidades da respiração. Na primeira semana respire bem suavemente, como no Exercício 6. Nos três ou quatro dias seguintes, respire muito lentamente, como no Exercício 7. Se quiser, fique com cada exercício por mais tempo. Depois, desenvolva um respirar regular e equilibrado, que também deve ser suave e lento, como no Exercício 8.

Além disso, você talvez queira experimentar outros exercícios respiratórios desta seção. A postura do sentar, que se vê no Exercício 10, é uma postura tradicional para a meditação. Experimente-a algumas vezes depois da massagem ou de um exercício. A melhor hora para fazer o Exercício 12 é à noite, antes de dormir. O Exercício 13 é feito tradicionalmente ao acordar pela manhã. O Exercício 14, um pouco mais avançado que os outros aqui descritos, será mais eficaz se for praticado depois de alguns meses de experiência do Kum Nye.

Enquanto faz os exercícios, deixe que a respiração o alimente e relaxe, aumentando os seus sentimentos de satisfação até que se tornem tão substanciais que sejam quase tangíveis. Deixe que a respiração traga mais vitalidade ao corpo e maior clareza à mente. No decorrer do dia, permita que a respiração o sustente e nutra. Desperte e torne seus sentidos vivos, dando à sua vida um sabor mágico e estimulante.

### Exercício 6  Respiração Alegre

Sente-se confortavelmente na postura do sentar (os sete gestos), em uma esteira, almofada, ou cadeira de espaldar reto. Veja se sua boca está um pouco aberta, com a ponta da língua tocando de leve o palato. Relaxe suavemente a garganta, a barriga e a coluna. Comece a respirar com muita leveza e facilidade pelo nariz e pela boca, sem dar muita atenção ao processo. Esse respirar é bem leve, mas traz muita energia. Quando sentir tensão muscular, deixe que a respiração a toque com delicadeza e a afrouxe. Traga a respiração para palavras e imagens e deixe que ela as suavize e relaxe também. Deixe esse suave respirar aquietar e acomodar todo o seu corpo. Sem tentar controlar demais a respiração, deixe que ela, gradualmente, se torne ainda mais calma e suave até surgir uma qualidade de ternura.

Assim que você sentir uma sensação – talvez algo fluindo na garganta e no corpo – acumule esse sentimento sem tentar acrescentar nada a ele, simplesmente deixando que continue. Sinta-o mais. Você poderá sentir a sensação se movendo para diferentes partes do corpo.

Pratique essa respiração por 20 a 30 minutos diários durante uma semana. Tanto quanto puder, fique atento à qualidade do seu respirar no decorrer do dia. Depois de uma semana, passe para o Exercício 7.

### Exercício 7   Abrindo os Sentidos

Sente-se confortavelmente na postura do sentar e respire de modo suave pelo nariz e pela boca ao mesmo tempo. Focalize levemente a inspiração, aquietando-a o máximo que puder, mantendo o respirar o mais suave possível. Sinta as sensações dentro e em torno do corpo à medida que o ritmo da inspiração diminui. Aprofunde as sensações, expandindo e acumulando-as com a respiração. Continue por dez ou quinze minutos.

Agora, focalize de forma suave a expiração. Expire bem devagar pelo nariz e pela boca simultaneamente, mantendo o respirar leve e suave, e a inspiração normal. Quando desenvolver a qualidade dessa expiração lenta, procure abrir ao máximo todo o seu campo sensorial – cada célula, tecido e órgão. Deixe seus sentimentos se espalharem, como um halo, dentro e ao redor do corpo. Continue por dez ou quinze minutos.

Pratique esse respirar lento por 20 ou 30 minutos durante três ou quatro dias. Nos dias seguintes, pratique duas vezes por dia, se puder. Quando o fizer, preste um pouco mais de atenção à qualidade do seu respirar, acompanhando a respiração com atenção até que a quietude se apresente. Depois do terceiro ou do quarto dia, passe para o Exercício 8.

### Exercício 8   Vivendo a Vida na Respiração

Sente-se confortavelmente na postura do sentar e respire de modo suave e lento pelo nariz e pela boca. Esteja atento à respiração de modo leve até que o ar flua por igual pelo nariz e pela boca, em tempos iguais para a inspiração e a expiração.

Observe a qualidade da sua respiração: ela é pesada, entrecortada, agitada ou profunda? Veja como diferentes qualidades de respirar estão relacionadas com diferentes estados mentais e emocionais, e como a mente se acalma e as sensações fluem, à medida que a respiração se torna mais fácil e regular.

Enquanto respira, abra a sensação de relaxamento o máximo que puder. Una sua atenção com a respiração e expanda todas as sensações que surgirem, até não saber mais onde estão os limites do seu corpo; tudo o que pode sentir é o sentimento e a energia sutil que flui com a respiração.

À medida que o respirar se torna mais uniforme, você naturalmente se acalma. As tensões musculares supérfluas dissolverão, liberando diferentes camadas de sentimento. Ao penetrar as camadas mais profundas de sentimento, você se familiarizará com as inúmeras tonalidades sutis de sentimento, embora nem sempre tenha palavras para descrevê-las. Deixe que esses tons de sentimento se expandam de modo que se tornem mais profundos e vastos.

Pratique essa respiração uniforme de vinte a trinta minutos por dia, durante três meses pelo menos. Depois, continue a praticar essa respiração sempre que lhe for possível: enquanto trabalha, caminha, conversa e até mesmo se acordar no meio da noite – em cada momento do seu dia a dia.

Você pode também querer praticar essa respiração quando estiver deitado de costas, com as pernas retas, esticadas, ou com os joelhos dobrados e os pés apoiados no chão.

Nos Exercícios 9, 10 e 11, uma sílaba mântrica – OM, AH ou HUM – é entoada em silêncio e se une à respiração. No Exercício 12, o mantra OM AH HUM se funde com a respiração. Você não pronuncia esses sons, apenas fica atento a eles.

OM significa a energia da existência e todas as formas físicas; AH simboliza a interação – a energia que permeia a forma física e a mantém viva; HUM representa a criatividade – todos os pensamentos, atenção plena e atividades. Juntos, OM AH HUM simbolizam o corpo, a mente e o espírito iluminados.

Os Exercícios 9, 10 e 11 podem ser praticados por períodos curtos ou longos de tempo, como quatro ou cinco horas, ou talvez você queira começar praticando por meia hora. Quando estiver familiarizado com o exercício, experimente aumentar o tempo para uma hora ou mais.

### Exercício 9   OM

Sente-se confortavelmente na postura do sentar. Respire com suavidade pelo nariz e pela boca, atento à sílaba OM. Comece a cantar OM interiormente, como se cantasse com a respiração. Deixe OM e a respiração se tornarem inseparáveis. Desenvolva as qualidades de sentimento da respiração OM tão plenamente quanto possível. A qualidade da respiração será sentida como um movimento ascendente e receptivo, e sua atenção terá uma qualidade desperta.

## Exercício 10  AH

Sente-se de modo confortável. Coloque as mãos em concha uma sobre a outra, abaixo do umbigo, com os dedos da mão direita pousados docemente sobre a esquerda, com os polegares se tocando. Respire de modo suave pelo nariz e pela boca ao mesmo tempo, e entoe AH sem produzir som. Deixe que AH e a respiração tornem-se apenas um. Você sentirá uma qualidade concentrada, silenciosa, e a respiração se tornará uma quietude completa.

## Exercício 11  HUM

Sente-se com as pernas cruzadas em uma esteira ou almofada, e coloque as mãos sobre os joelhos com as palmas viradas para cima. Respire de modo suave pelo nariz e pela boca ao mesmo tempo, atento à sílaba HUM. Traga HUM para a respiração, unindo o som e a respiração. Desenvolva a qualidade de sentimento do som--respiração o máximo que puder. Você poderá sentir uma atenção sutil e penetrante, um deixar fluir como se estivesse expirando e uma clareza fresca e radiante.

## Exercício 12   Respiração OM AH HUM

É melhor praticar esse exercício à noite, antes de dormir. Deite-se de costas no chão, com os braços ao lado do corpo. Separe as pernas na distância da largura da pélvis. Coloque uma almofada sob a cabeça e uma debaixo dos joelhos, se achar mais confortável. Abra um pouco a boca e toque de leve o palato com a ponta da língua. Respire suave e igualmente pelo nariz e pela boca. Enquanto respira, fique atento ao mantra OM AH HUM.

Durante a inspiração, visualize ou pense OM. Segure um pouco a inspiração e ela lentamente se transforma em AH. Quando estiver pronto para expirar, pense HUM. Na realidade, não pronuncie o mantra: esteja atento apenas às sílabas OM AH HUM. Respire suave e naturalmente, dando o mesmo tempo à inspiração e expiração.

Ao reter a inspiração, contraia a barriga; ao expirar, deixe que o ar saia igualmente da barriga, do nariz e da boca. Respire um tanto pesadamente no início; pouco a pouco e sem esforço, diminua a quantidade de ar que inspira até que o respirar se torne muito lento e quase silencioso. No fim de cada respiração, fique bem quieto. Depois de algum tempo, sua respiração continuará assim por si mesma. Então, aos poucos, transfira o foco da sua atenção do corpo para o campo das sensações e da energia, deixando a atenção se expandir além das dimensões físicas do corpo. Continue por meia hora.

### Exercício 13   Respiração Purificadora

O melhor momento para executar essa respiração é logo depois de acordar pela manhã, embora também possa ser feito em outros momentos do dia. É tradicionalmente usado para livrar o sistema das impurezas acumuladas durante a noite e renovar as energias do corpo na preparação do novo dia.

Ao fazer o exercício, imagine soprar para fora pela narina esquerda, todas as atitudes com que afasta as coisas de si, incluindo a aversão, a insatisfação e o medo. Imagine estar soprando para fora, pela narina direita, todas as atitudes e emoções com que se agarra às coisas, incluindo o desejo, o apego e a cólera; e imagine estar soprando para fora, pelas duas narinas, a entorpecida e confusa qualidade da sua mente cotidiana.

Sente-se com as pernas cruzadas numa esteira ou almofada, e coloque a mão direita na posição indicada no desenho, com o polegar enfiado debaixo dos dedos dobrados, e o indicador reto. Pouse a mão esquerda, de leve, sobre o joelho esquerdo. Aspire muito, muito profundamente, inspirando a maior quantidade possível de ar, enchendo a barriga e o peito e até os espaços no topo da caixa torácica. Imagine que a respiração enche cada célula do seu corpo. Em seguida, coloque a junta média do dedo indicador direito contra a narina direita, mantendo-a bem fechada. Feche a boca e expire devagar, pela narina esquerda, tão profundamente quanto possível, botando para fora a menor partícula de ar. Continue expirando até que o seu estômago se ponha a tremer. A seguir, descanse um pouco, respirando normalmente pelas duas narinas. Repita duas vezes.

Faça agora o exercício três vezes do lado direito, fechando a narina esquerda com a junta média do dedo indicador esquerdo. Descanse brevemente depois de cada expiração. Finalmente, expire por ambas as narinas, três vezes, tão plenamente quanto possível. Quando pensar que já expeliu a derradeira partícula de ar, tente expelir mais ainda. Feito isso, sente-se por alguns minutos, respirando normalmente e desfrutando as sensações em seu corpo.

Você pode visualizar as impurezas que saem do seu corpo como um fluxo branco, opaco, que escorre da narina esquerda, um fluxo vermelho escuro que escorre da narina direita, e um fluxo azul profundo que escorre das duas narinas.

### Exercício 14  Respiração do Sentimento

Sente-se nos sete gestos e inspire pela boca e pelo nariz. Retenha a respiração por 1 minuto, expandindo a qualidade do sentimento. Desacelere seu ritmo interno e abra os sentidos. Você sentirá uma qualidade ondulatória ou vibrante, como a energia nas bordas de uma chama. Aprofunde e expanda os sentimentos que surgirem. Sinta-os diretamente, sem que se transformem em conceitos, pensamentos ou imagens mentais. A seguir, expire devagar. Se for difícil reter a respiração por 1 minuto, faça-o pelo tempo que puder, até que consiga reter a respiração por 1 minuto completo. Repita o exercício 3 vezes.

# Massagem

*Os sentimentos e o corpo são como água que flui para a água. Aprendemos a nadar nas energias dos sentidos.*

A prática do Kum Nye integra os sentimentos diretamente com o corpo, ao invés de canalizá-los pela mente. Os sentimentos e o corpo são como água que flui para a água. Primeiro "flutuamos" em sentimentos de abertura, delicado amor e alegria, relaxando e permitindo que os próprios sentimentos nos façam boiar; mais tarde há um sentimento elevado de completa confiança. À medida que nos acostumamos a entrar em contato com esses sentimentos e com as correntes de energia que produzem, aprendemos a nadar dentro das energias dos sentidos. Surge um sentimento de unidade e inteireza – pensamentos, sentidos, mente e consciência unem-se em uma espécie de alquimia interior. Quando a massagem do Kum Nye for feita diariamente durante seis semanas, esses sentimentos tornam-se mais e mais tangíveis, e ocorrem não somente durante a prática, mas ao longo do dia.

Esse "nadar" interno ou massagem derrete as tensões acumuladas, liberando a energia congelada em um nível sutil por nossas atitudes e conceitos fixos. A energia liberada flui para a experiência do sentimento, que em seguida, preenche todas as células do corpo. O nosso corpo torna-se menos sólido, mais fluido e aberto, mais *ku* do que *lu*. Quando vivemos mais próximos e trabalhamos a energia dos sentimentos e da experiência, pensamentos e sentimentos se fundem em um; os sentimentos não precisam ser acompanhados por comentários mentais. A experiência direta é muito mais importante e fundamentada do que canalizada através de pensamentos e imaginações. Crescemos em atenção plena.

A experiência imediata perde-se quando permitimos que a mente agarre os sentimentos. Então, quando começar a massagem do Kum Nye, liberte-se dos preconceitos ou associações que possa ter. Os pensamentos, bem como os conceitos, se movem em uma camada superficial; tanto quanto puder, passe gradualmente a um nível mais profundo, o nível da experiência. Explore totalmente cada sentimento. Estimule sentimentos de alegria. Imagine-se no paraíso; traga lembranças positivas, talvez de belos campos, árvores, rios ou montanhas. Deixe que os próprios sentimentos se expressem. A felicidade é um sentimento dentro do seu organismo que você pode estimular e desenvolver, dando a cada sentimento mais sabor, e sentindo-o o máximo que puder. Expanda cada sentimento por meio dos seus sentidos e pensamentos. Os pensamentos não podem lhe agarrar, porque você está além do ego e da autoimagem.

Quando você continuar a aprofundar e expandir um sentimento, encontrará diferentes tons de sentimentos que podem ser explorados ainda mais. Uma vez que entrar no sentimento, ele se ampliará em uma massagem interior. De início, um sentimento trará à mente várias imagens. Em um nível mais profundo, o sentimento será muito mais cultivado, sem imagens. Finalmente, você se torna o sentimento, e existe mais aquele que vivencia, ou o "eu". A seguir aprofundará a abertura, a satisfação e a completude.

Massagem significa interação. Quando se massageia, você não está afetando apenas o local massageado, o seu corpo inteiro participa dessa massagem. Desenvolve-se uma relação recíproca entre a mão e o músculo ou o local massageado, gerando sentimentos que estimulam interações por todo o corpo. Esta interação também ocorre entre os níveis físicos e não físicos de existência, e estimula certas energias que não se restringem aos limites do corpo, mas se espalham para o mundo circundante.

Quando desenvolver a automassagem, você descobrirá muitos tipos diferentes de sensações e sentimentos. A massagem do Kum Nye é orientada para os pontos de pressão que estimulam energias específicas. Você descobrirá que a pressão em alguns locais produz efeito imediato; já a pressão sobre outros lugares pode não afetá-lo visivelmente no início. Tocar certos pontos poderá restaurar memórias ou negatividades do passado. À medida que você esfrega e libera dores e nós do seu corpo físico, poderá também liberar bloqueios mentais e emocionais.

Padrões musculares relacionados com antigas lesões podem se dissolver em sentimento ou experiência. Pressionar determinados pontos pode liberar sentimentos carinhosos e alegres, que abrem seu coração, fundindo corpo e mente em um só. À medida que seu corpo se tornar mais fluido e aberto, poderá até descobrir um instante em que não há propósito especial para a sua massagem – ela não é orientada para o ego ou o eu. Sem preparação ou objetivo ela simplesmente acontece de forma espontânea, está lá imediatamente.

Uma vez que a configuração de sua tensão se dissolve, só resta o sentimento ou a experiência. Não rotule nem tente identificar a natureza do sentimento, mas simplesmente permita que ele continue a se dissolver, até fluir por completo dentro de si, enchendo cada centro, cada célula e os órgãos dos sentidos de energia pura e experiência, como a água que flui para a raiz mais profunda de uma linda rosa.

Enquanto você se massageia, estique os limites das suas concepções comuns. Quando pressiona um determinado ponto do corpo, nenhuma parte dele e nenhuma parte do universo precisam ser excluídas.

Tudo pode tornar-se parte da massagem. Do ponto de vista cosmológico, absolutamente tudo participa do cosmo, nós e o universo estamos integrados. Quando tocamos a nossa substância, estimulamos a nós mesmos e ao universo simultaneamente. Todo o nosso corpo se exercita no espaço.

# A Massagem como Parte da Prática

A melhor maneira de começar é se massagear por 45 minutos, ou mais, todas as noites, por pelo menos seis semanas. Após as seis semanas você poderá continuar com a massagem noturna, ou talvez queira que a massagem faça parte de sua prática diária do Kum Nye. Embora seja melhor praticá-la à noite, a massagem também pode ser feita em outros horários.

Durante a massagem, não use roupas, ou apenas roupas largas que possa abrir facilmente, e remova joias, óculos, lentes de contacto, etc. Talvez seja melhor antes tomar um banho quente, o que ajudará a relaxar os músculos tensos e abrirá o corpo para a sensação. Use um creme de massagem ou um óleo vegetal, como o de açafrão ou oliva, talvez acrescente um aroma doce. Após a massagem, aplique um perfume natural ou, se preferir, queime um incenso. Se você fizer a massagem logo antes de ir para a cama, beber um copo de leite quente com duas colheres de chá de mel, muitas vezes, ajuda a dormir.

Para começar a massagem, energize as mãos do modo descrito à página 61-62. Então esfregue seu corpo com o óleo de maneira aleatória, sem tentar fazer nada de especial. Siga seus sentimentos, deixando-os guiá-lo especialmente para onde você precisa esfregar, e deixe-os dizer quando aumentar ou diminuir a pressão. Nas áreas onde você sente dor, esfregue e pressione de modo sensível e profundo. Deixe os sentimentos e a massagem moverem-se juntos no ritmo, como uma música. Desta maneira, lentamente massageie cada parte do seu corpo, até onde você alcançar. Não esqueça braços, pernas e pés.

Gradualmente aprofunde a experiência da massagem, unificando respiração, corpo, sentidos e a mente. Respire de modo lento e leve pelo nariz e pela boca ao mesmo tempo; então a respiração pode despertar e fundir-se com a sensação, desenvolvendo uma qualidade vital e penetrante que se espalha por todo o corpo, liberando energias congestionadas ou emaranhadas em sentimento puro e energia. Expanda os sentimentos e sensações para abranger os pensamentos, de modo que, quando você esfrega e pressiona, a mão torna-se o olho da sua mente, e sua mente entra no seu corpo. Ao final da massagem, sente-se quieto por cinco ou dez minutos e sinta a sensação as ondas sutis de sensações se espalhando para fora do seu corpo.

Depois de duas ou três noites desse tipo de massagem "aleatória", comece a incorporar algumas instruções específicas para a massagem das páginas que se seguem. Não se apresse para tentar de tudo, mas explore algumas técnicas novas de cada vez. No início, enfatize o seu rosto, cabeça, pescoço, ombros e peito. Mas sinta-se sempre livre para experimentar. Encontre pontos de tensão e bloqueio e afrouxe-os, lentamente libertando o corpo de sua apertada couraça interior e exterior.

Toda vez que você começar a massagem do Kum Nye, desperte as energias sensíveis das suas mãos. Lembre-se que suas mãos não são uma ferramenta mecânica; elas são capazes de tocar todo o seu corpo quando parecem tocar apenas uma parte dele. Desenvolva os sentimentos na palma da mão, em cada dedo e no polegar. Sempre que possível, use toda a mão para massagear; desenvolva a reciprocidade entre suas mãos e a parte que você está massageando, e fique atento a ligações sutis com outras partes do corpo.

## Energizando as Mãos

Esta massagem dará vida às suas mãos. Faça-a sempre que for iniciar a massagem.

Sente-se confortavelmente com as costas retas, respire com suavidade pelo nariz e pela boca, e relaxe. Espalhe um pouco de óleo nas mãos. Dobre os braços à altura do cotovelo e mantenha as mãos abertas, com as palmas viradas para cima, no nível do coração. Coloque as mãos em conchas, como se estivesse segurando energia nelas. Sinta as sensações – talvez formigamento ou calor – nas mãos e nos dedos. Segure a energia em seus dedos; depois deixe que ela passe para as mãos, como uma chama que se acende e espalha. Deixe que a energia passe das mãos para os braços, e flua dos braços para dentro do coração. Permita que o corpo inteiro se sinta profundamente nutrido por essas sensações de energia.

Uma vez que sentir essas sensações, lentamente junte as mãos e depois esfregue as costas da mão esquerda com a palma da mão direita. Faça o movimento de modo forte e rápido. Siga as sensações. Você poderá sentir a energia fluindo para o coração e o pescoço, e no meio das costas. Inverta a posição das mãos e esfregue por alguns minutos. Agora esfregue as palmas uma na outra até senti-las definitivamente quentes.

Depois separe as mãos, deixando-as mais uma vez abertas, com as palmas viradas para cima em forma de conchas, no nível do coração. Por um minuto, sinta as sensações que fluem nas mãos e no corpo, e devagar comece a massagem.

## Massagem das Mãos

Massagear as mãos com atenção pode sintonizar, tonificar e avivar a energia do corpo inteiro.

※ Entrelace os dedos com firmeza, com as palmas das mãos e os dedos voltados para você. Separe as mãos puxando os dedos com força, massageando-os assim, até que eles se separem. Repita o movimento e sinta as sensações despertadas no corpo por esse exercício.

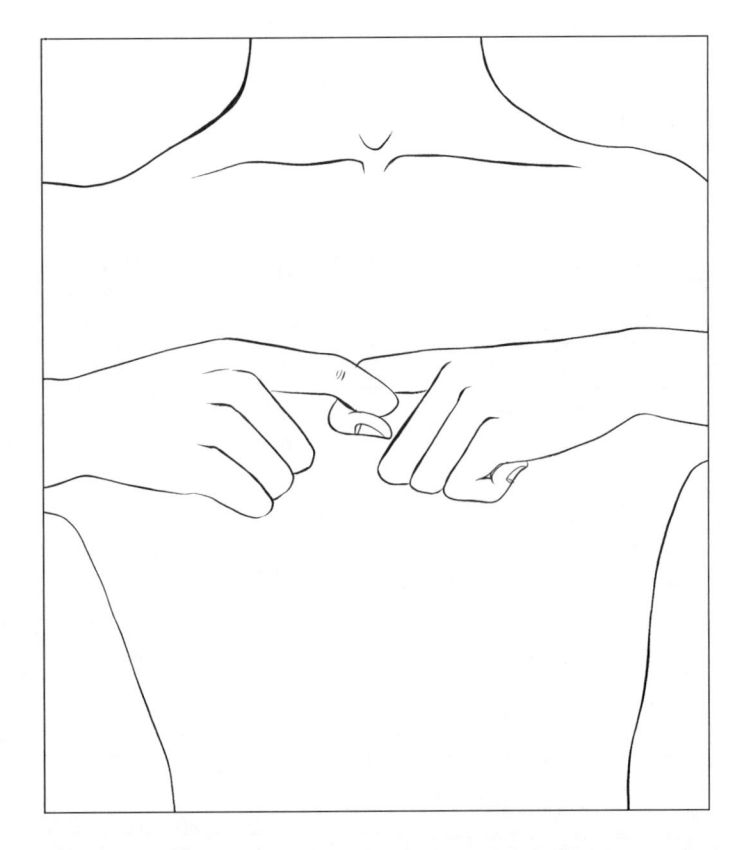

☼ Enganche cada um dos dedos no dedo correspondente da outra mão. Puxe com força até que os dois dedos se separem um do outro.

☼ Massageie a ponta de cada dedo de uma mão com a ponta dos dedos da outra mão.

☼ Massageie cada dedo, da ponta à base. Faça movimentos lentos, e verifique se massageia os lados, bem como a frente e o dorso de cada dedo.

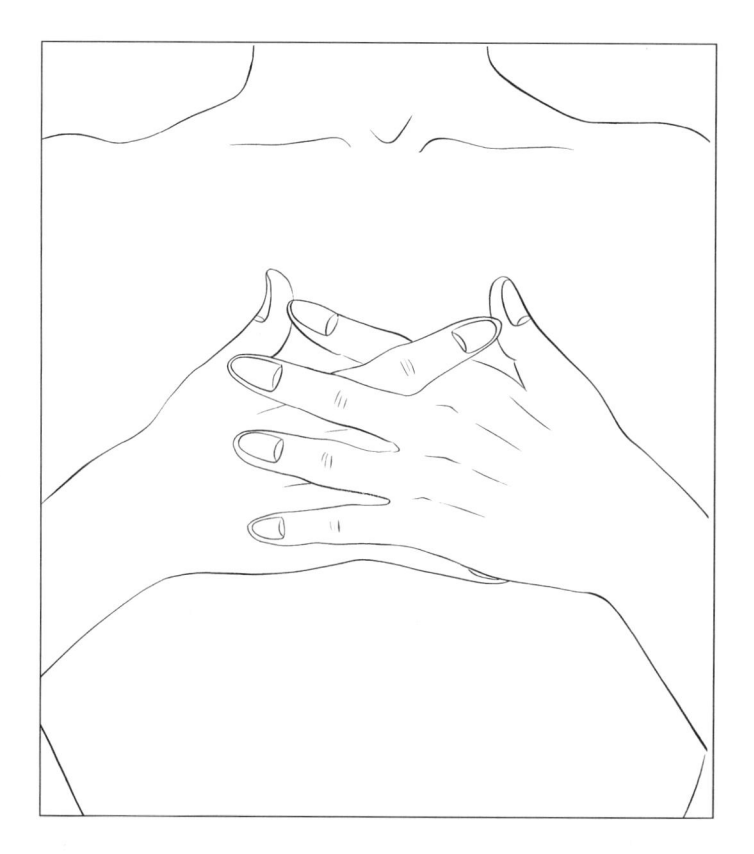

❊ Coloque a base do dedo que você vai massagear no espaço entre o dedo indicador e o dedo médio da outra mão, e segure o dedo com firmeza. Puxe-o devagar da base à ponta, torcendo-o suavemente.

❊ Use o polegar para trabalhar entre cada um dos ossículos do dorso das mãos (ossos metacárpicos), massageando na direção dos dedos. Dê especial atenção à área entre o indicador e o polegar.

☼ Massageie a palma de uma mão com o polegar da outra, ou pode usar também a articulação maior do dedo indicador para auxiliar na massagem. Massageie profundamente a grande elevação da articulação do polegar, bem como as elevações menores abaixo dos dedos. Massageie entre cada dedo. Preste atenção a todos os pequenos músculos entre os ossos, seguindo-os da base das mãos aos dedos. Enquanto massageia, respire suave e uniformemente pelo nariz e pela boca.

A parte seguinte da massagem das mãos utiliza pontos de acupressão. Quando fizer pressão nesses pontos (e, mais tarde, quando pressionar pontos em outras partes do corpo), fique atento aos efeitos produzidos por diferentes graus de pressão. No início, faça uma pressão suave; aos poucos, aumente a pressão para média; e quando apropriado, pressione com força. Quando quiser diminuir a pressão, faça-o de modo gradual: primeiro alivie sutilmente a pressão forte, depois a reduza para uma pressão média, e devagar, retorne à pressão leve. Dessa maneira você desenvolverá a percepção de seis fases distintas da massagem. Com mais prática, poderá desenvolver outras sutilezas da acupressão.

Tome o cuidado de não soltar a pressão de repente. Isso "choca" o sistema e perde as qualidades sutis do sentimento. Sinta totalmente o erguer e o afundar da mão e dos dedos. Quando tirar a mão do corpo no final da massagem, faça-o de maneira quase imperceptível; assim, poderá prolongar as sensações por muito tempo.

☼ As mãos têm muitos pontos sensíveis e poderosos que podem estimular interações por todo o corpo. Para encontrar o ponto 1, vire a palma da mão para cima e olhe para os "anéis" da face interna do pulso. Coloque o indicador no meio do anel mais próximo da palma. Em seguida, vire a palma para baixo e coloque o polegar sobre o ponto 2, que fica na parte de trás da mão, exatamente em oposição ao ponto 1. Pressione o pulso com força entre o polegar e o indicador. Relaxe o peito e a barriga e outros lugares onde você sentir uma tensão desnecessária; respire suavemente pelo nariz e pela boca ao mesmo tempo.

Inverta a posição do polegar e do indicador, pondo o indicador no dorso da mão, e o polegar no lado interno do pulso. Pressione os dois pontos com força, massageando-os ao mesmo tempo. Alivie a pressão aos poucos, sentindo as sensações que surgem.

Mantendo o polegar no mesmo ponto de parte interna do pulso, coloque o indicador no ponto 3, que fica um dedo acima do ponto 2, na direção dos dedos e próximo do dedo mínimo. O ponto 3 (figura 1, da página 68) fica entre os ossos do dedo mínimo e do anular, e pode ser muito sensível. Depois de encontrá-lo, exerça uma pressão vigorosa com polegar e indicador, e sustente-a. Alivie a pressão de forma lenta e suave.

Agora mova o indicador para o ponto 4, o ponto lateral mais próximo do polegar (ver figura 1). Esse ponto está a um dedo de distância e na lateral do ponto 2. Novamente, pressione-o com força usando o polegar e indicador juntos, e mantenha a pressão. Você sentirá fortes sensações, até mesmo dor. Fique com as sensações, respirando pelo nariz e pela boca. Solte a pressão aos poucos.

Vire a palma mão para cima. Encontre o ponto 5, medindo dois dedos acima do ponto 1, e ponha aí o polegar. Coloque o indicador no ponto 6, que está no dorso da mão, em oposição ao ponto 5. Pressione com força esses dois pontos. Solte devagar, respirando com regularidade pelo nariz e pela boca.

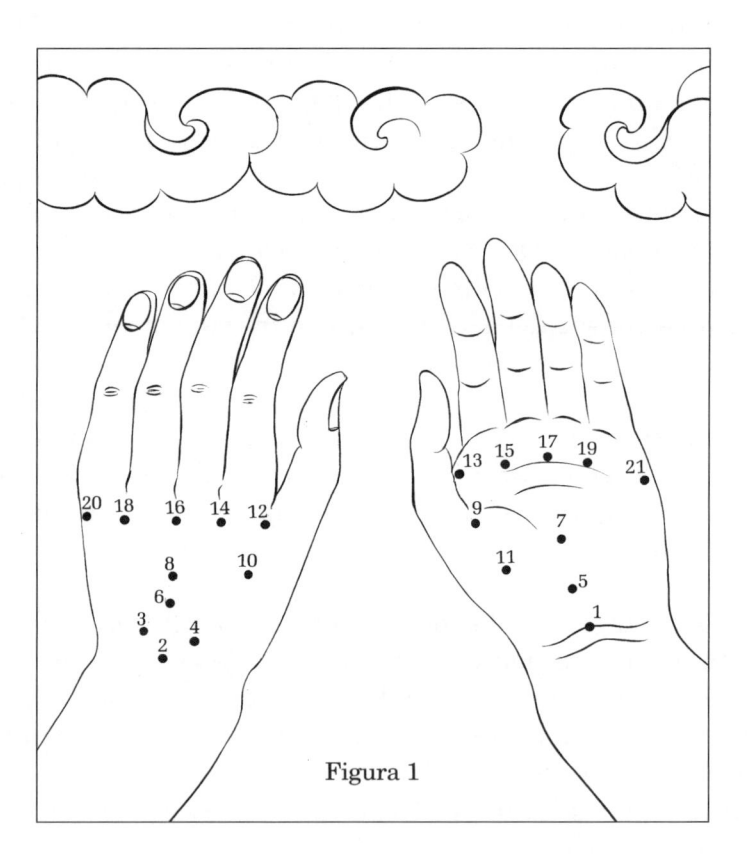

Figura 1

Coloque o polegar no ponto 7 que fica no meio da palma da mão, e o indicador no ponto 8, situado no dorso da mão, na altura correspondente ao ponto 7. Pressione os dois pontos ao mesmo tempo de modo sensível, aumentando aos poucos a pressão. Solte devagar.

Agora coloque o polegar no ponto 9, que fica na base do polegar, e o indicador no ponto 10, lado oposto no dorso da mão. Pressione estes dois pontos, aumentando e diminuindo a pressão de modo sensível. Lembre-se de respirar suavemente pelo nariz e pela boca.

Coloque o polegar no ponto 11, no meio da elevação do polegar, pressionando e massageando com sensibilidade. A pressão poderá ser forte.

Os dez pontos restantes da mão (de 12 a 21) formam uma fileira que se estende pelas articulações das bases dos dedos. Há cinco desses pontos na palma da mão e mais cinco no dorso. Dois pares de pontos (12 e 13, 20 e 21) estão situados nas laterais da mão, e três pares, entre as articulações. Massageie-os aos pares, colocando o polegar na palma da mão e o indicador no ponto correspondente, no dorso. Aumente e diminua gradualmente a pressão.

Faça a massagem completa nas duas mãos, incluindo os pontos de acupressão.

## Massagem do Rosto

Nossa cabeça normalmente trabalha mais do que o resto do corpo. Nossas emoções, intimamente ligadas aos pensamentos, tendem a contrair os músculos faciais, bem como o pescoço e os ombros. Enquanto massagear o rosto, sinta a energia das sensações liberadas moverem-se por todo o corpo.

☼ Energize as mãos como descrito na página 61-62. Quando as palmas estiverem quentes, traga-as devagar para o rosto e coloque-as delicadamente sobre os olhos fechados, sem pressionar os globos oculares, nem tocar o nariz. Os dedos se tocarão levemente. Deixe as mãos nessa posição por vários minutos, sentindo o calor e a energia moverem-se para dentro dos olhos. Observe as conexões com outras partes do seu corpo; você poderá sentir o calor se espalhando do globo ocular para muitas partes do corpo.

Volte a esfregar as palmas das mãos. Quando estiverem quentes, coloque uma delas na testa e a outra no queixo. Feche os olhos e sinta a energia fluir. Repita, invertendo a posição das mãos.

☼ Massageie ao redor da órbita dos olhos, tocando cada ponto firme e delicadamente. Massageie os dois olhos ao mesmo tempo. Inicie na borda superior interna da cavidade orbital e use o polegar para localizar o pequeno vão no osso abaixo da sobrancelha (ponto 1, Figura 2). Pressione para cima, vá aos poucos aumentando a pressão e segure. Mantenha a cabeça erguida. Feche os olhos e penetre nas sensações, que podem ser bem fortes. Alivie a pressão muito lentamente, e fique com as sensações geradas.

Com o indicador ou o dedo médio, pressione e massageie delicadamente abaixo da borda superior da cavidade orbital (ponto da figura 2). É melhor fechar os olhos. Pressione a distância que separa o ponto 1, na borda superior, do ponto 3, perto do arco da sobrancelha. Continue a pressionar e massagear delicadamente por um tempo. Experimente utilizar diferentes graus de pressão.

Figura 2

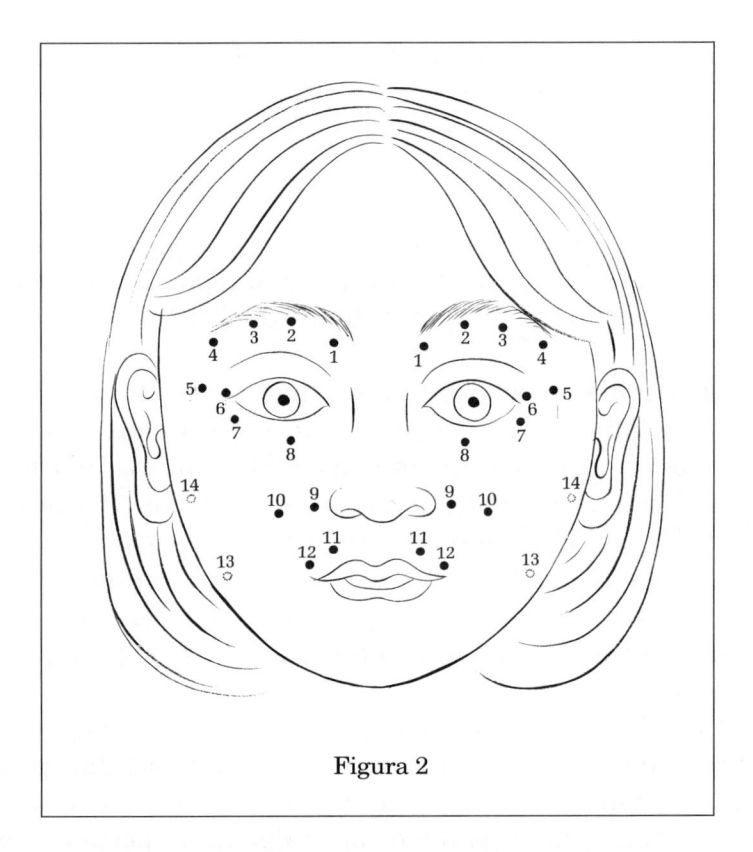

No canto superior externo da órbita ocular, outro lugar merece uma atenção muito especial (pontos 4). Use a ponta do dedo indicador ou do dedo médio para localizar e massagear esse pequeno vão existente no osso.

Acompanhe a curva de órbita ocular de cima para baixo até encontrar uma pequena elevação, a um dedo do canto do olho (ponto 5). Pressione com o indicador, aumentando e diminuindo gradativamente a pressão.

Com o indicador passando pelo canto da cavidade orbital, vá até o ponto 6. Pressione com delicadeza, respirando suavemente pelo nariz e pela boca. Continue até o ponto 7, próximo ao ponto 6, pressionando com suavidade.

Siga a curva inferior da cavidade orbital, até encontrar o pequeno vão no osso abaixo do centro do olho (ponto 8). Pressione suavemente, com especial atenção a área onde a parte inferior da cavidade orbital encontra o osso do nariz.

☼ Segure a ponta interna da sobrancelha, perto do nariz, entre o polegar e o indicador. Pressione o polegar um pouco para cima, apoiando e sustentando o osso. Aperte de leve a sobrancelha e friccione lentamente para frente e para trás com o indicador. Massageie até a ponta externa da sobrancelha; depois volte à ponta interna e repita a massagem.

☼ Com o dedo médio, pressione e massageie com um movimento circular a depressão das têmporas. Quando encontrar um lugar sensível, massageie de modo ainda mais lento. No início, pressione de leve e aumente a pressão aos poucos, e depois solte a pressão bem devagar. A seguir, mude a direção do movimento, deixando que seus sentimentos guiem o ritmo e a pressão da massagem.

☼ Coloque as mãos, encostadas uma na outra, no lado esquerdo da fronte. Passe os dedos horizontalmente pela testa, deixando as mãos terem o maior contato possível com a fronte. Mova-as vagarosamente de um lado para o outro, várias vezes.

☼ Agora massageie as laterais do nariz, usando um, dois ou todos os dedos. Comece friccionando cada lado do nariz perto do canto dos olhos, movendo os dedos devagar, de cima para baixo, variando a pressão. Dê atenção especial às áreas onde termina o osso do nariz (mais ou menos no meio do nariz), onde as abas do nariz encontram a face e onde começam os dentes (ponto 11, na Figura 2).

Nesses locais, pressione os dedos mais profundamente e massageie devagar para cima e para baixo, atento a quaisquer sensações especiais que podem ser liberadas. Ao terminar de massagear a base dos dentes, volte a massagear para cima do nariz. Faça o movimento completo duas ou três vezes.

☼ Coloque os polegares no canto do nariz, onde as abas se encontram com a face, deixando as mãos suspensas na frente do queixo. Enquanto estiver pressionando esse canto, gire lentamente as mãos até que os dedos apontem para o teto.

Pressione com força, massageando bem devagar com o polegar a área que fica logo abaixo da bochecha, em direção à lateral da face. O movimento dos polegares é bastante sutil, embora a pressão seja forte. Siga a linha da bochecha até a borda óssea perto da orelha. Deixe que suas sensações se expandam, liberando as tensões sutis sob a pele.

☼ Com o indicador, pressione o ponto 9, nos cantos do nariz. (ver Figura 2, p. 72) Gradualmente aumente a pressão, respirando de modo uniforme pelo nariz e pela boca, deixando as sensações se expandirem. Não hesite em desenvolver uma forte pressão.

Depois, siga a linha da bochecha, afastando-se do nariz em direção ao ponto 10, pressionando bem. Mais uma vez, pressione com força, aumentando e diminuindo gradualmente a pressão.

☼ Massageie lentamente a bochecha com o indicador até chegar no canto do maxilar (ponto 13, na Figura 2). Pressione delicadamente, boceje um pouco e mova os cotovelos para os lados, bem devagar, como se o peito estivesse se abrindo. Não pressione esse ponto com muita força. Repita a pressão, o bocejo e a abertura do peito por mais um tempo. Relaxe a barriga e mantenha a respiração lenta e suave. Depois, volte devagar os cotovelos para frente, e solte a pressão.

☼ Coloque os dedos debaixo da mandíbula e os polegares no queixo, com os cotovelos apontando para os lados como se vê no desenho. Usando todos os dedos ao mesmo tempo, pressione e massageie meticulosamente ao longo de toda a linha da mandíbula. Não tenha medo de pressionar com força, e lembre-se de soltar a pressão aos poucos. Você também pode pressionar o lado superior da mandíbula com os polegares. Respire suavemente pelo nariz e pela boca enquanto pressiona.

☼ Coloque os polegares debaixo da mandíbula, perto da garganta, com as pontas dos dedos no queixo. Abra um pouco a boca e, delicadamente, pressione a mandíbula com os polegares. Manipule toda a área, sobretudo perto da raiz da língua e das amígdalas. Você poderá sentir essa área densa e viscosa; observe se sente relutância em tocá-la. Crie um diálogo entre os polegares e esses músculos tão esquecidos, dando vida a essa área. Relaxe nos sentimentos que aparecerem com a massagem. A musculatura da mandíbula não raro conserva padrões habituais de pensamento e comportamento, e a massagem libera muitas sensações diferentes. Ao mesmo tempo, use os dedos para massagear a linha superior da mandíbula.

✺ Sorria e massageie os cantos dos lábios com os polegares. Você descobrirá que há uma compressão nos músculos que pode ser liberada. Enquanto pressiona a pele, você também massageará a gengiva e a base de alguns dentes superiores. Quando acabar de friccionar, solte bem devagar a pressão. Como sente o seu rosto?

✺ Nesta altura da massagem, quando tiver tocado as principais áreas do rosto, é muito agradável fazer uma massagem geral no rosto inteiro de modo ligeiramente diferente.

Comece massageando o centro e o restante da testa em direção às têmporas. Depois, massageie a partir do topo do nariz em direção às bochechas e às orelhas.

Massageie o rosto da área abaixo do nariz até as orelhas.

Massageie em torno da boca, sentindo a estrutura óssea debaixo da pele. Pressione os pontos 11 e 12 com o indicador, como mostrado na Figura 2.

Massageie o rosto, a partir da boca, trabalhando profundamente os músculos mastigadores. Depois massageie ao longo da borda do queixo, por toda a mandíbula.

✺ Coloque uma das mãos na testa e a outra acima da primeira, sobre a cabeça, com os dedos de cada mão apontando em direções opostas. Deslize as mãos simultaneamente na direção dos dedos; em seguida, lentamente, volte à posição inicial. Continue esfregando desse modo, de um lado para o outro, levando devagar as mãos para baixo, até chegar ao queixo, e para cima, de volta à testa, deixando as mãos fazerem o maior contato possível com o rosto. Experimente fazer essa massagem depois de tomar um banho.

✺ Essa massagem é para o rosto e para a cabeça. Coloque uma das mãos sobre a testa e a outra sobre a parte posterior da cabeça.

Se estiver usando joias e óculos, não se esqueça de removê-los. Mova as mãos, devagar, em direções opostas, uma pelo rosto e a outra pela parte posterior da cabeça; depois faça os mesmos movimentos no sentido contrário. Você sentirá como se suas mãos estivessem girando a cabeça, mas ela permanece imóvel durante a massagem. Depois de massagear toda a cabeça, abaixe as mãos devagar. Deixe-as descerem para massagear o queixo, a garganta e a nuca. Desfrute do pleno contato entre a mão e a cabeça.

※ Use os polegares e os indicadores para massagear as orelhas. Comece na borda externa e, aos poucos, vá em direção ao centro, num movimento espiral. Massageie cada milímetro, respirando suavemente pelo nariz e pela boca, unindo a respiração com a sensação. Se as orelhas ficarem quentes, pare delicadamente.

☼ Logo atrás do lobo da orelha há um pequeno vão. Feche os olhos e, com o indicador, pressione e friccione perto do topo do vão (ponto 14 da Figura 2, p. 72) com cuidado e sensibilidade, sem muita força. Você sentirá uma conexão com as narinas. Feche a boca e continue a esfregar lentamente, sem muita força, enquanto inspira só pelo nariz. Inclua na massagem toda e qualquer sensação. Enquanto continua o movimento, inspire um pouco mais pelo nariz, dilatando as narinas e relaxando a parte inferior do corpo. Mantenha as costas retas. Depois esfregue cada vez mais devagar, sentindo as sensações no seu corpo, até cessar o movimento.

Agora coloque o polegar no ponto 14, pressione levemente e, com o indicador, massageie devagar as têmporas, em círculos, primeiro numa direção, depois na outra. Respire suavemente pelo nariz e pela boca, e, enquanto massageia, deixe a respiração acumular sensações, distribuindo-as por todas as células da face, da cabeça e do corpo.

No final, massageie todo o rosto, com atenção especial ao que é osso e ao que não é.

Figura 3

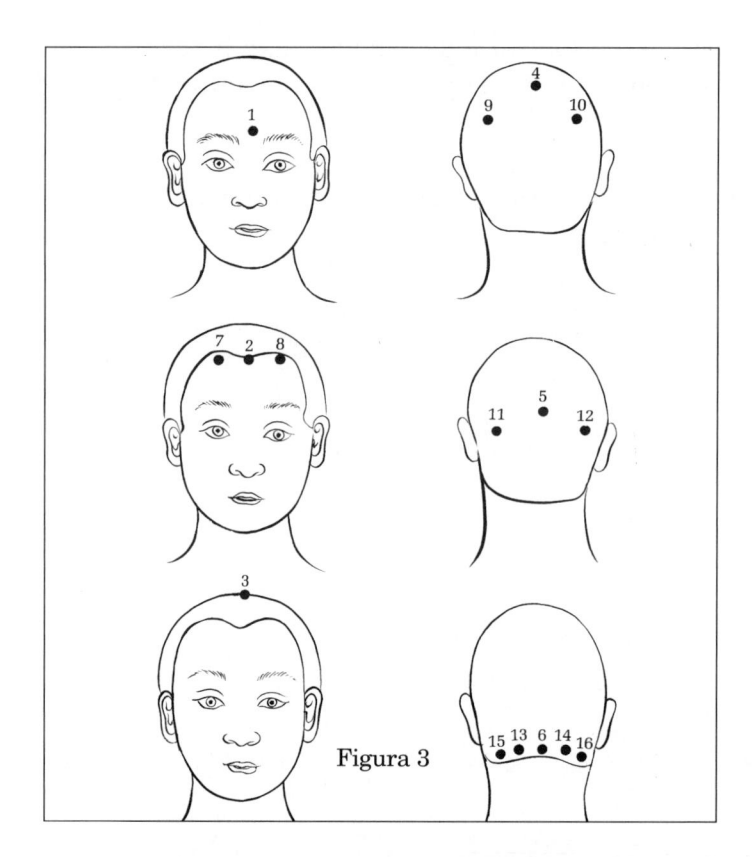

## Massagem da Cabeça

Em geral damos mais atenção ao rosto do que ao restante da cabeça. Mas a cabeça tem áreas e pontos sensíveis que podem aliviar bloqueios sutis de todo o corpo, despertando delicadamente os sentidos.

✺ Massageie o couro cabeludo com as pontas dos dedos. Separe os dedos, apoiando-os firmemente na frente do crânio, e os polegares ao lado. Empurre o couro cabeludo para frente e para trás de modo que ele deslize sobre o crânio. Experimente essa massagem em diferentes ritmos. Toque todas as partes do couro cabeludo, indo da frente até o centro da parte de trás da cabeça.

❊ Com todos os dedos da mão esquerda, acompanhe os músculos que descem pelo lado posterior esquerdo do couro cabeludo, do topo da cabeça até o pescoço. Com a mão direita, faça o mesmo do outro lado, mantendo sempre a cabeça ereta. Fique mais tempo no local em que sentir dor ou prazer.

❊ Os pontos numerados são áreas de acupressão da massagem da cabeça (ver Figura 3). Os pontos de 1 a 6 ficam numa linha média que passa pelo topo da cabeça, de frente para trás. Os pontos de 7 a 16 ficam ao lado dos pontos 2, 4, 5 e 6. Com raras exceções, os pontos estão separados uns dos outros por uma distância de quatro dedos.

Antes de aplicar a massagem na cabeça, explore suavemente esses pontos até familiarizar-se com as sensações que eles estimulam, sem descuidar dos pontos laterais. Enquanto os fricciona e pressiona, respire devagar e com regularidade pelo nariz e pela boca, unindo a respiração e a sensação. Penetre nos sentimentos estimulados em cada ponto, com atenção especial às variações de sensação geradas pelos diferentes graus de pressão. Especialmente, ao soltar pouco a pouco a tensão, sinta os sabores sutis dos sentimentos despertados.

Depois que se familiarizar com esses pontos, desenvolva as massagens mais longas, como as dos pontos 3 e 6.

Ponto 1: Para encontrar o ponto 1, normalmente chamado de terceiro olho, meça quatro dedos acima da ponta do nariz. Para fazer isso, coloque os dedos da mão direita sobre o nariz, retos e enfileirados, com o dedo mínimo sobre a ponta do nariz e o indicador perto das sobrancelhas. Pressionando o indicador nesse ponto, você sentirá um pequeno sulco muito sensível, o que indica o lugar certo.

Coloque o dedo médio sobre esse ponto e esfregue cerca de 2,5 cm para cima e para baixo, com alguma pressão. Feche os olhos e olhe para dentro de modo relaxado, concentrando-se neste ponto. Com os olhos fechados você sentirá mais, e as sensações tendem a permanecer quando o movimento cessa. Respire suavemente pelo nariz e pela boca. Ao contatar a energia nesse local, distribua lentamente as sensações que se irradiam do centro desse ponto para todo o corpo, deixando que se tornem parte de cada músculo. Após dois minutos, vá diminuindo a fricção até parar, e sente-se quieto, com as mãos nos joelhos, continuando a vivenciar os sentimentos gerados.

A tensão está intimamente relacionada com o processo pelo qual a mente produz imagens. Friccionar esse local alivia grande parte da tensão e estimula os sentidos, de modo que sentimentos positivos começam a se espalhar por todo o corpo, como um halo interior. A percepção do corpo funde-se com a da mente, unidas na respiração.

À medida que o relaxamento se aprofunda, as ideias e imagens geradas se tornam mais equilibradas e vitais, e de mais benefício aos outros, pois nosso corpo e nossa mente são alimentados por dentro. Tornamos-nos pessoas mais capazes de realmente cuidar de todas as outras. Podemos nos beneficiar com cada momento dessa preciosa oportunidade de expandir e compartilhar a alegria de estar vivo: à medida que os sentimentos de alegria se espalham para os outros, eles também se tornam mais equilibrados.

A pressão no grupo de pontos seguintes ajuda a liberar a tensão muscular em todo o corpo.

Pontos 2, 7 e 8: Para encontrar o ponto 2, meça quatro dedos para cima a partir do ponto 1. Com o indicador e o médio de uma das mãos pressione esse ponto e, sem erguer os dedos, massageie 2,5 cm acima dele e depois volte à posição original. Repita diversas vezes. Massageie os pontos 7 e 8, que estão a 2,5 cm de cada lado do ponto 2, usando os indicadores. Volte a massagear o ponto 2. Alterne a pressão exercida sobre o ponto 2, o 7 e 8 por vários minutos.

Ponto 3: Encontre o ponto 3 medindo quatro dedos acima do ponto 2. Esse é o centro de cura do corpo e também a porta por onde a consciência passa quando morremos. Com massagem e visualização, podemos abrir esse centro e aprender a curar a nós mesmos.

☼ Com três dedos trace um círculo nesse ponto, friccione-o e pressione-o de leve. Ao friccionar, visualize um círculo de 5 cm de diâmetro. Feche os olhos e erga os dedos devagar, tocando docemente os cabelos. Ainda devagar, erga os dedos mais alto ainda, 5 a 7,5 cm acima desse ponto, e, depois, abaixe-os. Continue a erguer e a abaixar os dedos até sentir algo, talvez uma sensação de abertura ou frescor.

Não se preocupe se não sentir nada de início; isso pode levar algum tempo. Apenas concentre-se relaxadamente nesse ponto, continuando a tocá-lo com os dedos. Mais tarde sua sensibilidade aumentará, mesmo usando apenas a ponta de um dedo.

☼ Quando conseguir visualizar uma abertura circular no topo da cabeça, imagine este círculo se ampliando em uma coluna que se abre do topo da cabeça à base do torso. Se quiser desenvolver essa visualização, faça quatro ou cinco sessões de uma hora.

☼ Ao visualizar claramente uma coluna aberta dentro do seu corpo, visualize a energia universal, branca e brilhante, vertendo para dentro dela. Essa bela energia branca, lentamente encherá a coluna, escorrendo para as áreas da garganta, coração e umbigo, até tocar as raízes do seu corpo. A energia é inexaurível e vem de todas as direções ao mesmo tempo, movendo-se como uma espiral em torno de um centro.

Praticando essa visualização por 45 minutos diários, por uma semana, você estará pronto para sentir a especial qualidade alegre dessa energia curativa. Se não contatar esse sentimento no início, procure imaginá-lo e, com o tempo, chegará a senti-lo. Quando o fizer, já não mais verá seu corpo - apenas a energia branca resplandecente que preenche a coluna, como leite em um copo de cristal. Cada célula, cada molécula absorve essa energia curativa em completa saciação.

Ponto 4, 9 e 10: Meça quatro dedos a partir do ponto 3 para achar o ponto 4. Então meça mais quatro dedos para baixo, em cada lado da cabeça, para encontrar os pontos 9 e 10. Uma sensação especial, quase de dor, indica o local certo. Concentre-se nos pontos laterais e não no próprio ponto 4.

Feche os olhos e pressione o ponto 9 com o polegar e o indicador esquerdo, e o ponto 10 com os direitos. Seja qual for seu sentimento, transforme-se nesse sentimento, seguindo-o aonde quer que ele vá. Alivie a pressão aos poucos, respirando igualmente pelo nariz e pela boca, permitindo que suas sensações sejam distribuídas pelo corpo todo.

Segure firme o músculo do couro cabeludo com o polegar e o indicador e friccione para cima e para baixo a partir de cada ponto. A fricção vigorosa desses pontos afrouxará a tensão dos músculos do pescoço.

Pontos 5, 11 e 12: Encontre o ponto 5 quatro dedos atrás do ponto 4. Para localizar os pontos 11 e 12, meça quatro dedos para baixo e de cada lado do ponto 5 (ver Figura 3). Focalize de início os pontos 11 e 12. De olhos fechados, friccione os dois pontos devagar com os dedos médios, respirando suavemente pela boca e pelo nariz. Enquanto massageia e pressiona, mantenha a respiração, a mente, os dedos e a sensação tão unidos, até não distinguir ao certo se está sendo massageado pela mão, pela mente, pelo sentimento ou pela respiração. Deixe que a atenção e a respiração enriqueçam suas sensações até se tornarem tão plenas e abertas que se expandam além do corpo, estimulando interações nutrientes com o mundo que o rodeia.

Ponto 6: Esse é o mais importante dos pontos da cabeça. Localizado na nuca, na junção entre o crânio e a coluna vertebral, a cerca de quatro dedos do ponto 5, é um pouco difícil de ser encontrado no início, pois não está no mesmo local em todas as pessoas. Será mais fácil encontrá-lo depois de trabalhar regularmente com os pontos de pressão da cabeça e do rosto.

Para encontrar esse ponto, balance a cabeça suavemente para frente e para trás, com os olhos fechados. Segure a testa com uma das mãos e, com dois dedos da outra, pressione a nuca perto da base do crânio. O ponto procurado pode estar em qualquer lugar a 5 ou 7,5 cm acima do topo da coluna. Você talvez encontre um canto mais sensível e sinta um estalinho por dentro. Há uma energia especial nesse ponto, um tipo profundo de dor facilmente transformada em prazer. Às vezes parece um sentimento extremamente delicioso. Quando a fricção deste ponto produzir uma sensação especial ou estranha, você terá encontrado o lugar certo.

Expanda a sensação o máximo que puder. Inspire um pouco mais profundamente e deixe a expiração fluir suave. Pare de balançar a cabeça, mas continue a trabalhar o ponto como se ele tivesse quatro lados, que você pode pressionar e massagear. Relaxe a barriga e deixe que seu corpo se aquiete e acalme. Imagine-se voando como um pássaro e que seu corpo é leve e gracioso. Entre fundo nesse sentimento, tão profunda e sensivelmente que poderá ter vontade de chorar. Distribua o sentimento em toda a extensão da coluna até o sacro.

Esse sentimento profundo revitaliza todos os sentidos sutis. Inúmeras tensões ficam presas neste lugar, e a massagem restaura todas as energias do corpo. O sentimento penetra pela coluna e por trás dos ombros, podendo chegar ao coração.

Pontos 1 a 6:. Friccione e pressione simultaneamente os pontos 1 e 6, concentrando-se de leve no 6, ainda que não consiga localizá-lo com exatidão. Mesmo que os dois pontos não estejam ligados por uma linha direta, a pressão simultânea sobre eles estimula uma energia especial que libera vários bloqueios doloridos.

Feche os olhos e pressione igualmente os dois pontos por cerca de 30 segundos. Depois, alivie a pressão aos poucos, sente-se bem quieto e concentre-se relaxadamente na nuca e no pescoço. Sinta as energias que se movem pela testa, acima dos globos oculares, até chegar à nuca e à coluna. Se não sentir nada, aperte um pouco os globos oculares, mantendo os olhos fechados. Em seguida, solte devagar e observe quaisquer sensações na nuca ou na parte de trás da cabeça. Talvez haja uma sensação de calor ou um sentimento de felicidade. Às vezes, você pode sentir os músculos do pescoço se tornarem quentes e leves. Há uma qualidade delicada nesse calor, como tocar o corpo de um bebezinho. Aprofunde as sensações, concentrando-se relaxadamente na nuca e sentindo as sensações fluírem para baixo na coluna e até para dentro do coração.

Se você quiser praticar essa massagem, faça-o por 45 minutos todos os dias, por pelo menos duas semanas. Se possível, pratique duas vezes ao dia.

Pontos 13 e 14: Esses pontos situam-se a cerca de 2,5 cm de cada lado do ponto 6, ao longo da base do crânio. Use os dedos médios e, pouco a pouco, aumente a pressão para massagear esses pontos.

Pontos 15 e 16: Esses pontos estão a cerca de 2,5 cm dos pontos 13 e 14, na direção da orelha e um pouco mais abaixo, perto da ponta do processo mastóide. Com os dedos médios, massageie-os usando diferentes graus de pressão.

## Massagem do Pescoço

Quando o pescoço relaxa, sua cabeça e seu coração se integram melhor, e você vivencia as sensações mais intensamente.

☼ Com os dedos médios, encontre as saliências do crânio situadas logo atrás das orelhas. Use a mão esquerda para massagear o lado esquerdo, e a direita para o lado direito. Comece a alisar o músculo do pescoço para baixo, usando dois dedos. Pressione esse músculo, o esternoclidomastóideo, para baixo até o ombro. Depois, retorne para a saliência atrás da orelha e repita o movimento.

Perto do ombro, o músculo se divide em dois feixes. Veja se pode sentir essa separação e, enquanto massageia, tente aumentá-la.

Pressione esse ponto com o dedo médio, aumentando e diminuindo a pressão. Continue massageando o músculo por pelo menos dez minutos, experimentando massagear o músculo do lado esquerdo com a mão direita, e o do lado direito com a mão esquerda. Use graus diferentes de pressão e lembre-se de sempre soltar a pressão bem devagar.

☼ Pressione o músculo esternoclidomastóideo entre o polegar e os quatro outros dedos, movendo as mãos para cima e para baixo. Depois, entrelace os dedos na nuca e massageie o músculo com a base da palma das mãos. Respire suave e regularmente pelo nariz e pela boca ao massagear, e traga sua atenção para a respiração. Deixe que a suave influência da respiração permeie as tensões dos músculos e da mente, liberando sensações nutrientes.

☼ Usando o dedo indicador e o médio da mão esquerda, massageie devagar, comprima e alise para baixo os músculos ao longo do lado esquerdo do pescoço. Em seguida, utilize a mão direita para fazer o mesmo com os músculos do lado direito. Deixe que o relaxamento se expanda, unificando corpo, atenção plena, consciência da respiração e da mente.

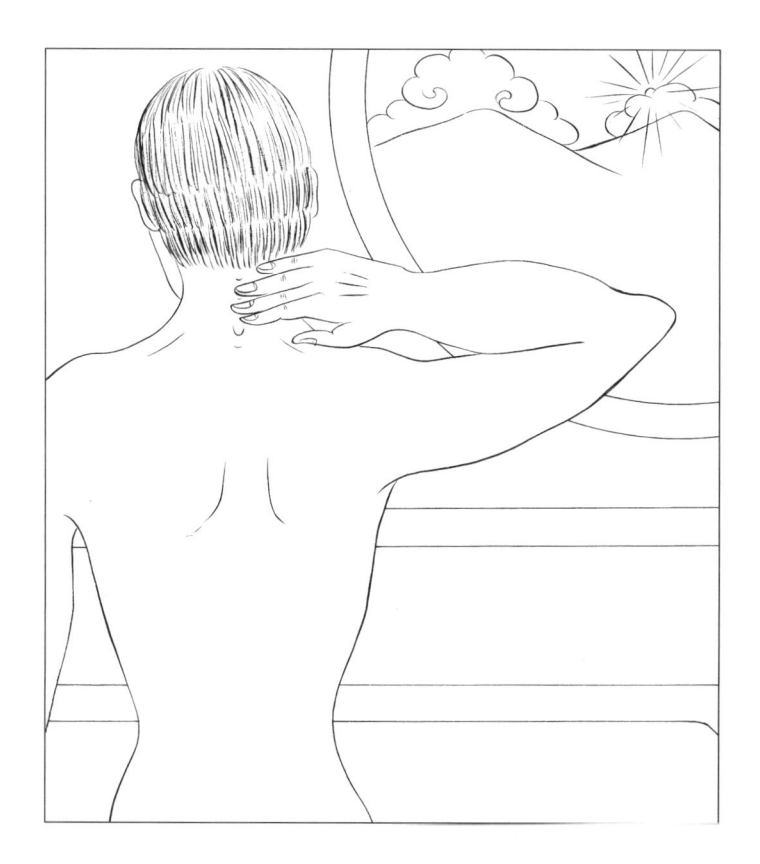

☼ Com o indicador ou o dedo médio de uma das mãos, pressione logo acima da grande vértebra que está na base do pescoço – existe aí uma grande saliência na linha dos ombros. Lentamente, mova a cabeça para trás e comprima o ponto com força. Seu dedo deve penetrar bem fundo. Alivie a pressão aos poucos.

Agora mova a cabeça para frente e pressione novamente o ponto com força. Solte a pressão aos poucos, respirando com suavidade pelo nariz e pela boca. Erga a cabeça bem devagar.

☼ Massageie o lado esquerdo da nuca com a mão esquerda, com um movimento que vai dos lados para trás do pescoço numa direção levemente ascendente. Repita do lado direito, com a mão direita, mantendo sempre a cabeça erguida e o queixo voltado para dentro.

☼ Este é um movimento giratório que vai da frente do pescoço para trás. Coloque a mão direita debaixo do queixo com a base da mão próximo ao oco da garganta, com os dedos se curvando em torno do lado direito do pescoço. Mantenha o queixo erguido. Lentamente, deslize a mão direita para a direita em direção à parte de trás do pescoço, tocando-o com a palma e todos os dedos da mão, inclusive o polegar.

À medida que a mão direita se move em torno do pescoço, coloque a esquerda debaixo do queixo, com todos os dedos apontando para a direita e siga o movimento da mão direita. Quando completar o movimento giratório com a mão esquerda, reinicie-o com a mão direita. Pratique o movimento até se tornar suave. Mude a posição das mãos e, do mesmo modo, massageie o lado esquerdo do pescoço.

☼ Incline a cabeça, movendo a orelha direita em direção ao ombro direito. Com os dedos apontados para cima, passe primeiro a mão esquerda e depois a direita no lado esquerdo do pescoço ao longo de uma linha que vai da base da garganta, logo acima do esterno, até a área situada logo atrás da orelha, e ao longo da base do crânio até a parte de trás da cabeça. Você estará seguindo os contornos do músculo esternoclidomastóideo. Continue essa massagem por vários minutos, fazendo um movimento suave e firme com as mãos.

Enquanto massageia, respire suave e uniformemente pelo nariz e pela boca. Deixe a respiração dissolver os contornos da mão e do pescoço, fundindo-os. Em seguida, mova a cabeça para o ombro esquerdo e repita a massagem do lado direito do pescoço.

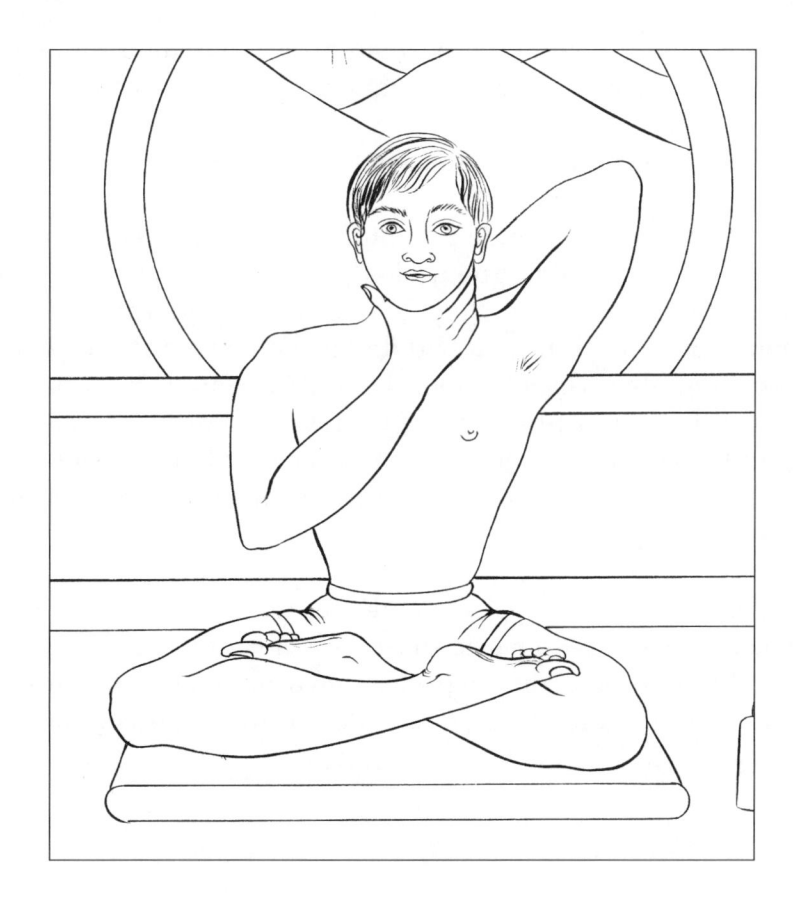

☼ Nesse movimento, você alterna a massagem entre a garganta e a nuca. Envolva firmemente a base da garganta com a mão direita, deixando o polegar de um lado e os outros dedos do outro. Coloque a mão esquerda na nuca, com todos os dedos juntos, a base da mão do lado esquerdo do pescoço e os dedos envolvendo o lado direito.

Massageie lentamente a garganta para cima, usando toda a mão direita. Erguendo o queixo, alise a garganta e a região abaixo do queixo num movimento ascendente, até que sua mão chegue perto da borda do maxilar. Enquanto faz isso, sustente a cabeça com a mão esquerda.

Retorne a mão direita à base da garganta e sustente a cabeça à frente enquanto massageia a nuca para cima com a mão esquerda.

A cabeça se inclinará para frente enquanto você alisar a nuca. Continue até ultrapassar a base do crânio e, depois, retorne a mão para a base do pescoço e comece a massagear a garganta para cima com a mão direita mais uma vez. A massagem deve ser suave, delicada e calma. Sinta as sensações geradas por todo o corpo e faça a massagem completa pelo menos três vezes.

☼ Coloque as mãos na nuca ao longo da base do crânio com os dedos das mãos apontados uns para os outros. Usando os polegares e os outros dedos, massageie devagar os músculos, da coluna para os lados do pescoço. Pressione forte ao alisar.

Quando chegar aos lados, volte as mãos à coluna e repita o movimento um pouco mais para baixo. Na terceira vez você já terá movimentado a mão por toda a extensão do pescoço. Continue a massagear por vários minutos, respirando suavemente pelo nariz e pela boca, expandindo as sensações e os sentimentos. Relaxe a barriga e a área em torno dos olhos.

☼ Coloque as duas mãos em torno do pescoço, com os polegares debaixo do queixo e os dedos na nuca. Alise toda a extensão do pescoço, de cima para baixo, fazendo o maior contato possível entre as mãos e o pescoço por pelo menos um minuto.

☼ Coloque a mão direita debaixo do queixo, com o polegar e o dedo médio sobre os músculos de cada lado da garganta e deixe a mão ter o maior contato possível com o pescoço. Abra ligeiramente a boca e erga um pouco o queixo. Bem devagar, alise o pescoço para baixo, alternando o movimento entre as mãos, assim que cada uma chegar à base do pescoço. Quando a mão direita estiver quase na base do pescoço, inicie o mesmo movimento com a mão esquerda e, assim que ela chegar embaixo, reinicie o alisamento com a mão direita sem interromper o movimento. Continue o movimento por vários minutos, respirando suavemente pela boca e pelo nariz.

A massagem do pescoço ou parte dela pode ser feita em diferentes momentos do dia, todas as vezes que você sentir tensão. Situações difíceis e problemas sempre parecem ocorrer quando temos pouco tempo para lidar com elas. A tensão cresce, muitas vezes, se instalando no pescoço e na musculatura que o une aos ombros e à cabeça.

Quando se sentir especialmente tenso, observe se está acumulando tensão no pescoço. Embora você possa sentir que não tempo para isso, tente relaxar por alguns minutos. Comece friccionando o pescoço devagar, pressionando levemente. Visualize sensações relaxantes descendo do pescoço para a coluna, espalhando-se em todos os membros e subindo para a cabeça. Deixe que as sensações de calor e cuidado se espalhem pela cabeça. Esses sentimentos tornarão o corpo mais leve e aliviarão a tensão na sua mente e, assim, você poderá pensar com mais clareza. Quando a mente e o corpo estão relaxados, ambos funcionam melhor, os problemas se resolvem e os dias parecem mais leves e fáceis.

## Massagem dos Ombros

Os ombros em geral ficam tensos com sentimentos não expressos. Ao soltarmos delicadamente essas tensões, o sentimento flui com mais suavidade entre o peito e o pescoço, e entre a frente do corpo e as costas.

Se você estiver grávida ou com alguma lesão no pescoço, omita a rotação da cabeça nesta massagem.

Cruze os braços e descanse cada mão no ombro oposto, próximo ao pescoço. Conservando as mãos nessa posição, use os dedos médios para massagear o músculo do ombro num movimento circular (ver

Figura 9 na p. 141). Mova os dedos bem devagar, pressionando forte. Enquanto isso gire muito lentamente a cabeça no sentido horário, com os olhos fechados, respirando sempre pelo nariz e pela boca. Coordene os dois movimentos. Depois de três rotações no sentido horário, faça mais três no sentido anti-horário. Lembre-se de se mover muito devagar, mantendo a respiração suave e regular. Solte a pressão vagarosamente até que as rotações cheguem ao fim. Sente-se quieto por alguns minutos.

☼ Pressione com o dedo médio e o indicador de uma das mãos a parte de trás do ombro oposto, onde o osso da omoplata se divide (ver Figura 9). Enquanto pressiona, gire lentamente o ombro, primeiro numa direção, depois na outra, respirando de modo suave pelo nariz e pela boca. Aumente e diminua a pressão de modo gradual. Repita a massagem no outro ombro.

☼ Da maneira que for melhor para você, massageie os ombros, trabalhando a parte de cima dos ombros e as omoplatas, descendo para a espinha. Depois massageie de volta ao topo dos ombros, apertando e fazendo movimentos circulares. O poderoso músculo trapézio, que cobre o ombro e a parte superior das costas, contém muitas tensões, até mesmo dor. Trabalhe com os nós e as áreas tensas até deixá-las mais relaxadas. Faça essa massagem por pelo menos dez minutos.

## Massagem do Peito

A massagem no peito melhora a respiração e a circulação e ajuda a abrir o coração ao sentimento. É particularmente apropriada para as mulheres, que costumam apresentar tensão nessa área.

* Com um ou dois dedos, pressione devagar ao longo da clavícula, da base do pescoço até o ombro. A seguir, pressione ao longo e entre cada costela, do esterno até a lateral do peito, embaixo do braço. Massageie completamente de modo meditativo, respirando em cada parte.

Preste atenção especial nos pontos de 1 a 5 da Figura 4. O ponto 1 fica logo acima do esterno; o ponto 4, no meio da linha traçada entre os mamilos; e o ponto 3, no meio da linha traçada entre os pontos 1 e 4.

Figura 4

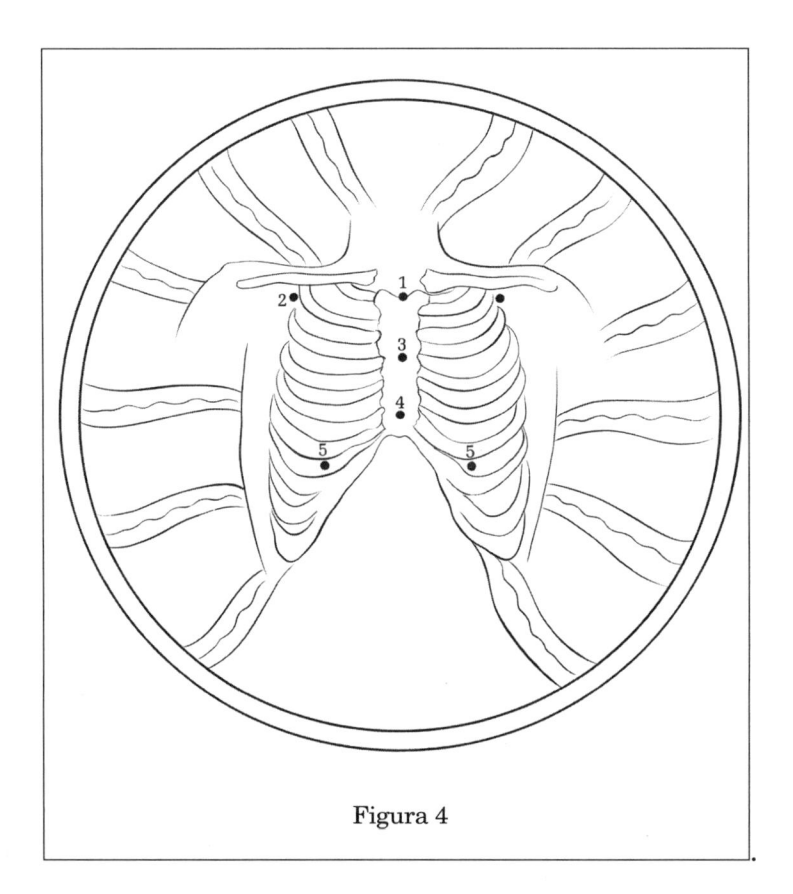

☼ Pressione o ponto 1, que fica logo acima do esterno, com o indicador ou o polegar. Faça isso de modo delicado, porém firme, arqueando a coluna e o pescoço para trás com cuidado, sem tensionar. Não deixe que a cabeça caia para trás.

Segure por um minuto, continuando a pressionar fortemente. Respire de modo suave pelo nariz e pela boca. Solte muito lentamente a pressão, endireitando a coluna e o pescoço.

☼ Agora massageie o peito e a barriga. Coloque a mão esquerda na base da garganta, com o polegar de um lado e os demais dedos do outro, e a mão direita no lado esquerdo da cintura. Verifique se as mãos estão em pleno contato com o corpo. Lenta e firmemente, faça a sua mão esquerda deslizar pelo peito em direção à barriga até o lado esquerdo da cintura e, simultaneamente, faça a mão direita deslizar para cima, da barriga até a base do pescoço. As mãos se moverão em caminhos paralelos e direções opostas. A seguir, do mesmo modo, faça a mão direita descer para o lado esquerdo da cintura e a esquerda subir para a base da garganta. Continue a massagem por vários minutos, criando um ritmo regular e prestando atenção aos sentimentos que aparecerem. Una os sentimentos à respiração, incluindo-os na massagem e deixando que aprofundem a qualidade do ritmo.

Termine esse movimento de um modo delicado, depois coloque a mão direita na base da garganta e a esquerda do lado direito da cintura. Massageie também o lado direito do corpo por vários minutos.

○ Coloque as mãos cruzadas sobre o peito: a direita perto do ombro esquerdo, e a esquerda perto do ombro direito. Mantendo a palma das mãos sempre em contato com o peito, aproxime as mãos e, logo em seguida, afaste-as uma da outra, de modo lento e rítmico até massagear toda a superfície do peito. Continue por pelo menos um minuto, respirando suavemente pelo nariz e pela boca.

○ Coloque as mãos espalmadas nas laterais do corpo, o mais próximo possível das axilas, com os dedos apontando para baixo. Isso pode ser difícil no início. Pressionando com firmeza, desça devagar as mãos até os quadris e depois recomece o movimento de cima. O contato das mãos com o corpo deve ser o mais completo possível. Respire suavemente pelo nariz e pela boca, massageando por vários minutos.

✾ Agora massageie o peito e a barriga. Coloque a mão esquerda na base da garganta, com o polegar de um lado e os demais dedos do outro, e a mão direita no lado esquerdo da cintura. Verifique se as mãos estão em pleno contato com o corpo. Lenta e firmemente, faça a sua mão esquerda deslizar pelo peito em direção à barriga até o lado esquerdo da cintura e, simultaneamente, faça a mão direita deslizar para cima, da barriga até a base do pescoço. As mãos se moverão em caminhos paralelos e direções opostas. A seguir, do mesmo modo, faça a mão direita descer para o lado esquerdo da cintura e a esquerda subir para a base da garganta. Continue a massagem por vários minutos, criando um ritmo regular e prestando atenção aos sentimentos que aparecerem. Una os sentimentos à respiração, incluindo-os na massagem e deixando que aprofundem a qualidade do ritmo.

Termine esse movimento de um modo delicado, depois coloque a mão direita na base da garganta e a esquerda do lado direito da cintura. Massageie também o lado direito do corpo por vários minutos.

☼ Coloque as mãos cruzadas sobre o peito: a direita perto do ombro esquerdo, e a esquerda perto do ombro direito. Mantendo a palma das mãos sempre em contato com o peito, aproxime as mãos e, logo em seguida, afaste-as uma da outra, de modo lento e rítmico até massagear toda a superfície do peito. Continue por pelo menos um minuto, respirando suavemente pelo nariz e pela boca.

☼ Coloque as mãos espalmadas nas laterais do corpo, o mais próximo possível das axilas, com os dedos apontando para baixo. Isso pode ser difícil no início. Pressionando com firmeza, desça devagar as mãos até os quadris e depois recomece o movimento de cima. O contato das mãos com o corpo deve ser o mais completo possível. Respire suavemente pelo nariz e pela boca, massageando por vários minutos.

## Massagem da Barriga

Quando a barriga realmente relaxa, ficamos livres do apego. Esta massagem é especialmente importante para os homens, uma vez que costumam armazenar tensão nessa área.

☼ A melhor hora de fazer essa massagem é à noite, pelo menos uma hora depois de comer, sem roupa, tocando diretamente na barriga. Deite-se de costas com os olhos fechados. Afaste as pernas uma da outra a uma distância confortável. Dobre os joelhos, apoiando os pés no chão. Relaxe a barriga. Coloque a mão direita na parte inferior da barriga e a esquerda na parte superior. O contato das mãos com a barriga deve ser o mais completo possível. Comece a massagear devagar, em um amplo círculo: a mão direita subindo pelo lado direito da barriga e a esquerda descendo pelo lado esquerdo. Quando a mão esquerda cruzar por cima do braço direito, deixe o contato da mão com o braço ser o mais completo possível.

No princípio pressione de leve; aos poucos, torne a pressão média e, por fim, forte. Pressione bem fundo no lado esquerdo. A seguir, diminua a pressão, passando gradualmente pelas três fases, até que ela seja tão leve que a mão quase nem toca o ventre. Massageie por pelo menos cinco minutos. O movimento segue a curvatura do intestino grosso.

☼ Coloque a borda de uma mão no limite superior da barriga e a borda da outra no limite inferior, perto do osso púbico, de modo que as palmas fiquem frente a frente. Segure um pouco a respiração, sem forçar muito.

Sem pressa, empurre a barriga para baixo com a mão de cima, e para cima com a mão de baixo, fazendo uma bola entre as mãos. Deixe a parte superior do corpo bem relaxada, em especial o peito e o pescoço. Lembre-se de segurar a respiração. Expire lentamente. Repita várias vezes.

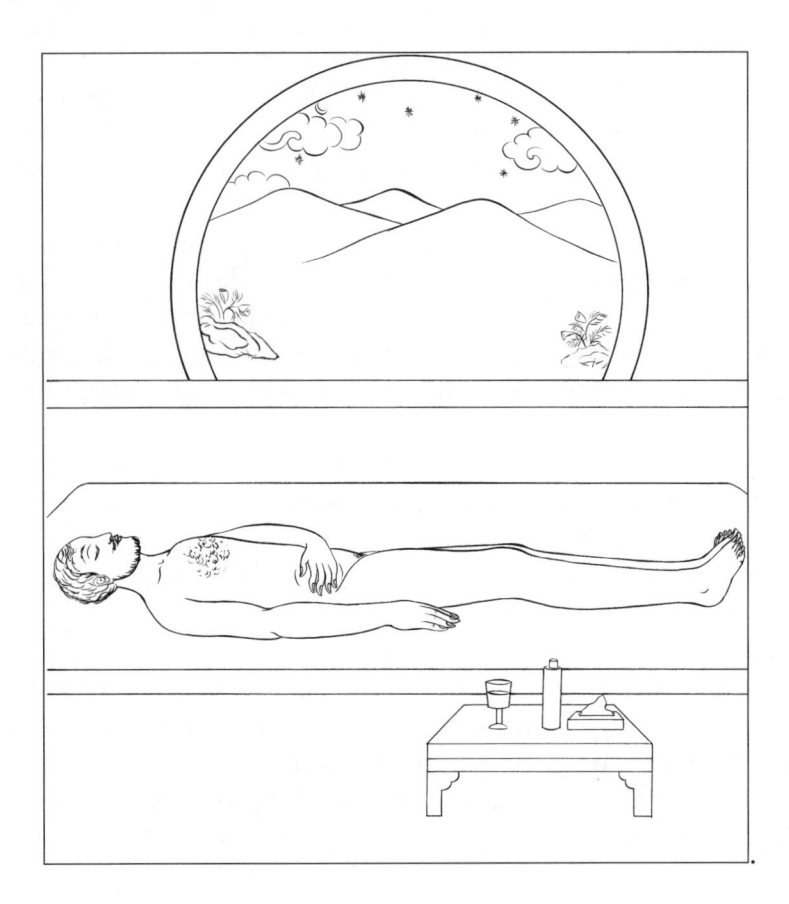

☼ Ponha a mão esquerda na barriga, com os dedos apontando para a direita. Projete um pouco a barriga para fora e segure, respirando levemente pelo nariz e pela boca. Sem tirar a mão, faça um movimento circular lento com a borda da mão e a ponta dos dedos, exercendo uma pressão profunda sobre a barriga, em especial do lado esquerdo. Continue por vários minutos, criando um ritmo fluente, junto com a respiração.

☼ Agora, continue a massagear a musculatura superficial da barriga do modo que quiser. Massageie subindo pelo lado direito, em direção à esquerda, passando por baixo das costelas, e desça pelo lado esquerdo, acompanhando o intestino grosso. A seguir, massageie mais profundamente todos os órgãos e tecidos internos, começando debaixo das costelas e terminando na pélvis. Torne a descer pela esquerda e a subir pelo lado direito. Ao encontrar um local tenso, investigue-o melhor. Respire levemente aí, e deixe que a respiração suavize e dissolva os pontos de tensão. Permita que a respiração penetre bem no centro da tensão, conduzindo sentimentos suaves para vão nutrir e acalmar você.

Quando quiser parar, repita o item 2 – movimentos circulares simultâneos com as duas mãos – para naturalmente chegar ao fim da massagem. A seguir, estique as pernas e permaneça quieto por alguns minutos, respirando suavemente pelo nariz e pela boca.

Se você estiver fora de casa, talvez em uma situação emocional difícil ou tensa que lhe traz dificuldades, esta massagem será valiosíssima. Ela produz sentimentos de relaxamento profundo, que fluirão para fora da barriga, modificando seu modo de ver as coisas, permitindo-lhe pensar com clareza e agir com eficiência. O que parecia desagradável pode até tornar-se agradável. Você pode fazer a massagem da barriga mesmo que não possa se deitar. Faça-a sentado, apoiando a parte inferior das costas com uma das mãos e massageando o ventre com a outra. Ao fazer os círculos, observe se está subindo pela direita e descendo pela esquerda.

☼ Você também poderá fazer sentado essa massagem: pressione com força o umbigo (há um ponto de pressão aí) com o dedo médio de uma mão, enquanto arqueia a coluna e o pescoço para trás, sem deixar a cabeça pender muito. Relaxe a outra mão no joelho. Segure por um minuto, respirando suavemente pelo nariz e pela boca. A seguir, endireite lentamente a coluna, enquanto diminui a pressão aos poucos. Acompanhe as sensações geradas pela massagem.

## Massagem dos Braços

A massagem dos braços melhora a respiração e a circulação, tornando esses dois sistemas sincronizados e equilibrados. Além disso, os músculos de todo o corpo se fortalecem, estimulando uma qualidade nova e pura dentro das energias sutis.

☼ Massageie o antebraço fazendo anéis da largura da mão. Segure o pulso esquerdo com a mão direta de modo que o polegar e o dedo médio se encontrem na parte interna do pulso. Gire lentamente a mão direita em uma direção, fazendo um anel tão completo quanto possível. Massageie com firmeza, apertando o pulso ao girar a mão. Em seguida, meça a largura de uma mão e, levando a mão para cima, gire-a na direção oposta até descrever o segundo anel. Assim, o quarto anel será traçado perto do cotovelo ou um pouco além dele.

☼ O restante da massagem do braço é orientada pelos pontos de pressão ilustrados na figura 5. A massagem desses pontos produzirá muitos sabores de sentimentos.

**Figura 5**

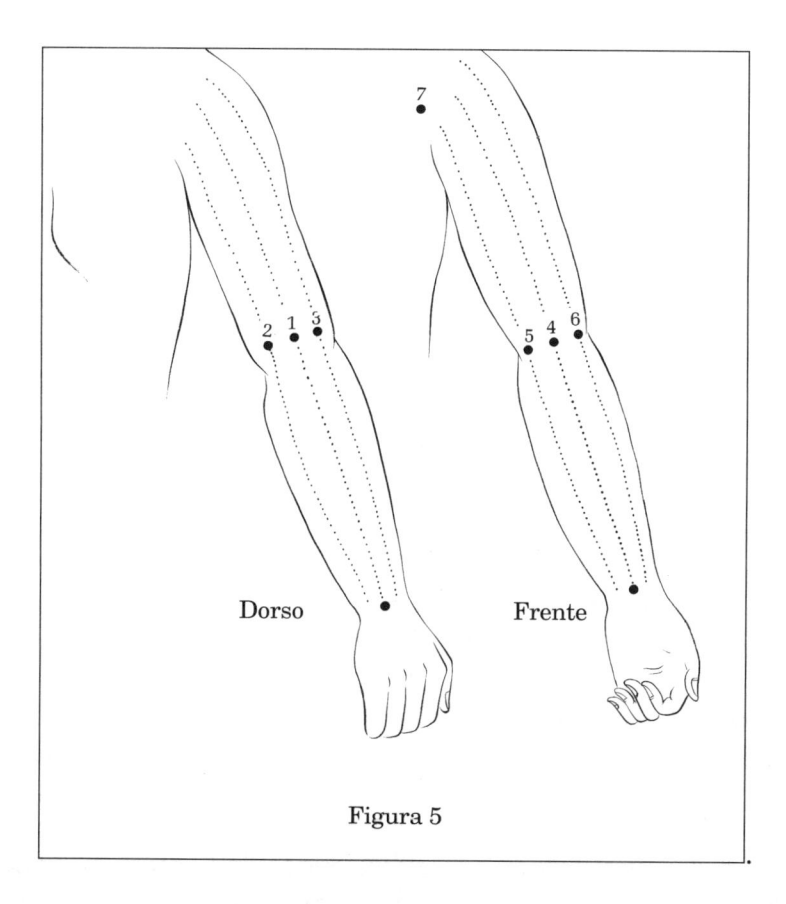

Para encontrar o ponto 1, dobre o braço esquerdo na altura do cotovelo de modo que a mão aponte para o teto. No dorso do braço, meça três dedos para cima a partir da ponta do cotovelo, na direção da axila. Pressione firmemente esse ponto com o indicador direito. Endireite um pouco o pescoço enquanto faz a pressão. Depois, estique lentamente o braço esquerdo à sua frente, com a palma virada para cima, e continue a pressionar e a manipular esse ponto. Use o tempo que for necessário para sentir o que acontece. A seguir, massageie devagar ao longo do dorso do braço até o pulso, como se estivesse traçando uma linha reta a partir desse ponto. Esfregue e pressione devagar à medida que descer pelo braço. Se sentir alguma dor ou encontrar um local sensível, massageie ali um pouco mais. Por fim, você poderá localizar determinados nervos no braço.

Encontre novamente o ponto 1 e meça aproximadamente dois dedos para a esquerda e dois para a direita para encontrar os próximos pontos. O ponto 2 está na parte de dentro do braço, e o ponto 3 na parte de fora. Os dois pontos estão localizados na parte superior do braço. Quanto encontrar esses pontos, divida mentalmente o dorso do braço em três partes longitudinais, imaginando uma linha que passa por cada ponto atrás do cotovelo até o dorso do pulso. Estique o braço e pressione o ponto 2. Vá aumentando a pressão aos poucos até exercer força. Libere a pressão gradualmente. Massageie essa linha imaginária para baixo até o pulso, e para cima até o ponto 2. Repita a sequência com o ponto 3.

☼ Existem também três pontos de pressão na frente do braço, que podem ser seguidos até o pulso. Para encontrar o ponto 4, endireite o braço com a palma para cima e, usando um ou dois dedos, pressione o centro da dobra da parte interna do cotovelo. Pressione bem forte. Depois lentamente, sem soltar a pressão, desça por uma linha imaginária até o lado interno do pulso. Exerça uma pressão firme. Dê especial atenção ao ponto existente no pulso (este é o ponto 1 na Figura 1). Massageie vagarosamente para trás, até retornar ao ponto 4.

O ponto 5 está mais ou menos a dois dedos do ponto 4, para dentro do braço. Se você não o encontrar exatamente ali, dobre o braço na altura do cotovelo e coloque um dedo no local onde termina a dobra do cotovelo, na parte de dentro do braço. A seguir, endireite o braço e exerça pressão sobre esse ponto com um ou dois dedos. O ponto pode ser um tanto doloroso. Faça uma pressão profunda no músculo. Em seguida, massageie para baixo, lentamente, a linha imaginada até o pulso. Pressione com força, permitindo às sensações que se expandam. Durante a massagem, respire suave e naturalmente pelo nariz e pela boca ao mesmo tempo. Depois massageie lentamente de volta ao ponto 5.

O ponto 6 fica a cerca de dois dedos do ponto 1, na direção externa do braço. Esse ponto pode ser o mais sensível dos três. Pressione o ponto, esfregando para frente, para trás e para os lados. Preste atenção à qualidade dos sentimentos que são gerados. A fricção desse ponto pode liberar sensações na área do coração, do pescoço e no intestino. Massageie lentamente para baixo da linha imaginária até o pulso. Ao chegar ao pulso, vá um pouco além da dobra mais distante, onde há um lugar especial perto do osso. Pressione esse ponto com os dedos, um de cada vez, mantendo o braço quase reto. Depois, massageie de volta até o ponto 6, especialmente atento às sensações despertadas na área do coração. Não se esqueça de fazer a massagem completa nos dois braços.

※ Agora massageie o braço com movimentos anulares, do cotovelo até o ombro, como na massagem descrita acima.

Massageie o braço a partir de cada um dos três pontos de pressão do dorso até a parte superior do ombro e depois para baixo até o cotovelo. Faça o mesmo com os três pontos de pressão da frente do braço.

Massageie suavemente o músculo deltóide, acima do ombro, e o bíceps, na frente do braço, até que não haja nódulos nem áreas doloridas. Esses dois músculos tendem a se superdesenvolverem nos homens. Deve haver um fluxo contínuo de um músculo para o outro, mas cada um deve ser capaz de se mover sozinho.

Relaxe a mão no joelho e endireite o braço para aumentar o comprimento e a soltura do bíceps. Massageie suavemente esse músculo com a outra mão. Não se esqueça de fazer a completa massagem nos dois braços.

Figura 6

## Massagem das Costas

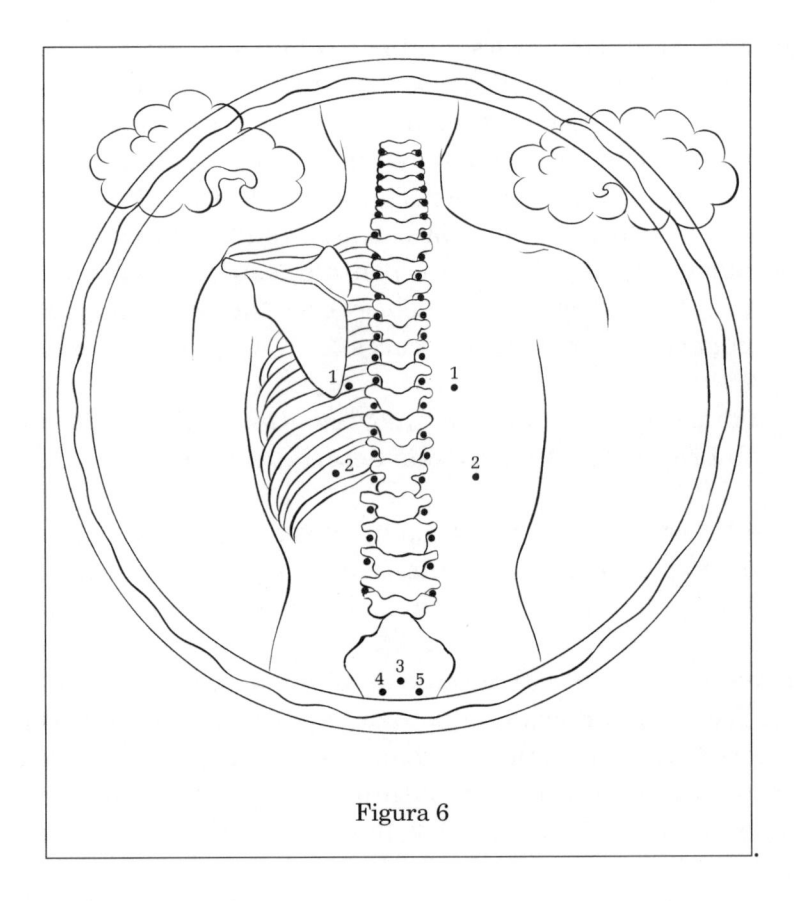

A massagem das costas ajuda a liberar sentimentos de alegria e de amor, dando vida e força a todos os sentidos.

☼ Comece massageando os lados do peito, a axila e em torno do torso em direção ao centro das costas. Existem músculos grandes nessa área, por isso use o tempo que precisar para massageá-los completamente. Massageie ao redor e no topo das omoplatas, primeiro em um lado das costas e depois no outro.

☼ Existem dois pontos localizados logo acima da curva inferior das omoplatas (ponto 1 na figura 6). Pressione o ponto 1 com o dedo médio, um lado de cada vez ou os dois lados ao mesmo tempo, aumentando e diminuindo a pressão lentamente.

✺ Os pontos 2 localizam-se na altura dos rins, exatamente em oposição ao ponto 5 do peito (ver Figura 4, p. 107). Pressione esses pontos com os dedos médios, os dois ao mesmo tempo, aumentando gradualmente a pressão. Solte devagar. A seguir use um dedo médio para pressionar o ponto 2 nas costas, e o outro para pressionar o ponto 5 no peito. Sinta profundamente as sensações estimuladas pela pressão. Depois, passe para o outro par de pontos.

✺ Com os polegares, pressione os três pontos do sacro (pontos 3, 4 e 5 da Figura 6), aumentando e diminuindo gradativamente a pressão. Usando os polegares sempre que possível (e os dedos médios nos locais que os polegares não alcançam), faça uma pressão forte sobre os pontos entre as vértebras, massageando desde a base da coluna, e subindo, até a base do crânio.

✺ Deite-se de costas em uma esteira ou um tapete macio. Separe as pernas a uma distância confortável, dobre os joelhos e apoie os pés no chão. Erga a pélvis, transferindo o peso do corpo para os ombros. Com uma mão de cada lado, massageie as laterais do corpo na direção às costas.

☼ O movimento de rolar para trás massageia a parte superior das costas, onde as mãos não alcançam. Sente-se com as pernas separadas a uma distância confortável, os joelhos dobrados e os pés no chão. Segure o topo do joelho esquerdo com a mão esquerda e o direito com a mão direita. Sem mover as pernas, incline-se para trás até esticar os braços e até que a região lombar fique tão perto do chão quanto possível. Mantendo as mãos nos joelhos, puxe os pés vagarosamente na sua direção e role para trás, endireitando as pernas quando elas estiverem acima da cabeça. Role para frente, retornando à posição sentada. Certifique-se de que a região lombar toca o chão quando você rola para trás. Repita o movimento várias vezes.

☼ Role para trás da maneira acima descrita e fique de costas, mas dessa vez puxe os joelhos para perto do peito, abraçando-os, e role de um lado para o outro, massageando as costas da maneira mais completa possível. O rolar é gentil e curto para não perder o equilíbrio.

A massagem geral das costas e a de rolar para trás relaxam a tensão muscular ao longo da coluna. À medida que os músculos ao lado da coluna relaxam e se alongam, sensações de bem-estar e de alegria são liberadas. Alimente-se desses sentimentos; deixe que eles toquem seu coração. Ao fazer essa massagem, movimente-se de modo muito lento, até que você perca a noção da forma definida e se sinta unido ao sentimento de alegria que se espalha por todo o corpo. Essa sensação pode tornar-se tão ampla e plena que se estenderá além do seu corpo, dissolvendo as fronteiras entre você e o mundo à sua volta.

☼ Deite-se agora de barriga para baixo e massageie as laterais do corpo e das costas, movendo as mãos em direção ao centro das costas. É bom usar os nós dos dedos nessa área.

## Massagem dos Quadris

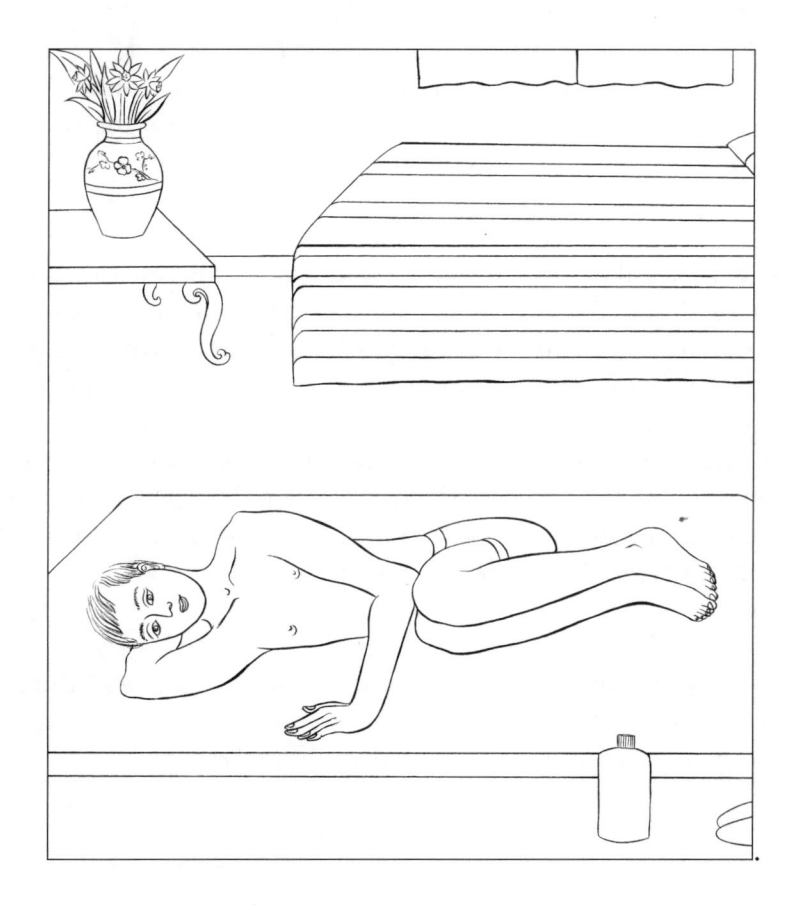

A massagem dos quadris ajuda a estimular energias que ficam bloqueadas pela falta de exercício.

☼ Deite-se sobre o lado direito com a perna direita estendida e a esquerda dobrada à frente da direita. Comece na cintura e use as duas mãos para massagear o quadril e a nádega esquerda na direção da perna. Tente massagear com os punhos - pequenos movimentos circulares com os nós dos dedos ajudarão a liberar a tensão. Se encontrar áreas sensíveis, massageie-as completamente, unindo a respiração às suas sensações, relaxando o máximo que puder. Se não tiver muitas sensações a princípio, continue fundindo a respiração e a atenção à sua massagem que, assim, a sensação despertará dentro de você. Faça a massagem que vem a seguir antes de massagear o outro lado.

☼ Dobre um braço e deite a cabeça sobre ele e coloque a palma da outra mão no chão, perto do peito. Estique as pernas e descanse a perna esquerda sobre a direita. Devagar, levante as pernas a cerca de 15 cm do chão. Sem abaixar as pernas, dobre os joelhos e pressione a barriga das pernas contra as coxas o máximo possível. Segure essa postura por um tempo e traga os joelhos para perto do peito. Observe a pressão do lado direito do quadril no chão. Depois estique aos poucos as pernas, abaixando-as para o chão e descanse. Repita devagar duas vezes.

Explore as sensações geradas pela massagem. Sinta o fluxo de energia que vai do quadril para as pernas e os pés; depois sinta o fluxo da sensação na parte superior do corpo também. Sinta as sensações no corpo todo, não apenas no quadril. Ao massagear o quadril podemos espalhar sentimentos curativos e revigorantes por todo o nosso corpo. Role sobre o seu lado esquerdo e repita toda a massagem do lado direito.

## Massagem das Pernas

A falta de exercício impede o fluxo das sensações nas pernas e nos quadris, e essa massagem pode começar a despertar as energias adormecidas. Se você está acostumado a fazer exercícios, a massagem suave das pernas suavizará o fluxo das sensações e aliviará bloqueios sutis.

Figura 7

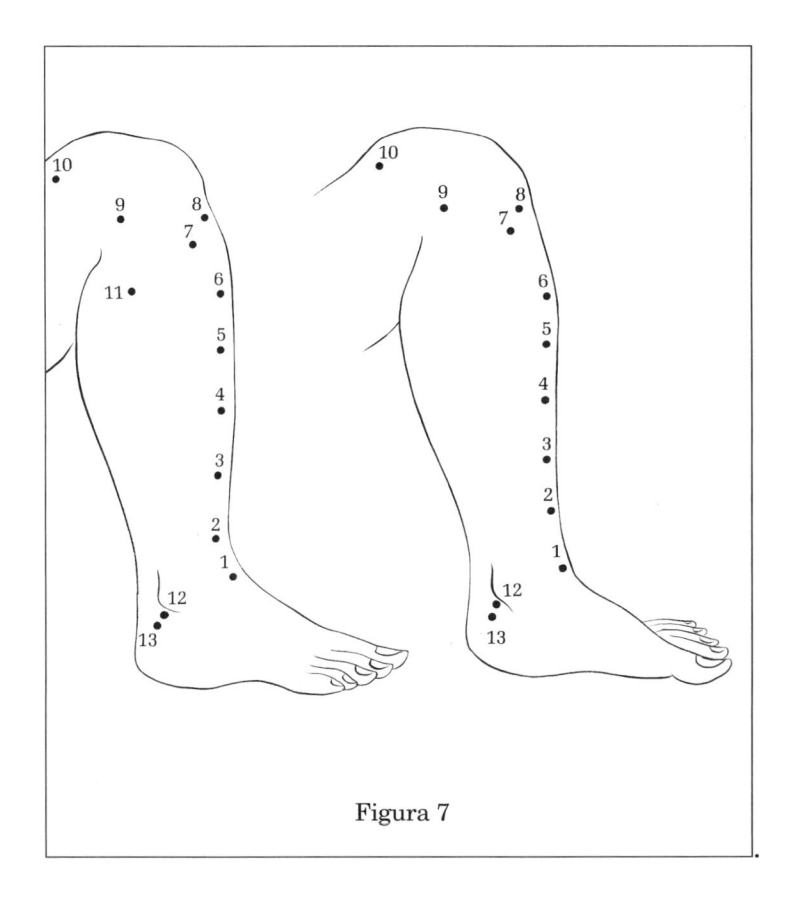

☼ Sente-se numa esteira ou almofada com a perna esquerda dobrada e a planta do pé apoiada no chão. Friccione entre o dedão esquerdo e o segundo dedo, massageando entre os tendões que sobem pelo peito do pé até o tornozelo. Vá subindo pela tíbia até o joelho, com o polegar e o indicador pressionando cada lado do osso. Massageie especialmente os pontos de 1 a 6 indicados na Figura 7. Se encontrar pequenos nós de tensão ou dor, solte-os, fazendo pequenos círculos até que os nódulos se dissolvam. Respire suavemente pelo nariz e pela boca ao mesmo tempo enquanto massageia. Repita os a massagem na perna direita.

❂ Segure a perna com as duas mãos, acima do tornozelo, uma mão sobre a outra e os polegares atrás da perna. Simultaneamente, torça e pressione a perna com as mãos, à direita e à esquerda, da canela até a rótula. Segure firmemente, deixando que o contato entre as mãos e a perna seja o mais completo possível.

Mude a posição das mãos, para que os polegares fiquem na frente da canela, e repita a torção da perna.

❂ Use as pontas dos dedos para massagear em torno da rótula, dos lados e atrás do joelho. Com os polegares, pressione em cada perna os quatro pontos (de 7 a 10) situados no joelho e em torno dele. Se não encontrar esses pontos logo de início, não desista; você os encontrará quando se aprofundar mais em suas sensações e deixar que elas o guiem. Respire igualmente pelo nariz e pela boca, enquanto investiga com os dedos. Ao encontrar um ponto, experimente usar diferentes graus de pressão.

❂ Com o polegar, pressione fortemente o ponto situado a mais ou menos 14 cm abaixo da parte superior da rótula, do lado de fora da perna. Solte a pressão bem devagar.

❂ Para massagear os músculos da coxa, ponha uma das mãos atrás e a outra na frente da coxa. Movimente primeiro as mãos na mesma direção e depois em direções opostas, massageando-a com movimentos amplos e rápidos, pressionando com toda a força que puder. A palma da mão deve estar em pleno contato com a perna o tempo todo. A seguir coloque uma mão por dentro e a outra por fora da coxa e continue o movimento. Procure nódulos ou locais doloridos, seguindo com os dedos os músculos que saem da área do joelho. Se encontrar locais de tensão, massageie-os com quatro dedos com movimentos circulares. Dê atenção especial aos locais em que os músculos da coxa se juntam ao quadril e ao joelho.

Inverta a posição das pernas e repita os passos da massagem com a perna direita.

☼ Sente-se com as pernas estendidas e bem relaxadas à sua frente e apoie levemente a palma das mãos no chão perto dos quadris. Dobre o joelho direito e coloque a planta do pé no alto da coxa esquerda, perto da virilha. Use a perna e o pé direitos para massagear a esquerda, arqueando o pé e movendo-o em torno de toda a perna para baixo e para cima. Continue por vários minutos. Depois, mude a posição das pernas e use a esquerda para massagear a direita.

## Massagem dos Pés

Como a massagem das mãos, a massagem dos pés ajuda a harmonizar e vitalizar todo o corpo.

☼ Sente-se com as pernas cruzadas e soltas, mantendo as costas retas e o pé esquerdo para fora do direito. Levante o joelho esquerdo e ponha as mãos entrelaçadas sob a planta do pé esquerdo. Empurre o pé contra as mãos, esticando a perna à frente ao máximo possível. Sinta o alongamento da perna e da planta do pé, mantendo essa posição. A seguir, abaixe lentamente a perna até o chão. Repita com a outra perna.

- Estique a perna direita e cruze a esquerda sobre ela, apoiando a canela esquerda sobre a coxa direita. Segure o pé pelo calcanhar com a mão direita e pegue os dedos do pé com a mão esquerda. Vigorosamente, gire os dedos em círculos, primeiro em uma direção e depois na outra. Amplie a rotação, girando tanto a planta do pé quanto os dedos. Toda a parte superior do pé poderá participar dessa rotação. Varie o ritmo, girando rápida e lentamente.

- Ainda segurando os dedos com a mão esquerda, dobre-os para trás e para a frente várias vezes. Depois, dobre também a planta do pé para trás e para a frente. O pé ficará muito relaxado durante este movimento.

- Comece a massagear os dedos do pé esquerdo, pressionando a parte carnuda com os dedos das duas mãos. Massageie cada dedo, um de cada vez, da base até a parte carnuda, sem esquecer as laterais nem a parte da frente e a de trás. Faça uma pressão direta e também movimentos rotatórios. Puxe delicadamente cada dedo do pé a fim de esticá-lo.

Figura 8

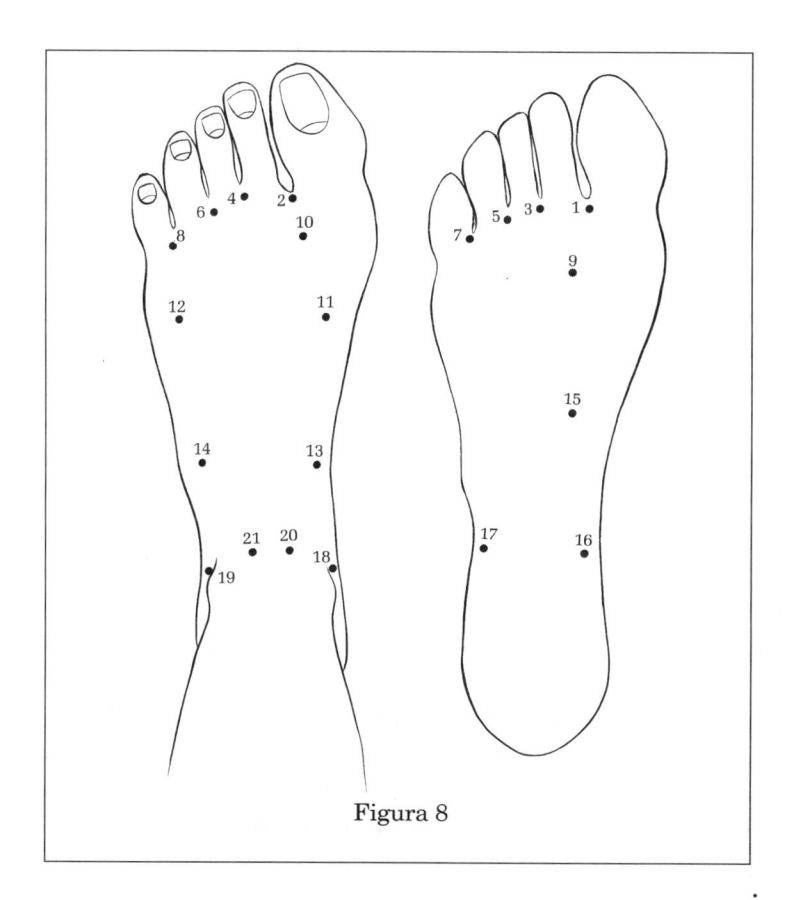

❂ Massageie as áreas onde os dedos se unem à sola do pé, usando o polegar ou os nós dos dedos. Pressione os quatro pares de pontos entre os ossos dos dedos da Figura 8 (pontos 1 a 8). Use o polegar na sola e o dedo médio no peito do pé.

❂ Usando os polegares, toque com força cada uma das articulações dos dedos na planta do pé, pressionando bem profundamente entre elas. Não há risco de se machucar, portanto não hesite em pressionar o mais forte que puder.

Quando encontrar um lugar sensível, massageie-o por alguns instantes até se familiarizar com ele. O toque em pontos sensíveis pode liberar memórias.

- Dê uma atenção especial ao ponto 9, situado na planta do pé imediatamente abaixo da saliência do dedão, usando uma pressão de média para forte. Solte a pressão bem devagar. Com o polegar no ponto 9, coloque o indicador no ponto 10, no peito do pé, e massageie esses dois pontos simultaneamente.

- Com os polegares na planta do pé, use os outros dedos para pressionar a parte correspondente no peito do pé. A seguir, mova os polegares para o peito do pé e pressione em círculos toda a área, com atenção especial aos pontos 11, 12, 13 e 14.

- Agora retorne à sola do pé. Use os nós dos dedos e o punho da mão direita para exercer pressão em toda a sola do pé, incluindo o ponto 15, no meio da sola.

- Com os polegares, massageie na diagonal toda a sola do pé, começando logo depois do calcanhar na face interna do pé. Alterne os polegares, criando um ritmo rápido e contínuo. É importante não perder o contato entre a mão e o pé nessa parte da massagem. A seguir, massageie diagonalmente da lateral do pé, próximo ao calcanhar, até a base do dedão. Você sentirá diferentes tons de sensações, algumas um pouco doloridas. Respire na dor e deixe que ela se aprofunde em sensações nutrientes enquanto você expira. Massageie bem devagar, desfrutando das sensações, com a barriga relaxada. Deixe que a respiração e a massagem se unam às sensações.

✧ Arqueie os dedos do pé para trás com a mão esquerda e projete o calcanhar para frente, de modo a formar um vale no meio da sola. Usando os nós dos dedos ou o punho da mão direita, pressione firmemente todos os pontos desse vale. O tendão pode estar muito retesado e dolorido.

Você sentirá uma energia súbita ou uma onda de calor em torno do coração ao pressionar. Explore com sensibilidade, levando sua atenção para tudo o que sentir como resultado da massagem.

✤ Segure um lado da planta do pé com a mão esquerda e o outro com a direita. Puxe uma mão para cada lado, como se quisesse deixar a sola convexa. Mantenha o maior contato possível entre as mãos e os pés. A seguir, puxe as laterais do pé como se você tentasse tornar a sola côncava.

✤ Aperte e examine todas as áreas do calcanhar e pressione com força os pontos 16 e 17 (ver Figura 8).

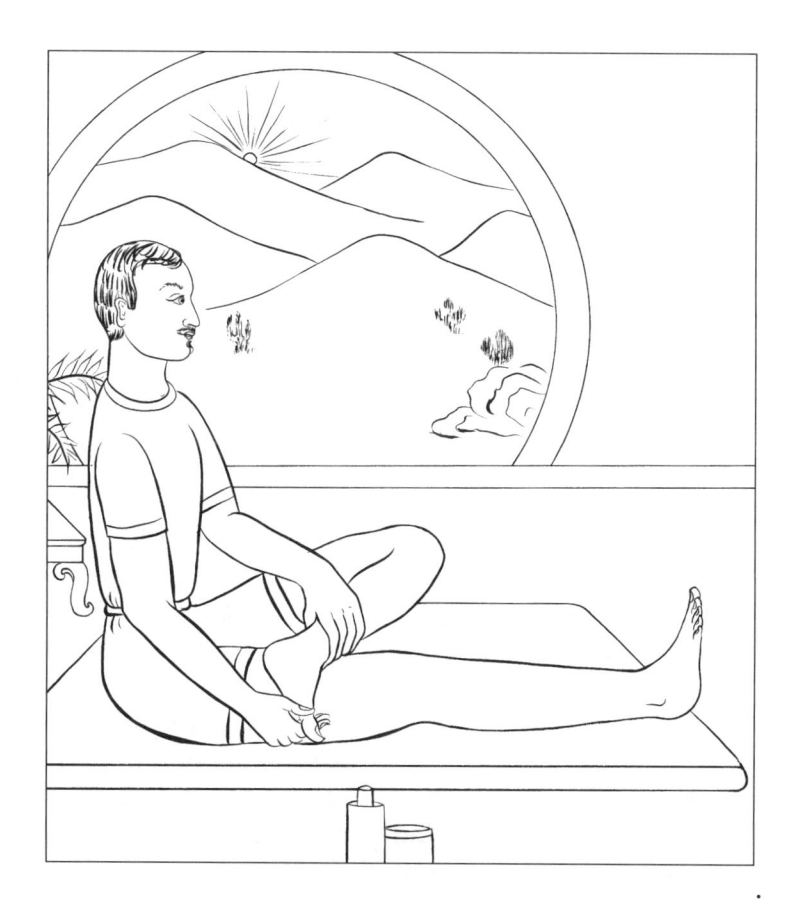

✺ Segure os dedos do pé esquerdo com a mão direita e descanse a mão esquerda na perna esquerda, logo acima do tornozelo. Com o pé relaxado, gire lentamente o tornozelo em círculos, primeiro em uma direção e depois na outra. Só a mão se mexe; o pé deve estar completamente relaxado.

Se sentir um local tenso, investigue-o movendo a mão mais devagar e respirando suavemente. Deixe as tensões espalhadas pelo corpo todo se dissolverem. Continue a rotação por vários minutos, até que se torne macia e solta.

- Aperte e massageie com força o tendão de Aquiles na parte de trás do pé.

- Pressione todos os pontos ao redor do tornozelo, incluindo os pontos 12 e 13 da Figura 7 (ver p. 129) e os pontos de 18 a 21 da Figura 8 (p. 135).

- Coloque o pé numa posição em que você possa massagear o topo confortavelmente. Friccione entre os dedos e massageie seguindo os tendões até o tornozelo. Inclua as laterais do pé na massagem.

- Repita a massagem do pé, desta vez um pouco mais devagar. Se a pressão em alguns pontos produzir mudanças nos sentimentos, continue a pressioná-los e tente explorar o sentimento, expandindo-o o máximo possível. Se a massagem tocar um ponto dolorido, massageie-o delicadamente, sem se prolongar muito.

Tente fazer esse teste simples. Fique de pé, equilibrando o peso igualmente em cada pé. Como os pés se relacionam com o chão? Você observa alguma diferença? Um dos pés parece leve e o outro pesado? Você sente uma qualidade de energia em um dos pés, enquanto o outro parece entorpecido?

- Repita agora a massagem no pé direito.

Figura 9

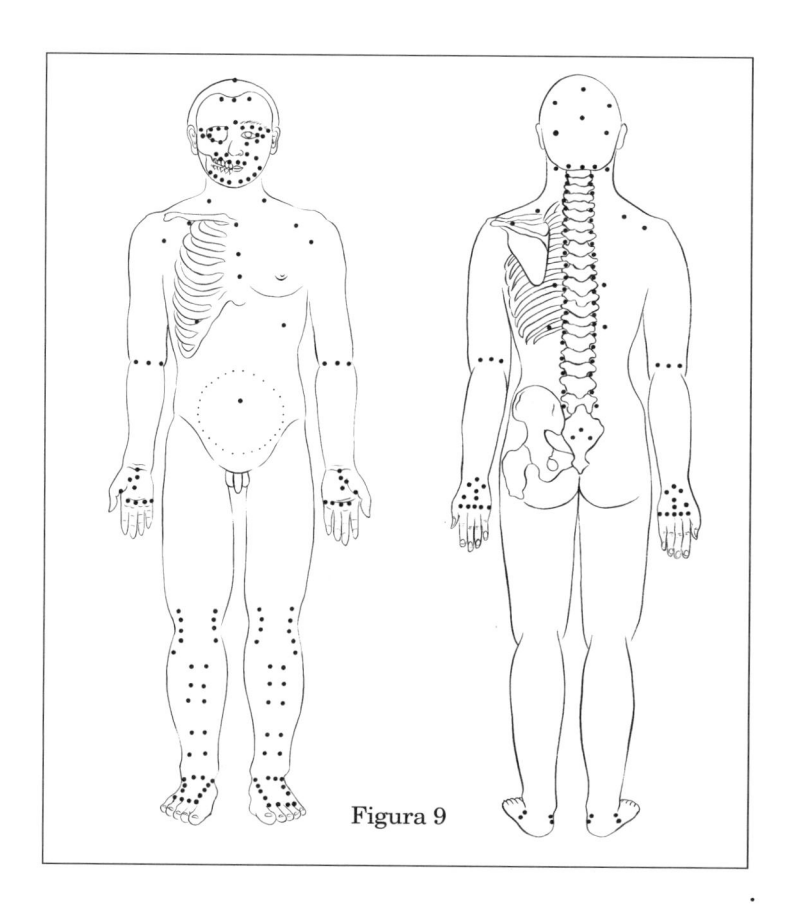

A Figura 9 mostra todos os pontos de pressão mencionados neste capítulo. Como todos os outros exercícios e massagens do Kum Nye, esses pontos são como um mapa que guiam a sua exploração dos ricos tesouros do corpo, da mente e dos sentidos. Ao se familiarizar com eles e com as qualidades especiais de sentimento geradas pela pressão nesses pontos, sua compreensão da natureza da corporificação se aprofundará. Você descobrirá outros pontos de pressão (até mesmo internos) na suas explorações. À medida que sua prática se desenvolve, será capaz de traçar suas experiências de corpo e mente, criando mapas que poderão guiar as outras pessoas.

# Orientação Prática

*Uma vez que tenha saboreado o relaxamento interior, seu corpo será o seu mais valioso guia.*

O exercício autêntico e puro une o corpo e a mente, realmente revitaliza nossas energias e nos alimenta na vida diária. Libertamo-nos da negatividade, da insatisfação e da confusão, pois somos capazes de satisfazer-nos diretamente, em vez de irmos à busca de ilusões.

Os exercícios do Kum Nye ativam um processo positivo de cura que nos alimenta não só mentalmente e emocionalmente, mas também fisicamente. Esses exercícios destinam-se a contatar a totalidade do corpo e da mente e, ao fazê-lo une todos os aspectos. Os exercícios estimulam a percepção do corpo, a percepção sensorial e a percepção mental, afetando não só os sistemas físicos do corpo, mas também o sistema da energia sutil e o emocional. Cada exercício afrouxa ao mesmo tempo a tensão física e a psicológica, e estimula sentimentos que conduzem ao equilíbrio físico e mental.

Ao darmos mais sabor às nossas sensações, trazendo-as realmente para dentro do nosso corpo, podemos expandi-las pelos nossos sentidos e pensamentos. Quando juntamos a respiração e a atenção a cada sentimento, ele se transforma em energia curativa, revigorante. No início, talvez não sejamos capazes de chegar à raiz de cada sentimento, mas, quando tornamos os sentimentos mais abundantes, eles crescem rapidamente. Quando surge uma emoção "negativa" como ressentimento ou medo, podemos misturá-la com nossas sensações e memórias positivas, tal como leite no chá. Podemos torná-la deliciosa, dar-lhe mais sabor, até que o positivo e o negativo sejam a mesma coisa e, portanto, iguais.

Uma vez que estimula o fluxo do sentimento, interligando todos os aspectos do corpo e da mente, cada exercício passa a ser uma oportunidade de explorar a tranquilidade que caracteriza a relação harmoniosa entre o corpo, a respiração, os sentidos, a mente e o ambiente. A mente e a respiração sustentam os sentidos e, os sentidos, por sua vez, sustentam o corpo, a respiração e a mente. O corpo e a mente tornam-se um.

À medida que nossas energias mentais e físicas passam a ser vitais e sustentadoras, nós nos tornamos cada vez mais claros e confiantes. Nossa comunicação se torna mais viva. Vivemos mais alegre e desinteressadamente, com uma capacidade de sentir satisfação cada vez maior. Vivenciamos a beleza da existência natural e podemos contatar uma dimensão da experiência que, de ordinário, não somos capazes de tocar.

Nossa concentração assume uma leveza quase flutuante, que nos abre para perspectivas de experiência mais amplas. Nosso cosmo interior passa a ser uma unidade que não se pode separar do cosmo exterior. Compreendemos que não há espaços distintos, e que todo o espaço se apresenta aberto e convidativo. À medida que a experiência de equilíbrio cresce, desenvolvemos uma atitude aberta, solícita e de aceitação de todos os aspectos da vida. Todas as nossas ações expressam uma atitude saudável, e a vida diária adquire uma qualidade luminosa.

Este exercício permanente do corpo, da mente e dos sentidos - essa interação - é chamada corporificação: um processo vivo e contínuo de satisfação, que anima todas as nossas atividades. À medida que experimentamos sensações de calor interno, espessas e ricas como creme fresco, desenvolve-se uma qualidade de doçura, uma qualidade profunda e delicada que continua a aumentar e a renovar-se, satisfazendo e nutrindo a nós mesmos e aos que estão à nossa volta. Podemos expandir essa qualidade de satisfação cada vez mais, até que cada movimento, cada palavra e cada olhar se torne uma interação sutil, um exercício.

A maneira ideal de praticar o Kum Nye é fazer os exercícios de respiração e de movimento pela manhã, e a massagem à noite. Aqui há dois grupos de exercício para ajudá-lo a planejar sua prática matinal nos primeiros meses. A Parte Dois deste livro contém uma quantidade muito maior de exercícios de movimento. Se você quiser praticar apenas uma vez por dia, poderá acrescentar facilmente uma massagem aos exercícios de movimento que escolher.

Há dez exercícios em cada grupo. Os exercícios do Grupo Um correspondem em dificuldade aos do Estágio Um da Parte Dois; os exercícios do Grupo Dois correspondem aos do Estágio Dois da Parte Dois. Você pode passar dois ou três meses praticando os exercícios de cada grupo. Para desenvolver os do Grupo Um, primeiro escolha dois ou três e pratique-os diariamente por cerca de 15 minutos. Após algumas semanas, acrescente mais um ou dois, mantendo a prática dois ou três exercícios por dia.

Depois de desenvolver os exercícios do Grupo Um por um período de dois ou três meses, talvez esteja pronto a acrescentar exercícios do Grupo Dois (um ou dois de cada vez), em vez de passar para uma série inteiramente nova. Uma vez que tenha saboreado o relaxamento interior, seu corpo será o seu mais valioso guia.

Deixe que o corpo o conduza na escolha dos exercícios. Se não estiver habituado a fazer exercícios, seja cuidadoso consigo mesmo. Não exagere! Lembre-se que a qualidade do movimento é o mais importante. Se você estiver grávida, faça os exercícios respiratórios e os exercícios suaves de movimento, como os de números 18,

22, 24 e 30. Se teve alguma lesão do pescoço, o Exercício 17 não é recomendado. Se tiver um problema nas costas, não faça os exercícios em que a coluna se inclina para a frente ou para trás. Use seu discernimento na escolha dos exercícios. Ao fazê-los, execute os movimentos muito suavemente, com atenção ao corpo. Se tiver sofrido uma intervenção cirúrgica nos últimos três ou quatro meses, trabalhe com os exercícios mais delicados, como os que acabamos de mencionar.

Quando estiver fazendo os exercícios, movimente-se bem devagar, sem esforço. Isso ajuda a desenvolver sensibilidade e estar alerta às variações dos sentimentos e processos físicos. Movimente-se sempre com atenção - nunca de forma mecânica ou distraída - para que possa desenvolver a qualidade da prática. Respire de modo uniforme pelo nariz e pela boca ao mesmo tempo, para que as energias sejam constantemente equilibradas, e as sensações estimuladas dentro do equilíbrio.

Deixe que os seus sentidos, os sentimentos, a respiração e a atenção se movam no seu corpo e junto com ele. Em vez de dirigir os olhos para fora, olhe para dentro com os olhos dos sentidos, para os sentimentos ou a tensão. Pouco a pouco, o sentir se tornará atenção plena. Muita seriedade só leva à rigidez; então, procure desenvolver na sua prática uma qualidade que seja uma combinação de leveza e atenção interior.

À medida que se aprofundar nos sentimentos, sua experiência de relaxamento continuará a se expandir; o crescente estado de alerta e crescente capacidade de satisfação darão estabilidade à sua vida. Quando o corpo é alimentado pelas sensações, você se torna emocionalmente mais saudável, e uma qualidade de elevação cresce dentro dos seus sentidos.

# Grupo Um

Antes de começar os exercícios deste grupo (e em várias ocasiões enquanto os estiver praticando nos próximos meses), é bom reler o capítulo da "Preparação". A seguir, leia todos os exercícios deste grupo e, quando se sentir atraído por um deles, tente fazê-lo. Você talvez queira experimentar alguns exercícios para descobrir qual deles funciona melhor, depois retorne aos dois ou três que mais gostar. Pratique-os por algumas semanas antes de acrescentar outros. Não se apresse. Fique com um exercício até que ele abra a porta para os seus sentidos, despertando sentimentos que curam o corpo e a mente.

É bom praticar por 45 minutos por dia, mas 20 minutos também produz resultados. Se possível, use 15 a 20 minutos para fazer um exercício. Faça o exercício três vezes, e use dois ou três minutos, ou mais, em cada repetição. Depois, sente-se quieto, por cinco ou dez minutos. Quanto tiver mais experiência, talvez queira praticar por um tempo mais longo. Se sentir emoções fortes durante um exercício, sente-se quieto e relaxe por um tempo antes de continuar. Se não se sentir bem, faça-o devagar, sem exagerar.

Você verá que os exercícios deste grupo liberam a tensão na parte superior do corpo, sobretudo os ombros, o pescoço, a cabeça e coluna. Os exercícios de alongamento, como os de números 19, 20 e 21 são particularmente agradáveis de fazer pela manhã. Não estique demais, nem os faça muito rápido, pois poderá distender os músculos e gerar um estado mental pesado e inerte. Em vez disso, relaxe suavemente ao alongar, respirando igualmente pelo nariz e pela boca, e desenvolva uma qualidade de leveza. Assim as sensações e a energia serão distribuídas por todo o corpo, e você começará a sentir mais no seu coração.

Esses exercícios simples nos ajudam a desenvolver a abundante riqueza dos nossos recursos internos de um modo natural. Ainda que nada de especial pareça acontecer ao fazer o exercício, ocorrerá uma mudança gradual na qualidade da sua vida diária. Cada aspecto da experiência se tornará mais claro e mais vital. Cada atividade dos sentidos - cheirar, ver, ouvir, saborear - se tornará mais substancial, plena e viva. A vida desenvolverá uma qualidade acentuada, persistente e muitas vezes especial.

## Exercício 15  Relaxando

Sente-se de pernas cruzadas em uma esteira ou almofada com as mãos sobre os joelhos e os braços retos. Mantendo o peito voltado para a frente, respire sem esforço pelo nariz e pela boca, e mova ao mesmo tempo o ombro direito para a frente e o esquerdo para trás o quanto puder. Endireite o braço direito e dobre o cotovelo esquerdo. Use cerca de 15 segundos para fazer o movimento. Depois mova lentamente o ombro esquerdo para a frente e o direito para trás, endireitando o braço esquerdo e dobrando o cotovelo direito. A cabeça deve permanecer voltada para a frente independentemente do movimento dos ombros, embora no início isso pareça estranho, pois estamos acostumados a mover a cabeça e os ombros juntos. Mova-se bem devagar, sentindo o despertar dos sentimentos no corpo. Sinta o alongamento nas costas e no pescoço no final do movimento, além das sensações de calor nessas regiões.

Faça o movimento completo, primeiro de um lado e depois do outro, 3 ou 9 vezes.

Ao final, sente-se bem quieto na postura do sentar por 5 a 10 minutos, distribuindo as sensações despertadas pelo movimento no corpo todo e além dele, no universo à sua volta.

Este exercício relaxa a parte superior das costas, especialmente os músculos das omoplatas, e também os quadris.

## Exercício 16  Tocando o Sentimento

Sente-se de pernas cruzadas em uma esteira ou almofada com as mãos sobre os joelhos. Relaxe a barriga. Inspire e erga os ombros devagar o mais alto que puder, deixando as mãos se moverem naturalmente.

Quando achar que os ombros já chegaram ao mais alto possível, relaxe tentando mantê-los nessa altura; você descobrirá que eles podem ser erguidos ainda um pouco mais. Deixe o pescoço se assentar entre os ombros.

A seguir, retenha a respiração um pouco e imagine que sua nuca está renovada e aquecida como a de um bebê feliz... Expire bem devagar, girando os ombros para trás e para baixo, sentindo as sensações na nuca e na coluna, com a barriga relaxada. Deixe as mãos e os braços bem relaxados; você poderá sentir sensações de calor e suavidade. Devagar, continue girando os ombros para a frente, para cima, para trás e para baixo, 3 ou 9 vezes, usando cerca de 1 minuto para fazer cada rotação. Depois, encontre um ponto confortável e mude a direção do movimento, girando 3 ou 9 vezes em sentido contrário. No final, fique na postura do sentar durante 5 ou 10 minutos, expandindo suas sensações e sentimentos.

Este exercício solta as tensões do pescoço e dos ombros. Pode também ser feito em pé. Quando experimentar essa variação, deixe os braços penderem relaxados e próximos ao corpo enquanto gira os ombros.

## Exercício 17 Tornando Leves os Pensamentos

Se estiver grávida ou com alguma lesão no pescoço, é melhor não fazer o exercício. Faça o movimento bem lento se os músculos do pescoço estiverem retesados. Durante todo o exercício respire bem devagar e pelo nariz e pela boca simultaneamente. Se a respiração for demasiado rápido ou irregular, o exercício poderá produzir náusea ou tontura.

Sente-se de pernas cruzadas numa esteira ou almofada com as mãos nos joelhos. Com a boca entreaberta, respire suavemente e abaixe o queixo bem devagar na direção do peito. A seguir, muito devagar, erga o queixo até que ele aponte para o teto. Repita esse movimento lento de erguer e abaixar o queixo diversas vezes.

Agora, muito devagar, incline a cabeça de modo que a orelha direita vá para o ombro direito e, depois, leve a orelha esquerda em direção ao ombro esquerdo. Repita várias vezes.

Feche os olhos e gire lentamente a cabeça no sentido horário no maior círculo possível, sem forçar. Relaxe os ombros - eles não devem se mover com a cabeça. Relaxe os músculos do pescoço e alongue, sem esticar demais. Faça um círculo bem amplo sem tensionar; deixe as orelhas se aproximarem dos ombros e o queixo do peito. Ao tocar um local muito tenso ou dolorido, balance a cabeça bem devagar pra frente e para trás, soltando os músculos. Talvez perceba um pensamento relacionado à tensão. Desacelere a rotação com a mente, a respiração e os sentidos, até que o movimento seja quase imperceptível. Fique atento ao corpo todo, dos dedos dos pés aos dedos das mãos.

Durante a rotação, concentre-se relaxadamente na junção entre o crânio e a coluna, debaixo do osso occipital, onde sentirá uma energia especial, uma sensação acolhedora. Aprofunde e expanda esse sentimento o mais que puder. Use a coluna como canal para distribuí-lo pelo corpo todo. Expanda o sentimento de modo que ele se torne maior que seu corpo e continue a se expandir para fora do corpo, cada vez mais.

Gire a cabeça 3 ou 9 vezes no sentido horário. Encontre um lugar do movimento onde se sente confortável para mudar a direção, e faça 3 ou 9 rotações no sentido anti-horário. Durante todo o movimento, respire de modo equilibrado pelo nariz e pela boca ao mesmo tempo.

Na última rotação, mova a cabeça cada vez mais devagar até que ela pare. Sente-se bem quieto na postura dos sete gestos por 10 minutos, expandindo seus sentimentos e energia.

Este exercício alivia a tensão no pescoço, na cabeça e nos ombros, e torna mais leve a qualidade fixa e geralmente apertada dos pensamentos e imagens.

## Exercício 18  Mãos Mágicas

É mais eficiente fazer este exercício depois de massagear ou energizar as mãos.

Sente-se com as pernas cruzadas e as mãos nos joelhos. Erga as mãos devagar até o peito com os cotovelos dobrados e a palma das mãos para baixo. Relaxe os cotovelos e afaste-os um pouco do corpo. Respirando suave e igualmente pelo nariz e pela boca, levante e abaixe bem devagar as mãos até sentir calor nas palmas. Com os olhos semicerrados, use sua visão periférica para observar o movimento. Relaxe os ombros e movimente as mãos cada vez mais devagar, até que mal possa ver o movimento. Você sente calor nas palmas das mãos, na nuca, atrás da coluna e no peito?

Se não sentir calor, talvez esteja movendo as mãos rápido demais. Deixe que as mãos pendam dos pulsos, relaxe os cotovelos. Mova as mãos mais levemente, como se tocasse a textura do espaço. Torne o movimento menor, mais curto, mais delicado e suave. Faça-o de modo ainda mais lento, até ser como uma pulsação, quase imperceptível, como uma abelhinha zunindo. Você sente as mãos quentes? Sente algo subindo e descendo pelos dedos? Talvez um formigamento com uma qualidade especial?

Ao sentir algo nas palmas ou nos dedos, mantenha as mãos à sua frente e lentamente vire as palmas para cima, como se elas segurassem o ar. Comprima os cotovelos nos lados do corpo e empurre o peito um pouco para a frente. Com as palmas para cima, aproxime lentamente as mãos uma da outra até quase se tocarem, sentindo as sensações de calor e energia. Antes que as mãos se toquem, afaste-as lentamente, separando-as o máximo possível. Você consegue sentir a energia? Os cotovelos ficam na mesma posição durante todo o tempo, firmemente posicionados nas laterais do corpo. Faça esse movimento 3 ou 9 vezes.

Depois, com as palmas viradas para cima e os cotovelos colados ao corpo, balance as mãos de modo que elas se aproximem e se afastem uma da outra em um movimento muito rápido, curto e forte. Relaxe a barriga e deixe a força escoar dos ombros para as mãos. Mantenha o pescoço reto; as mãos estão tremendo o mais rápido possível. Continue o movimento durante 30 segundos ou 1 minuto.

Diminua gradualmente o movimento das mãos, repousando-as no colo, uma dentro da outra em concha, e a cabeça levemente curvada para a frente. Relaxe os ombros. É como se as mãos acolhessem a energia enquanto entram em repouso. Sente-se por 5 a 10 minutos, expandindo as sensações no corpo. Depois que tiver praticado esse exercício 10 vezes, no período de uma ou duas semanas, passe para os exercícios seguintes.

☼ Sente-se com as pernas cruzadas e as mãos nos joelhos. Respire de modo suave e regular pelo nariz e pela boca ao mesmo tempo.

Lentamente erga os braços até o nível do peito e comece a mover as mãos em uníssono da maneira que você quiser, sentindo a energia no interior das suas palmas. Procure movê-las devagar, para cima e para baixo ou de um lado para o outro. Você poderá sentir sensações de frio ou de calor. Sinta a energia de maneiras diferentes. Erga talvez as mãos como se estivesse erguendo algo muito pesado como o chumbo, ou empurre-as para baixo com muita força. Você poderá sentir uma espécie de forma-sentimento, uma forma de energia. Você será até capaz de sentir de dentro a forma da energia.

Devagar, comece a brincar com a energia. Torça-a, puxe-a, junte-a, disperse-a, faça formas sólidas - brinque com ela da maneira que quiser. Enquanto brinca, deixe que a mente se una aos sentimentos até que não haja mais nada além das sensações de energia.

A seguir, aperte os lados de seu corpo com os cotovelos e, com as palmas de frente uma da outra e os dedos apontando para a frente, comece a vibrar as mãos rapidamente, para trás e para frente. (Conserve os dedos das mãos juntos.) Comece com as mãos bem separadas, e junte a energia, tornando-a mais densa e forte. Deixe que a força passe dos ombros para as mãos, de modo que elas fiquem mais pesadas. Sinta as sensações de energia, os diferentes pesos e texturas. Você está contatando o ar e a energia; atrás do ar está a energia. Sinta as diferentes qualidades da energia - talvez uma qualidade como um tecido fino, ou como água de beber.

Agora, diminua aos poucos o movimento, e aproxime as mãos (sem tocar) em diferentes lugares do seu corpo: o topo da cabeça, a garganta, o peito, a área abaixo do umbigo. Mova as mãos muito devagar e sinta as diferentes qualidades desses campos de energia. Em seguida, lentamente, deixe que as mãos se aquietem e descansem sobre os joelhos. Sente-se quieto, por alguns minutos, sentindo as energias das "mãos mágicas".

Num período de várias semanas, faça o exercício 25 vezes, em sessões de 10 minutos cada. Aí, então, você se familiarizará com essas diferentes qualidades de energias.

☼ Depois que se familiarizar com os exercícios precedentes e sentir a energia nas mãos, esfregue as palmas vigorosamente uma na outra e distribua a energia de calor gerada por esse movimento pelo resto do corpo, até mesmo para cada órgão. Esfregue-as rapidamente e fortemente, com uma concentração leve. Erga as mãos até o queixo e olhe diretamente para elas enquanto as esfrega, respirando suavemente pelo nariz e pela boca ao mesmo tempo. Esfregue cada vez mais rápido, passando a energia para o seu corpo.

Agora diminua a velocidade do movimento e torne-o mais pesado. Vagarosamente, cubra os olhos com a palma das mãos, mas sem os tocar realmente. Sinta a energia passar para os olhos. Sente-se quieto por 3 ou 5 minutos com as mãos sobre os olhos, sentindo dentro o movimento das energias. Você poderá sentir sensações em muitas partes do seu corpo. Deixe que a respiração se junte às sensações e as amplie.

Quando soltar as mãos, abra os olhos bem devagar e olhe à sua volta de maneira delicada e aberta. Nota algo diferente, talvez um sentimento ou uma qualidade? Qual é a qualidade da sua respiração?

Este exercício nos traz a maravilhosa lembrança de que o corpo não só existe, como também pode ativar e confortar a mente.

## Exercício 19   Revitalizando a Energia

Sente-se no chão, não em uma esteira ou almofada, com as pernas esticadas a uma distância confortável uma da outra, as costas retas e as mãos nos joelhos. Flexione os tornozelos, com os dedos dos pés apontando para o rosto, e mantenha-os nessa posição em todo o movimento. Lentamente erga os braços esticados até a altura dos ombros com as palmas para baixo. Leve-os na direção dos pés, com a cabeça entre eles. Quando chegar ao máximo que puder, sem tensionar (não importa o quanto consegue), volte lentamente, mantendo os braços esticados à frente e erguendo a cabeça, até que você se incline um pouco para trás.

Depois repita o movimento para frente em direção aos pés, sem pressa e sem forçar, e ainda mais devagar quando voltar para trás, expandindo as sensações que surgem. Sinta as qualidades do espaço e do tempo. Lembre-se de respirar de modo suave e uniforme pelo nariz e pela boca durante todo o movimento.

Faça o exercício 3 ou 9 vezes. No final, sente-se na postura por cinco a dez minutos, respirando suavemente e ampliando as sensações até que elas preencham o espaço à sua volta.

Faça este exercício todas as vezes que sentir necessidade de elevar sua energia ou renovar seu estado mental ou físico.

## Exercício 20  Tocando a Energia do Corpo

Este exercício não é recomendado se você estiver grávida, ou se teve alguma lesão nas costas ou no pescoço.

Fique em pé, com os pés a uma distância confortável, as costas retas e o corpo equilibrado. Respire suavemente pelo nariz e pela boca, erga devagar os braços à frente até que fiquem acima da cabeça, com as palmas voltadas para a frente. Com os joelhos soltos e retos, mas não travados, arqueie o corpo para a frente, a partir da cintura, em um movimento lento e contínuo, alongando levemente os braços. Mova a cabeça, o tronco e os braços juntos. Relaxe a tensão do pescoço, do peito, da barriga e da pélvis enquanto desce o tronco.

Não deixe a cabeça dominar o movimento: relaxe os músculos do pescoço para que a cabeça penda livre e solta. Sinta as sensações na parte posterior do corpo, especialmente na coluna e atrás das pernas. Os joelhos estão retos. Quando os dedos chegarem no chão, fique nesse posição por um instante, concentrando-se levemente nas costas, bem quieto. Estique e separe os dedos das mãos. Expire totalmente, soltando a tensão da barriga para não bloquear o fluxo de energia.

Com a respiração regular e suave, levante-se devagar, mantendo a cabeça entre os braços. Traga sua atenção para a garganta enquanto se ergue – talvez haja aí uma sensação de abertura. Ao ficar ereto, incline-se um pouco para trás, com os braços bem próximos da cabeça. Faça movimentos suaves, com os joelhos retos, a barriga e os órgãos inferiores relaxados. Curve-se só um pouco para trás, sem forçar. Nessa posição expire com suavidade e sinta a abertura na frente do corpo, especialmente na barriga, no peito e na garganta.

Devagar, endireite o pescoço e as costas, voltando sua atenção para a base do crânio; talvez você sinta calor ou uma sensação de conexão e paz, como se tivesse finalmente voltado para casa.

Incline-se de novo para a frente, tão suave e lentamente quanto possível, relaxando a barriga, o pescoço e as costas. Cultive o efeito curativo do movimento de se curvar para a frente, especialmente na parte inferior da sua coluna. Sinta cada vértebra se abrindo e se soltando. Na primeira parte da inclinação, fique bem atento à parte superior das costas. À medida que continua, poderá sentir a parte média das suas costas se abrindo e, quando aproximar as mãos do chão, a energia curativa poderá ser mais forte na parte inferior das costas.

Ao se erguer, mova-se de modo tão lento e imperceptível a ponto de sentir as tensões sutis retidas no corpo. Ao localizar uma tensão, investigue-a com as sensações o máximo que puder. Talvez você encontre um aspecto da sua autoimagem dentro dessa tensão.

Quando você vivenciar plenamente o retesamento, então estará apto a soltá-lo.

Ao se mover, torne-se um com seus sentimentos; deixe que eles o movam, espalhando suas energias para cada molécula do corpo até que "você" não exista mais, apenas o sentimento.

Repita o exercício 3 ou 9 vezes. Então, sente-se quieto na postura dos sete gestos, durante cinco ou dez minutos, expandindo as sensações despertadas pelo movimento.

Esse exercício alivia a tensão na nuca, na espinha e na barriga da perna, e redistribui energia e sentimento por todo o corpo.

### Exercício 21 Curando o Corpo e a Mente

Fique em pé com o corpo bem equilibrado, os pés a 30 cm um do outro, as costas retas e os braços relaxados ao lado do corpo. Inspire pelo nariz e pela boca e erga devagar os braços à frente, até ficarem acima da cabeça com as palmas viradas para a frente. Ao expirar, incline-se devagar para o lado direito, com os braços esticados e os joelhos destravados. A pélvis se move levemente para a esquerda, distribuindo igualmente o peso nos dois pés e tornando a curva das laterais do corpo longa e graciosa. Solte os músculos da cintura, pescoço e ombros, e deixe as costelas do lado esquerdo se abrirem como um leque. O braço esquerdo se aproxima da orelha esquerda, e o braço direito desce um pouco na direção do chão. Deixe a boca entreaberta e a respiração fluir por igual.

Ao inspirar, volte devagar à posição ereta e, em um movimento contínuo, expire e incline-se para o lado oposto. Deixe a barriga relaxada e vazia. Movimente-se o mais lentamente que puder, sentindo as sensações dentro do corpo. Repita o movimento completo para a direita e a esquerda 3 ou 9 vezes, relaxando cada vez mais. No final sente-se na postura por cinco ou dez minutos, expandindo os sentimentos estimulados pelo exercício. Este movimento pode ser feito com as palmas viradas uma para a outra.

Este exercício alivia a tensão dos músculos nas laterais do corpo.

### Exercício 22  Voando

Fique em pé, bem equilibrado, com os pés a cerca de 10 cm um do outro, as costas retas e os braços soltos ao lado do corpo. Erga os braços devagar pelas laterais até ficarem acima da cabeça, com o dorso das mãos quase se tocando, e os dedos retos. Feche os olhos e sinta a sensação de energia no seu corpo. Relaxe as coxas e evite arquear a coluna para trás. Lentamente abaixe os braços pelas laterais de modo suave e equilibrado. Leve um minuto inteiro para descer os braços ao lado do corpo. Preste atenção à tonalidade do sentimento enquanto se movimenta como se estivesse vendo com os olhos internos dos sentidos. Deixe que a energia flua para o centro do coração. Ao abaixar os braços, você poderá sentir calor e energia em torno dos braços e das mãos.

Leve outro minuto para erguer de novo os braços. Examine o fluxo da energia: tente movê-la do centro do coração para fora, através dos dedos. Deixe o ritmo constante e lento aumentar o fluxo da energia. Quando os braços chegarem acima da cabeça, alongue--os levemente, mantendo as pernas relaxadas. Esse alongamento aclara e acalma a mente. Entre bem fundo nas suas sensações.

Repita o movimento 9 vezes. Experimente diminuir o ritmo do movimento, levando dois minutos em cada direção. No final do exercício, sente-se na postura dos sete gestos por cinco minutos ou mais, continuando a sentir o fluxo de energia, com a respiração, o corpo e a mente unificados.

Este exercício acalma o fluxo agitado de pensamentos e gera sentimentos no centro do coração.

### Exercício 23 Equilibrando o Corpo e a Mente

Fique de pé, descalço, com os pés a 30 cm um do outro e as costas retas. Lentamente, dobre o joelho esquerdo, segure o tornozelo com a mão esquerda e coloque a planta do pé esquerdo, com os dedos para baixo, na parte superior interna da coxa direita, com o calcanhar perto da virilha. Pressione levemente o calcanhar na coxa firmando a perna nessa posição. Mova o joelho esquerdo para o lado, ponha as mãos no quadril, olhe para a frente com suavidade. Distribuía parte do peso para o joelho esquerdo, e relaxe a barriga. Equilibre-se nessa posição de 1 a 3 minutos. Sem mudar de posição para não perder o equilíbrio, diminua gradualmente a pressão do pé esquerdo na coxa direita até ser quase imperceptível.

A seguir, tire o pé da coxa devagar e leve-o ao chão, observando o que sente antes de apoiá-lo no chão. Devagar, retome a posição ereta equilibrado nas duas pernas, e em seguida, faça o movimento do outro lado. Perceba de que lado do corpo seu equilíbrio é mais fácil.

Faça o movimento completo 3 vezes, primeiro de um lado e depois do outro. No final, sente-se por dez a quinze minutos, deixando que as sensações estimuladas por esta postura se expandam. Veja se pode acompanhar o processo de voltar a um estado mental mais familiar. Você volta de um modo equilibrado?

Praticando este exercício com regularidade (ou qualquer dos exercícios da Parte Dois onde se equilibra só em uma perna), você verá que diferentes estados de sentimento produzem diferentes tons de sentimento dentro do equilíbrio. Verá que é mais difícil equilibrar-se na postura quando sentir uma emoção ou tensão física. Relaxe no exercício e investigue os sentimentos despertados no seu interior.

Este exercício alonga a parte superior da perna e estimula a energia no sacro e na coluna.

### Exercício 24   O Ser e o Corpo

Fique em pé, equilibrado, com os pés a uma distância confortável, as costas retas e os braços soltos. Respire suavemente pelo nariz e pela boca. Feche os olhos e deixe a tensão escoar de todo o corpo, em especial do peito e da garganta. Sinta por vários minutos como os minúsculos ajustes nos músculos e na energia afetam seu equilíbrio.

Aos poucos abra os olhos, olhe bem para a frente e comece a caminhar muito devagar, dando passos bem pequenos, entre 5 e 10 cm no máximo, tão lentamente quanto possível. A seguir, diminua o ritmo ainda mais.

No andar, cada movimento pode ser uma oportunidade de aprendizado. Antes de erguer o pé, relaxe a barriga e o peito. No momento de pô-lo no chão, relaxe os joelhos, a barriga e o peito. Relaxe também os dedos das mãos e dos pés, a pele, e até os ossos - deixe que cada parte do corpo esteja calma e quente. Mova o pé muito levemente e crie o equilíbrio a cada momento... Equilibre os dois lados do seu corpo, equilibre a sua concentração, equilibre a respiração. Você poderá descobrir então que o seu corpo se move sozinho, suave e graciosamente.

Entre erguer o pé e pô-lo no chão, há uma espécie de silêncio. A tensão nos centros de energia, especialmente no centro da garganta, pode bloquear esse silêncio. Assim, no momento de erguer o pé do chão, é importante relaxar a garganta, bem como os ombros, as mãos, a coluna, a barriga e os joelhos. Relaxe também sua forma de estar atento, para que sua concentração não seja muito forçada nem rígida. No momento decisivo entre erguer o pé e colocá-lo no chão, você estará equilibrado, relaxado e silencioso.

Dê a mesma ênfase e o mesmo tempo a cada parte do movimento — erguer o pé, movê-lo e pisar no chão. Abra seus sentidos sem enfatizar nenhum em específico – dê tanta atenção à visão quanto à audição. Dê tanta importância aos sentimentos quanto aos seus olhos, ouvidos e pensamentos.

Sinta tanto quanto pensa. Dê o mesmo peso a todos os aspectos da sua experiência, deixando que seu corpo e seus sentidos funcionem como um todo completo. Enquanto caminhar, fique atento ao mantra OM AH HUM. Você não precisa pronunciá-lo, mas apenas ouvi-lo interiormente.

Pratique esse caminhar lento por 45 minutos, bem devagar, até percorrer a distância de 9 metros, ida e volta, 4 vezes. Da próxima vez que o praticar, caminhe duas vezes mais devagar, cobrindo uma distância de nove metros, indo e vindo duas vezes, em 45 minutos.

☼ Uma vez que tiver praticado esse caminhar lento e equilibrado por três horas, experimente algumas variações. Imagine que está trabalhando em determinado lugar, talvez em um escritório. Você quer ir para casa e já está um pouco atrasado. Feche os olhos e sinta essa urgência: "Tenho que chegar em casa bem rápido". Caminhe com esse sentimento. Como você se movimenta? Como o corpo se sente? Agora, reduza a velocidade e caminhe muito devagar por um minuto. Observe quaisquer diferenças nos sentidos internos do corpo.

Experimente praticar de outra maneira. Imagine que precisa pegar um avião, pois tem um importante compromisso familiar. Você precisa chegar lá bem rápido. Sua mente está extremamente ocupada e apressada, e você quer ir mais depressa, mas seu corpo se move muito, muito devagar. Caminhe tentando sentir igualmente a ansiedade e a redução da velocidade, o muito rápido e o muito devagar.

Agora intensifique a ansiedade de modo que você está quase tremendo. Você quer pegar aquele avião, mas não consegue chegar lá. Sua mente está agitada porque não pode ter o que deseja. Desenvolva uma grande ansiedade mental, uma mistura de intensa frustração e dor, quase raiva. Desacelere o passo ainda mais. Que partes do seu corpo estão mais tensas? As mãos, o peito e a barriga estão relaxados? Relaxe as áreas tensas sem soltar a forte pressão mental. Você consegue manter a respiração uniforme?

A seguir, tente caminhar muito rápido. Seu corpo se move bem depressa e ainda assim a mente, a atenção e a respiração estão calmas, movendo-se em uma velocidade muito baixa. A respiração e a atenção estão quase silenciosas. Você não está tentando respirar nem estar atento.

Reduza a velocidade e caminhe tranquilamente. Você consegue igualar as velocidades do corpo, da respiração e da atenção? Podem o corpo, a respiração e atenção ficar silenciosos e lentos, sem nenhuma ênfase especial? Qual é a qualidade de energia que você sente?

Este exercício aumenta nossa consciência do equilíbrio entre a mente e o corpo. Ele desperta a mesma concentração de uma prática sentada, sem o desconforto que surge nos longos períodos de quietude. É uma meditação que se faz andando.

## Grupo Dois

Ao chegar a esse ponto da prática, você já começou a tocar e a desenvolver sensações que o relaxam, alimentam e satisfazem. Os exercícios desse grupo o ajudarão a aprofundar essas experiências e também introduzirão novas tonalidades de sentimento que podem ser ampliadas e enriquecidas.

À medida que pratica, continue a prestar atenção aos sabores de sentimento que cada exercício estimula. Deixe que o corpo o oriente na combinação de exercícios e no desenvolvimento de sequências de exercícios. Não procure nomear nem rotular as tonalidades de sentimento da sua experiência; simplesmente sinta-as. Familiarize-se com as suas qualidades: textura e peso, seu sentido de tempo. Talvez você não tenha o vocabulário para descrever esses tons sutis de sentimento, mas pode vivenciá-los.

Depois de passar algumas semanas nesses exercícios, talvez se sinta pronto para experimentar alguns exercícios da Parte Dois (ver p. 197). Os exercícios dos Estágios Um e Dois da Parte Dois continuarão a ampliar o processo de relaxamento que você já começou. Os exercícios do Estágio Três lhe darão uma ideia de como o Kum Nye pode ser ainda mais desenvolvido. Cuidado, contudo, para não entrar muito depressa na Parte Dois, ou tentar praticar vários exercícios ao mesmo tempo. Adicione um ou dois exercícios aos exercícios deste grupo, e desenvolva-os plenamente antes de se prosseguir para outros. Então, a sua prática terá uma qualidade clara, estável, e você desenvolverá confiança na sua experiência.

### Exercício 25  Acalmando a Energia Interior

Sente-se de pernas cruzadas em uma almofada, com as costas retas e as mãos no quadril. Devagar, gire em círculos a parte superior do corpo. Curve-se a partir da cintura para a esquerda, respirando pelo nariz e pela boca, com a cabeça e o pescoço pendurados e soltos. Abaixe a cabeça para a frente, tocando de leve o joelho esquerdo, passando perto do chão e depois pelo joelho direito. Suba pelo lado direito, arqueie um pouco para trás, olhando para o teto. Sem parar, continue a girar para a esquerda, movimentando-se devagar e mantendo o equilíbrio. A boca deve estar relaxada e entreaberta. Quando estiver à frente, expire totalmente e volte a respirar de modo suave durante a rotação.

Depois de 9 rotações no sentido horário, mude de direção e faça mais 9 rotações no sentido anti-horário. Este exercício pode levá-lo a um lugar muito quieto, onde há poucos pensamentos ou nenhum. Se isso acontecer, diminua ainda mais o ritmo do movimento, expandindo esse sentimento. No final do exercício, sente-se na postura por cinco a dez minutos, acompanhando e ampliando as sensações estimuladas pelo movimento.

❀ Este exercício também pode ser feito em pé. Fique em pé, bem equilibrado, os pés separados a 30 cm um do outro, com as mãos nos quadris, os joelhos retos e destravados, e as costas retas. Sinta uma coluna de energia dentro do corpo. Incline-se da base da cintura para a frente, bem devagar, até chegar a altura da cintura ou um pouco mais baixo, deixando a cabeça pender. Muito lentamente, comece a girar o tronco no sentido horário, girando em torno da coluna interna de energia. A rotação deve ser completa e contínua, embora você se incline mais para frente e só um pouco para trás. Não faça esforço algum; relaxe e deixe que a gravidade o leve para baixo. Deixe a barriga, o pescoço, os ombros e mandíbula bem relaxados. Respire sem forçar pelo nariz e pela boca ao mesmo tempo. Muito lentamente, faça 3 ou 9 círculos no sentido horário, depois 3 ou 9 círculos no sentido anti-horário. Concentre-se levemente nas sensações que viajam coluna abaixo enquanto você se move; sinta-as mais. Amplie sua concentração para abranger também a pélvis - uma leve concentração aqui ajudará a sustentar o corpo e a aumentar o fluxo de energia. Sinta o equilíbrio da coluna interna. Quando terminar as rotações. Sente-se na postura dos sete gestos de cinco a dez minutos, explorando as sensações estimuladas por esse movimento.

❀ Outra versão desse exercício: fique de pé, bem equilibrado, com os pés separados a 30 cm um do outro, e os braços relaxados ao lado do corpo. Lentamente erga os braços pelas laterais até que fiquem acima da cabeça, e vire as palmas das mãos uma para a outra. Imagine que as mãos estão carregando uma grande bola de energia. Nessa posição, continuando a imaginar a bola de energia nas mãos, incline-se da base da cintura para frente, até chegar mais ou menos na altura da cintura, e comece a girar a parte superior do corpo lentamente, fazendo um círculo no sentido horário. Respire com facilidade pelo nariz e pela boca ao mesmo tempo, concentrando-se levemente na pélvis e nas sensações que se movimentam abaixo da coluna.

Sinta a energia fluindo da bola de energia para as mãos, braços e cabeça, descendo pela coluna. Transforme-se na bola de energia movendo-se pelo espaço. Faça 3 ou 9 círculos no sentido horário e depois 3 ou 9 no sentido anti-horário, sempre lentos. Para completar o exercício, sente-se na postura do sentar por cinco a dez minutos, expandindo os sentimentos no interior do corpo e além dele.

Estes exercícios acalmam os órgãos internos e o sistema nervoso.

### Exercício 26  Estimulando a Energia Interior

Sente-se com as pernas cruzadas em uma esteira ou almofada, com as costas retas e as mãos nos joelhos. Leve a atenção para a área do umbigo e, lentamente, comece a mover a barriga em círculo, subindo pela direita e descendo pela esquerda. Faça o movimento muito devagar, entrando nas sensações estimuladas por ele. Repare que à medida que a barriga faz o círculo, o peito também se move em um círculo. Respire com suavidade pelo nariz e pela boca ao mesmo tempo, e deixe que o lento movimento circular da barriga e do peito se torne mais completo e mais profundo, de modo que o movimento massageie todos os órgãos internos, assim como os lados do corpo. Continue por vários minutos, até que os sentimentos da massagem se tornem quase tangíveis. Faça alguns círculos na direção contrária.

Agora reduza ainda mais a velocidade do movimento, até que a massagem seja estimulada mais pela tonalidade do sentimento do que pelo movimento. Deixe que o corpo, a respiração e a mente se tornem um. Aos poucos, o movimento diminui até parar naturalmente. Sente-se quieto e deixe a massagem do sentimento permear cada parte do seu corpo, o maior tempo possível. Quanto mais a tonalidade do sentimento se expandir, mais a massagem se moverá além do corpo, estimulando interações com o universo circundante.

Quando a tonalidade do sentimento começar a esvanecer, experimente meios de estimular a massagem da barriga e do peito sem se mover fisicamente. Experimente girar a barriga como uma bola, junto com a respiração. Tente também mover a barriga para cima e para baixo com a respiração. Experimente ativar a massagem só com a concentração, como se os sentidos estivessem se esfregando internamente.

### Exercício 27   Tocando o Sentimento Nutriente

Sente-se confortavelmente em uma almofada com as pernas cruzadas, os joelhos bem separados e as costas retas. Coloque as mãos na parte superior das coxas com os dedos para frente. Empurre as mãos contra as coxas, esticando os braços e erguendo os ombros o máximo possível. Quando pensar que os ombros já subiram o mais alto que podiam, relaxe o corpo, e talvez descubra que os ombros podem erguer um pouquinho mais. Acomode o pescoço entre os ombros, o queixo quase tocando o peito. Respire levemente pelo nariz e pela boca, com a garganta e a barriga o mais relaxadas possível. Fique nessa postura por 3 a 5 minutos (você pode medir o tempo com sua expiração), trazendo a energia da barriga para o peito. Mantenha a energia alta, sustentando-a de modo equilibrado.

Após 3 a 5 minutos, muito devagar, solte um pouco os ombros. Não gire os ombros ao soltá-los; solte a tensão aos poucos, movendo os ombros para baixo. Os cotovelos se dobram enquanto os braços relaxam. Leve pelo menos 1 minuto para soltar. Sinta a energia fluindo para baixo por toda a coluna, do pescoço até a parte inferior das costas e o sacro. Quando fizer esse exercício pela primeira vez, a energia descerá pela coluna, depois se projetará para a frente, subindo por dentro do corpo até a garganta e voltando a descer pela coluna. Com a prática, você poderá levar a energia em todas as direções, para todas as partes do corpo.

Agora, modifique levemente o exercício. Empurre as mãos contra as coxas, endireite os cotovelos e erga os ombros como antes, mas dessa vez, encolha um pouco a barriga, comprimindo a parte posterior da coluna. Você poderá sentir como se estivesse tentando controlar a respiração; em vez disso, apenas respire devagar pelo nariz e pela boca. Fique quieto e mantenha a posição por 3 a 5 minutos. Se sentir um pouco de dor no pescoço, na parte superior dos ombros ou na parte inferior das costas, com cuidado, mova levemente os ombros, para que a energia flua de modo suave.

Depois relaxe a tensão muito devagar, contatando o sentimento profundo e sensível que surge. Deixe a tensão fluir completamente dos braços, de um modo natural – muito gradual e vagarosamente. Leve o tempo que for necessário. Você sentirá calor no peito e na nuca ou uma sensação de abertura no peito, na garganta e na cabeça, e um sentimento de expansão além do seu corpo. Faça o exercício 3 ou 9 vezes. Fique o mais relaxado e aberto possível durante o exercício, sem se deter nem focalizar em nada específico.

No final, sente-se na postura por 10 a 15 minutos, expandindo as sensações geradas pela retenção e liberação da tensão.

Este exercício alonga todos os músculos e ligamentos entre os ossos da parte superior do corpo, fazendo a energia circular especialmente na parte superior da coluna e nas articulações. Pode também ser feito em pé.

## Exercício 28   Corpo de Conhecimento

Se você tiver sofrido algum tipo de lesão nas costas, no pescoço ou se passou por a uma cirurgia há três ou quatro meses, faça este exercício com cuidado, bem menos do que o indicado nas instruções.

Sente-se com as pernas cruzadas em uma esteira ou almofada, com a pélvis mais alta do que as pernas. Coloque as mãos nos joelhos, com os dedos juntos, apontando uns para os outros. Os cotovelos apontam para o lado. Mova devagar a cabeça para a frente e para baixo, e o queixo para o peito. Sem pressa e de modo mais lento possível, curve-se a partir da cintura, pressione com firmeza as mãos nos joelhos e empurre os cotovelos um pouco mais para a frente.

Puxe a barriga levemente para trás, na direção da coluna, e segure, respirando de forma suave pelo nariz e pela boca ao mesmo tempo.

Todas as vezes que expirar, deixe que cada parte da coluna - entre as omoplatas, o meio das costas, a lombar e o sacro – se abra e se expanda. Você pode sentir que o espaço se abre entre as vértebras e até mesmo dentro de cada vértebra. Quando estiver curvado à frente no máximo que conseguir, sem muito esforço, concentre-se levemente na base da coluna, onde poderá sentir uma sensação de abertura e calor.

Expanda essas sensações tanto quanto você puder, para cima na coluna e por todo o corpo. Mantenha-se curvado por 3 a 5 minutos. (Você poderá medir o tempo contando as expirações.)

Antes de começar a erguer o tronco, mude a posição das mãos de modo que os dedos apontem bem para a frente. Ao se erguer, pressione fortemente as pernas com as mãos. A tensão pode causar um leve tremor; fique com a sensação do tremor e observe o que sente. Você pode ir além do tremor para um patamar onde ele continua, mas a respiração torna-se tranquila e suave. Nesse ponto, a mente tem uma qualidade cristalina. Libere a tensão muito devagar e sente-se quieto por 5 minutos, expandindo seus sentimentos. Repita o movimento 3 ou 9 vezes, e entre cada repetição sente-se por 5 minutos. Ao terminar o exercício, sente-se por 10 a 15 minutos, continuando a expandir as sensações dentro e ao redor do corpo.

Para desenvolver ainda mais este exercício, fique curvado por períodos mais longos de tempo, até 20 minutos (nesse caso, faça-o apenas uma vez), e sente-se depois pelo mesmo tempo que ficou curvado.

Este exercício alivia a tensão dos olhos e o cansaço geral. Também ajuda a construir músculos e a melhorar o funcionamento das articulações.

※ Uma variação deste exercício é um pouco mais difícil. Sente-se em uma esteira ou almofada com as pernas cruzadas, porém relaxadas. A posição das pernas afetará seu equilíbrio ao fazer este exercício; assim experimente maneiras diferentes de cruzá-las, até encontrar a posição que lhe permita o movimento mais equilibrado.

Entrelace os dedos e leve-os à nuca, apontando os cotovelos para fora. Empurre devagar a nuca para baixo, levando o queixo para o peito. Nessa posição, curve-se devagar para a frente a partir da cintura, respirando levemente pelo nariz e a boca ao mesmo tempo, com a barriga firmemente pressionada em direção à coluna. Ao expirar, deixe que cada parte da coluna se abra e se expanda. Quando estiver totalmente curvado à frente, sem forçar, concentre-se na base da coluna, difundindo as sensações estimuladas como um halo.

Então, sem soltar a mãos, erga o tronco o mais devagar que puder. Ao endireitar a coluna, ponha força nos músculos do peito, como se estivesse levando um fluxo de energia do peito para a garganta. A seguir, abaixe devagar as mãos para os joelhos e permaneça sentado por alguns minutos, respirando suave e regularmente pelo nariz e pela boca.

Faça este exercício 3 ou 9 vezes, sentando-se brevemente depois de cada repetição. No fim, sente-se por 5 a 10 minutos, continuando a expandir as sensações na base da coluna, no peito e na garganta, até que sejam distribuídas por todo o corpo e se tornem parte do espaço à sua volta. Deixe que os sentimentos se espalhem como um mandala.

### Exercício 29   Luz Clara

Faça este exercício muito delicadamente se estiver grávida, se tiver sofrido alguma lesão nas costas ou no pescoço, ou se tiver feito uma cirurgia nos últimos três ou quatro meses.

Sente-se na ponta de uma cadeira de espaldar reto, com os pés no chão a 15 cm um do outro, os calcanhares apontando um para o outro e os dedos dos pés voltados para fora. Coloque as mãos no assento da cadeira, com os dedos para trás. Respirando levemente pelo nariz e pela boca, apoie-se nas mãos, arqueie a coluna e o pescoço para trás, deixando a boca se abrir. Fique na postura de 30 segundos a 3 minutos. A seguir, muito devagar, endireite o pescoço e as costas, em contato com os sentimentos estimulados pela postura. Você talvez sinta calor na nuca e na base da coluna.

Sente-se com as mãos nos joelhos por alguns minutos, distribuindo essas sensações por todo o corpo. Depois repita o exercício mais duas vezes, sentando-se por 5 a 10 minutos no final.

Uma variação desse exercício é feita com as mãos próximas aos quadris, colocadas nos lados da cadeira, com o dedos apontando para a frente.

Este exercício alivia úlceras e dores estomacais, assim como as tensões psicológicas.

### Exercício 30   Expandindo a Atenção

Sente-se de pernas cruzadas em uma esteira ou almofada, e ponha as mãos no colo com as palmas para cima, a mão direita sobre a esquerda. Solte a barriga e o peito, acomode o pescoço entre os ombros e relaxe qualquer tensão na coluna. Erga graciosamente os braços acima da cabeça, e no fim vire as palmas das mãos para a frente. Imagine à sua frente uma imensa bola de energia. Devagar, abra os braços e abaixe-os em arcos laterais, como se cercasse essa bola de energia com as mãos. Sinta as sensações de energia nas mãos e nos braços que esse movimento estimula.

Ao circundar a parte baixa da bola com as palmas para cima, cruze o pulso direito sobre o esquerdo sem deixar que se toquem. Num movimento contínuo, comece a virar os pulsos até que as palmas das mãos se distanciem de você. Mantendo as mãos no mesmo plano, aproxime-as levemente uma da outra. Sem cessar o movimento, devagar e graciosamente, erga os braços à frente; primeiro o direito e, assim que houver espaço suficiente, o esquerdo, mantendo os cotovelos e as mãos relaxadas. Mova os braços até que estejam estendidos acima da cabeça, e esse movimento arredondado comece novamente.

Repita o movimento 3 ou 9 vezes seguidas. A cada repetição, relaxe mais profundamente, espalhando as sensações despertadas pelo movimento por todo o corpo. Respire muito suavemente pelo nariz e pela boca, deixando a barriga e o peito relaxados. Depois, mantendo o movimento arredondado, desça as mãos para os joelhos. Sente-se por 5 a 10 minutos, continuando a expandir as sensações de energia dentro e fora do corpo.

Este exercício expande a atenção e a concentração e alivia a tensão na parte superior das costas e nos ombros. Tente fazê-lo depois de ficar sentado por 15 a 30 minutos.

### Exercício 31   Conhecendo Apenas a Bem-aventurança

Apoie os dois joelhos nos chão; depois erga o joelho direito e coloque o pé direito no chão próximo ao joelho esquerdo e sente-se sobre o calcanhar esquerdo. Mantenha o pé direito bem plantado no chão durante todo o movimento. Coloque as palmas das mãos no chão: a palma da mão esquerda fica ao lado do joelho esquerdo, e a palma da mão direita ao lado do pé direito, de modo que as mãos, o joelho e o pé estejam na mesma linha. Agora abaixe a cabeça e levante a pélvis e se apoie nos dedos do pé esquerdo. Fique atento e sensível aos dedos desse pé durante o exercício, para não depositar neles um peso excessivo.

Nessa posição, mantendo a palma das mãos no chão, levante o peito o mais que puder e olhe para o teto. Fique nessa posição por 15 a 30 segundos, respirando suavemente pelo nariz e pela boca ao mesmo tempo, concentrando-se de leve nas suas costas. A seguir, abaixe a cabeça e deixe que ela penda relaxadamente. Levante um pouco a pélvis e exerça uma pressão vigorosa no chão com as mãos, o joelho esquerdo e o pé direito. Fique assim por 15 a 30 segundos, respirando suavemente pelo nariz e pela boca ao mesmo tempo. Solte a tensão devagar, endireite o pé esquerdo e sente-se na postura dos sete gestos por alguns minutos.

Inverta agora a posição das pernas e repita o exercício. Faça o movimento completo, primeiro de um lado, depois do outro, por 3 vezes, descansando um pouco depois de cada repetição. No final, sente-se tranquilamente por 5 a 10 minutos, expandindo as sensações estimuladas dentro de você e à sua volta.

Este exercício alivia a tensão no pescoço e estimula a energia na parte inferior das costas, que depois sobe pela coluna e pelo pescoço.

### Exercício 32 Tocando o Corpo, a Mente e a Energia

Fique em pé, bem equilibrado com os pés a uma distância confortável um do outro, as costas retas e os braços relaxados ao lado do corpo. Erga devagar os braços à sua frente até um pouco acima da altura do ombro, com as mãos separadas uma da outra a mais ou menos 5 cm, o dorso das mãos voltado para dentro e os dedos retos. Imagine barras de aço perto da palma das mãos e comece a mover os braços devagar para os lados, como se empurrasse as barras para fora. Empurre com força até que os braços, quando esticados, fiquem um pouco atrás dos ombros. Respire leve e igualmente pelo nariz e pela boca. Mantenha a barriga, o peito e as coxas relaxados e concentre-se na base da coluna. Se os músculos da parte superior e média das costas estiverem doloridos e tensos, faça movimentos mais delicados.

Imagine agora que as barras de aço estão no dorso das mãos e, devagar, mova as mãos para a frente, como se empurrasse as duas barras ao mesmo tempo. Observe a qualidade diferente do movimento nessa direção. Sinta a energia que cerca as mãos e os braços, enquanto se concentra levemente na base da coluna.

Solte a tensão dos braços bem devagar e abaixe-os ao lado do corpo. Fique em pé por 2 minutos, expandindo as sensações de energia. Então, continue o exercício, 3 ou 9 vezes, ficando em pé com os braços nas laterais depois de cada repetição. Quando terminar, sente-se por 5 minutos ou mais, sentindo a energia fluir pelo corpo.

Este exercício aumenta a circulação e a percepção, e pode revigorá-lo quando você se sentir cansado, sonolento ou desajeitado.

### Exercício 33  Energizando a Parte Inferior do Corpo

Fique em pé, bem equilibrado, com as costas retas, as pernas bem separadas e os dedos dos pés virados para fora. Coloque as mãos nas coxas, com o polegar virado para o interior da perna. Respire suavemente pelo nariz e pela boca, relaxe os ombros, com as costas retas, e olhe para a frente. Dobre os joelhos e abaixe a pélvis até um ponto onde a energia é fortemente ativada nas pernas, que podem até tremer. Os joelhos se dobram a ponto de gerar tensão nas coxas, mas não muito, para você não se desequilibrar. Se necessário, mova-se um pouco para cima e para baixo, ou aproxime e distancie as pernas até encontrar esse ponto. Deixe as costas retas e seu peso distribuído igualmente nos pés.

Ao se abaixar, você pode pensar que a tensão não lhe permite abaixar mais. Localize a tensão, solte-a delicadamente e continue a abaixar. Use o exercício para investigar tensões sutis que interferem com o equilíbrio e com o fluxo regular da energia no corpo.

Quando encontrar o lugar certo, segure por 15 segundos, com a área genital e a área anal abertas, e a respiração suave e relaxada. A seguir endireite lentamente as pernas, aproxime os pés, solte os braços ao lado do corpo e fique em pé ou sentado por alguns minutos, expandindo os sentimentos gerados pelo exercício.

Faça o exercício 3 vezes, descansando após cada repetição. No final, sente-se na postura do sentar por 5 a 10 minutos, continuando a ampliar e a distribuir as sensações no corpo. Quando este exercício lhe for mais familiar, tente manter a posição por mais tempo. Procure também inspirar ao abaixar, e expirar ao subir.

Este exercício libera as energias bloqueadas na parte inferior do corpo.

### Exercício 34  Ouro Interior

Fique em pé, bem equilibrado, com os pés separados a uma distância de mais ou menos 15 cm e as costas retas. Entrelace os dedos e ponha-os na nuca para apoiarem a cabeça. Devagar, empurre o pescoço para trás contra as mãos, separe os cotovelos o máximo possível, dobre levemente os joelhos e erga o peito para o teto. Mantendo os joelhos flexionados durante todo o exercício, relaxe a parte inferior da coluna e arqueie a parte superior para trás. Nessa posição, expire de modo bem lento e longo. Sinta o alongamento nos músculos debaixo dos braços e aos lados do peito. Aprofunde-se nas sensações que surgem no peito.

Agora, inspire e pressione as mãos contra a nuca, curvando a cabeça para a frente até que o queixo se aproxime do peito e os cotovelos fiquem soltos e próximos um do outro. Nessa posição, retenha um pouco a respiração, relaxe os ombros e a parte superior das costas. Continuando a inspirar, empurre o pescoço contra as mãos, separe os cotovelos e erga o peito para o teto. Só então expire totalmente nessa posição aberta.

Faça o movimento de curvar e abrir por 3 ou 9 vezes, bem devagar para que seja coordenado com a respiração. No final, sente-se na postura por 10 minutos, expandindo as sensações estimuladas pelo exercício.

Ao sentir essa abertura, você tocará um sentimento profundo, aberto, amoroso, que poderá ser distribuído a todas as partes do corpo e expandido para além do corpo, para o universo à sua volta.

Este exercício alivia a dor e a tensão no estômago e traz abertura física para o coração.

*Parte Dois*
# Exercícios de Movimento

# Equilibrando e Integrando Corpo, Mente e Sentidos

*O equilíbrio é uma condição natural do sentimento fluente e da energia que permeia todo o corpo e a mente.*

Em geral nossa noção de equilíbrio está relacionada ao equilíbrio do corpo ou à estabilidade. Porém, esse entendimento é limitado e pode ser ampliado por certos exercícios e movimentos que nos mostram como equilibrar a respiração, os sentidos e a atenção com o corpo e a mente. Podemos equilibrar todo o nosso sistema, pois o equilíbrio é uma condição natural do sentimento fluente e da energia que permeia todo o corpo e a mente. Esse equilíbrio é o objetivo do Kum Nye.

A base do equilíbrio e da integração do corpo e da mente é o relaxamento. Pensamos em relaxamento como um estado de devaneio, sem atenção plena e vitalidade; uma estratégia para fugir da vida, como um modo de preencher ou passar o tempo. Mas o verdadeiro relaxamento é um estado de perfeito equilíbrio. Quando relaxamos, abrimo-nos para novos campos e dimensões sensoriais, expandindo sensações e sentimentos que integram o corpo e a mente. Aprendemos a gerar e a acumular energia, usando-a para que o corpo e a mente trabalhem juntos de modo fluente e aberto. Pensamentos e sensações fluem suavemente, pois a mente fica clara e vibrante, e o corpo vital e energético. Quando realmente relaxamos, não há mais um eu que vivencia – tornamo-nos a própria experiência. Não mais "temos" sentidos, corpo e mente, pois eles participam totalmente da experiência.

Muitas vezes, contudo, a mente e o corpo não se comunicam bem um com o outro, e nos vemos incapazes de alimentar qualquer um dos dois de maneira adequada. Não conseguimos manter a vitalidade, a concentração e a atenção plena, nem funcionamos de maneira eficaz; ficamos propensos a desequilíbrios físicos e mentais, que levam a muitas doenças. A maioria dos problemas psicológicos e das enfermidades - incluindo as doenças provenientes do estresse - está relacionada com esses desequilíbrios da energia sutil no corpo, na mente e nos sentidos. Nossas sensações se tornam confusas, e nossa energia dispersa e irregular. Carecendo de atenção plena vital, o corpo e os sentidos são como casas desabitadas: a atenção mental, a física e a sensorial diminuem. As emoções fortes agravam a situação.

A integração e o equilíbrio das energias físicas e mentais nos libertam desses padrões. Aprendemos a fluir com a experiência, permitindo que ela nos alimente e satisfaça. Nossa visão muda e aprendemos a ver as coisas de novas maneiras - entendendo que nem as experiências boas nem as más duram muito, e ficamos menos sujeitos a extremos emocionais. Não tentamos controlar nem fixar a nossa experiência, pois aprendemos a ver as mudanças positivamente, como uma oportunidade de crescimento. Abrimo-nos para a natureza vital e salutar de todas as experiências, vendo a preciosidade e a graça de cada aspecto da vida. Desenvolvemos paz interior, que nos revela a harmonia da existência, e tudo passa a ser importante na vida. Passamos a apreciar cada pessoa, cada situação, cada sensação e sentimento na nossa vida, mesmo os que chamamos de 'negativo'.

Quando nosso relacionamento com o mundo se torna mais fluente e completo, nossa habilidade de comunicar melhora e dependemos menos dos outros para proteger nossa sensação de bem-estar e felicidade. Sentimos vontade de expandir também as fronteiras limitadas de espaço e tempo, indo além do nosso sentido habitual de 'privacidade', expandindo nossos sentidos, sentimentos, pensamentos e atenção plena. Enfim, descobrimos uma fonte infinita de conhecimento que em si pode ser amapliada, e que nos abre para a verdadeira beleza, riqueza e valor de nossos recursos internos.

Os exercícios deste capítulo estão divididos em três níveis. Há uma progressão dentro de cada nível e entre os níveis. Se quiser, faça os exercícios na ordem em que são apresentados, mas não é necessário segui-la. Certos exercícios combinam melhor com você do que outros; é correto fazer os exercícios de um nível numa sequência diferente, ou praticar alguns exercícios do Nível Dois ou até do Nível Três, antes de fazer todos do Nível Um. Sinta-se livre para tentar diferentes combinações. Deixe que seu corpo o conduza aos exercícios que estimulem o sentimento mais vital em você, e varie a sequência e a combinação deles para que a sua prática se torne interessante e equilibrada.

Reserve 45 minutos por dia para a prática. Se não puder, 20 ou 30 minutos também trarão resultados. Comece praticando dois ou três exercícios de movimento por dia, repetindo cada um deles 3 ou 9 vezes. Escolha três ou quatro exercícios que você gostar e trabalhe com eles até sentir que tocou profundamente seus sentimentos. Isso pode levar duas ou três semanas. Depois, nas seis ou oito semanas seguintes, trabalhe com outros exercícios do Nível Um para que gradualmente você aumente o seu repertório para mais ou menos dez. Pratique alguns exercícios em pé e alguns sentados. Algumas vezes é bom fazer também uma massagem ou um exercício de respiração, ou junto com exercícios de movimento.

Seja qual for a sequência ou combinação de exercícios que tiver escolhido, não tenha pressa. Fazer muitos exercícios, em curto espaço de tempo, não é importante. Lembre-se de que esses exercícios são diferentes de exercícios físicos comuns: não se destinam simplesmente a melhorar o funcionamento físico do corpo. É evidente que o farão, mas quando praticados adequadamente, também despertarão os sentidos, estimulando certas tonalidades de sentimentos que, se forem cultivadas e ampliadas, aperfeiçoarão o funcionamento do organismo total - corpo, mente e sentidos.

Cada exercício é um símbolo que conduz a energias especiais ou tonalidades de sentimento. Quando praticar um exercício, desenvolva as qualidades dos seus sentimentos tão plenamente quanto possível. Fique sensível à sua própria experiência. Se seus sentimentos ou sensações não corresponderem aos mencionados nas descrições dos exercícios, não se preocupe; tais descrições são meras indicações do que você poderá sentir. Traga sua respiração e atenção para cada sentimento, e deixe que suas tonalidades especiais permeiem o corpo e a mente.

À medida que seus sentimentos se expandirem, você se familiarizará com os diferentes níveis do relaxamento. Verá que ao começar a fazer o exercício, você está se observando enquanto faz o movimento - há uma divisão entre você e as suas sensações. Ao continuar a relaxar e a explorar o movimento com uma concentração leve, simultaneamente respirando de modo regular e expandindo as sensações estimuladas pelo exercício, a experiência se torna mais rica e mais substancial em qualidade; nasce um sentimento de que o "exercício se faz sozinho".

Cada repetição do exercício torna-se, então, uma oportunidade para explorar mais plenamente os sentimentos ativados pelo movimento, uma oportunidade de juntar corpo, mente e sentidos. As energias do mental e do físico estabelecem contato uma com a outra, e se tornam integradas. Mais tarde, é possível que não haja nenhum sentido de 'eu', apenas uma atenção em permanente expansão.

Você descobrirá que alguns dos exercícios têm um efeito imediato, enquanto outros vão afetá-lo gradualmente. Certos exercícios parecem não produzir efeito algum, mesmo depois de várias sessões de prática. Se um exercício não gerar muitos sentimentos ou energias, é bem possível que você esteja retendo tensão em algum lugar, e isso bloqueia o fluir da sensação. Talvez esteja mantendo uma determinada posição com muita rigidez. Experimente mover um pouquinho, sem sair da posição; a tensão relaxa e libera uma qualidade de energia. Se o exercício continuar a produzir pouco efeito, deixe-o de lado por um tempo. Mais tarde, você poderá voltar a ele e descobrir a sua eficácia.

Continue a explorar seus sentimentos com sensibilidade durante o período em que permanecer sentado depois do exercício. A postura sentada descrita na Parte Um, a postura dos sete gestos, favorecerá um fluxo uniforme de sentimento por todo o corpo. Se desejar, sente-se também antes de começar a prática. Sente-se e acompanhe o movimento dentro dos seus sentimentos; desenvolva uma atenção meditativa.

Quando acabar de praticar, deixe que sua próxima atividade seja também uma forma de Kum Nye. Expanda seus sentimentos enquanto come, caminha ou vê. Deixe que o relaxamento permeie cada experiência; assim toda a sua vida se torna parte de uma meditação que se expande e amplia.

## Nível Um

Ao começar estes exercícios, lembre-se de usar roupas largas e confortáveis que lhe dêem o máximo de liberdade para se mover. Roupas apertadas, sobretudo na cintura, podem restringir os movimentos e distraí-lo dos sentimentos gerados pelo exercício. Tire sapatos, relógio, joias, óculos e lentes de contato. Se comer antes do exercício, coma frugalmente e espere pelo menos uma hora para começar a praticar.

Alguns dos exercícios são feitos sentados e outros em pé. Para os exercícios sentados, você precisará de uma esteira ou almofada, de modo que sua pélvis fique mais alta do que as pernas. Experimente maneiras diferentes de sentar e de cruzar as pernas até encontrar a posição que lhe permita a maior facilidade de movimento. Se sentar de pernas cruzadas for muito incômodo, então sente-se em uma cadeira plana de espaldar reto, com os pés bem plantados no chão.

A maior parte dos exercícios deste nível libera a tensão na parte superior do corpo - ombros, peito, costas, braços, pescoço e cabeça. Quando a tensão nessas áreas diminui, é possível sentir mais com o coração. Estes exercícios desenvolvem energias curativas valiosas, portanto, entre profundamente na sua experiência. Você descobrirá que eles são mais eficientes quando já tiver desenvolvido a massagem e alguns exercícios da Parte Um deste livro.

Pratique tão regularmente quanto puder. Se deixar de fazer por um dia ou mais, não se preocupe; você não deixará de fazer progressos. Estimule-se e continue a praticar. Se estiver muito atarefado, faça um exercício, nem que seja por cinco ou dez minutos em um intervalo no trabalho, e isso produzirá um efeito benéfico.

Às vezes você descobrirá que não consegue tocar seus sentimentos durante um exercício. Isso talvez indique que o corpo e a mente estão tão agitados ou tensos que não conseguem se comunicar direito um com o outro. Talvez você esteja tão cheio de pensamentos e imagens que não consegue sentir com clareza seus sentimentos. Pode estar perturbado demais para respirar da maneira uniforme e suave que desperta sentimentos nutrientes. Esse estado mental instável provavelmente acarretará desequilíbrio em seu estado físico.

Quando se sentir "fora de equilíbrio", sente-se quieto por algum tempo antes de começar os exercícios, e concentre-se na sua respiração. Deixe que ela se torne leve e suave. Quando se sentir mais relaxado e mais calmo, bem devagar comece um exercício. À medida que o relaxamento se aprofunda, poderá surgir uma qualidade fluente, móvel, como uma onda. O sentimento poderá ser suave e fluente, quase magicamente doce. Com a prática regular, esse sentimento pode se expandir. O relaxamento se aprofundará, até você descobrir que esse ritmo fluente passou para todas as suas atividades diárias.

### Exercício 35   Soltando a Mente

Se você estiver grávida ou tiver sofrido uma lesão no pescoço, será melhor não fazer este exercício.

Sente-se com as pernas cruzadas em uma esteira ou almofada, com as costas retas. Erga os braços pelas laterais, esticando-os na altura dos ombros, com as palmas para baixo. Feche os olhos, respire suavemente pelo nariz e pela boca e gire a cabeça devagar no sentido horário. Ao completar a primeira rotação, gire o braço direito para cima, para trás, para baixo e para a frente. Coordene os dois movimentos, fazendo círculos amplos, lentos e completos.

Este movimento parece estranho ou difícil no início, pois não estamos acostumados a mover a cabeça e braço dessa maneira. Sua mente talvez esteja habituada a um padrão familiar de movimento que você não tem vontade de mudar.

Deixe o movimento "exercitar" a sensação de má vontade, até que ela se transforme em um fluxo natural de sentimento e energia. Relaxe a barriga, deixe a respiração equilibrada e conectada ao movimento, até que as rotações se tornem suaves e espaçosas.

Faça 3 rotações lentas coordenando a cabeça e o braço direito; a seguir, encontre um ponto confortável onde possa mudar a direção dos círculos da cabeça e do braço, e faça mais 3 rotações na direção oposta. Mantenha o braço esquerdo estendido na altura do ombro durante todo o tempo; isso tornará o movimento mais fácil.

Entre fundo nas sensações geradas pelo movimento, unificando corpo, respiração e mente. Você poderá sentir um calor delicioso nos braços e na nuca. Deixe que o calor desça pela sua coluna e se espalhe pelo corpo todo.

No final, abaixe as mãos para os joelhos e descanse um pouco, continuando a expandir os sentimentos dentro e em torno do corpo.

Repita a sequência de rotações com a cabeça e o braço esquerdo. Depois descanse por alguns minutos no final, respirando suave e uniformemente.

Para completar o exercício, repita toda a série de rotações, desta vez com a cabeça e o braço girando em direções opostas: a cabeça no sentido horário, e o braço para a frente, para baixo, para trás e para cima. Comece com o braço direito. Descanse alguns minutos com as mãos nos joelhos antes de repetir o movimento com o braço esquerdo.

Mantenha a respiração suave e regular durante todo o exercício, unindo-a às suas sensações. Ao final sente-se quieto por cinco a dez minutos, ampliando suas sensações e sentimentos.

Este exercício ajuda a integrar a mente e o corpo e é ideal para afastar a indolência pela manhã.

## Exercício 36  Despertando os Sentidos

Se você estiver grávida ou tiver sofrido uma lesão no pescoço, é melhor não fazer este exercício.

Sente-se com as pernas cruzadas em uma esteira ou almofada com as costas retas. Erga os braços a 15 cm do corpo, com as palmas das mãos viradas para trás. Verifique se a pélvis está alta o bastante para que as mãos não toquem o chão. Feche os olhos e, devagar, gire o ombro direito para cima, para trás, para baixo e para a frente, deixando que a mão também acompanhe a rotação. Após a primeira rotação do ombro, comece a girar a cabeça no sentido horário. Coordene os movimentos do ombro e da cabeça, fazendo círculos tão amplos quanto puder. Mantenha a respiração suave pelo nariz e pela boca e concentre-se levemente na nuca. Faça 3 rotações coordenadas e, a seguir, mude a direção do ombro e da cabeça e continue mais 3 vezes. Ao terminar, descanse um pouco, com as mãos nos joelhos e deixe os sentimentos despertados fluírem pela coluna e pelo corpo todo.

Agora, como antes, separe os braços alguns centímetros pela lateral com as palmas para trás, e muito lentamente gire o ombro esquerdo - para cima, para trás, para baixo e para a frente – coordenando o movimento com uma rotação da cabeça no sentido horário. Faça 3 rotações deste modo; a seguir, mude gentilmente a direção das rotações e repita o movimento 3 vezes. Ao terminar, traga as mãos para os joelhos e descanse um pouco, continuando a expandir as sensações.

Para completar o exercício, faça de novo toda a série de rotações, mas desta vez com o ombro e a cabeça girando em sentidos opostos: quando o ombro se move para cima, para trás, para baixo e para frente, a cabeça se moverá no sentido anti-horário. Comece com o ombro direito, depois descanse um pouco com as mãos nos joelhos e repita o movimento com o ombro esquerdo, sempre juntando o movimento da cabeça. Aprimore a forma do movimento com especial atenção quando a cabeça e o ombro estiverem na posição mais alta e mais baixa, e mais perto e mais distantes um do outro. Deixe que os sentimentos gerados pelo movimento permeiem a forma até que você sinta uma 'forma-sentimento'.

Ao final, sente-se na posição por cinco ou dez minutos, para ampliar e aprofundar as sensações dentro e em torno do corpo.

Este exercício libera tensões na nuca, nos ombros, na parte superior das costas e na inferior.

## Exercício 37   Equilibrando os Sentidos

Se você estiver grávida ou sofreu uma lesão no pescoço, é melhor não fazer este exercício.

Sente-se de pernas cruzadas em uma esteira ou almofada com as costas retas e as mãos nos joelhos. Erga os braços à frente até a altura do peito com os cotovelos dobrados e soltos, as mãos relaxadas com as palmas para baixo e os dedos apontando para a frente. Imagine dois grandes mostradores de relógio colocados lado a lado à sua frente. Coloque a mão esquerda no número 3 do mostrador esquerdo, e a mão direita no número 9 do mostrador direito, com as mãos a 10 cm uma da outra.

Muito devagar, desenhe dois grandes círculos com as mãos e com os braços simultaneamente no sentido horário, movendo a mão esquerda do 3 para o 6, e a mão direita do 9 para o 12. Faça círculos bem amplos, sem que se sobreponham.

Quando chegar a um ritmo suave, feche os olhos e coordene o movimento das mãos com uma rotação muito lenta da cabeça no sentido horário. Deixe a barriga relaxada e respire suavemente pelo nariz e pela boca. Continue por 2 minutos. Depois vá diminuindo o movimento até parar. Volte as mãos para os joelhos e sente-se por 2 minutos, expandindo as sensações estimuladas pelos movimentos.

Repita o exercício fazendo círculos com os braços e a cabeça no sentido anti-horário. Mova a mão esquerda do 3 para o 12 no relógio da esquerda, e a mão direita do 9 para o 6 no relógio da direta. Continue por 2 minutos e depois sente-se quieto por 5 minutos, continuando a ampliar as sensações dentro e ao redor do corpo. Quando puder equilibrar o corpo e a mente ao coordenar simultaneamente os três movimentos diferentes, os sentidos também se equilibram, e as sensações emergem de dentro desse equilíbrio.

### Exercício 38  Desfrutando a Sensação

Fique em pé bem equilibrado, com os pés a uns 10 cm um do outro, as costas retas e os braços relaxados ao lado do corpo. Respire suave e regularmente pelo nariz e pela boca ao mesmo tempo. Com a barriga relaxada, sacuda os ombros de modo solto, porém energético, da maneira que quiser. Relaxe e leve a sua atenção para a nuca, deixando a cabeça solta. O tronco e a parte inferior do corpo permanecem imóveis. Continue sacudindo a tensão por 3 minutos. Depois, sente-se na posição do sentar por 5 minutos, expandindo as sensações geradas pelo movimento, distribuindo-as por todo o corpo.

Você poderá sentir uma sensação profunda e quente na nuca, que fluirá para baixo na coluna e talvez se espalhe para o peito e para os braços. O fluxo de sentimento que vai do pescoço para a cabeça pode se tornar mais livre.

### Exercício 39   Nadando no Espaço

Fique de pé, bem equilibrado, com os pés a uma distância confortável, as costas retas e os braços à frente na altura dos ombros, com as palmas para baixo. Respirando levemente pelo nariz e pela boca, a barriga relaxada, mova ao mesmo tempo um braço para cima e o outro para baixo. Deixe os braços e as mãos estendidos e relaxados durante todo o exercício.

Movimente-se bem devagar, sem mover os braços muito longe um do outro no início. Gradualmente amplie o movimento de subir e descer os braços até onde puder. Nos pontos mais distantes do movimento, relaxe a nuca e a cabeça. Preste atenção na sensação de espaço que o exercício desperta, como se você estivesse nadando.

Continue o movimento completo dos braços por 3 a 5 minutos. Devagar diminua a distância entre os braços até que fiquem imóveis e esticados à frente, na altura dos ombros. Abaixe-os lentamente pelas laterais e fique em pé quieto, por alguns minutos, expandindo as sensações e os sentimentos.

Agora, lentamente erga os braços à frente até acima da cabeça, com as palmas voltadas para a frente. Mantenha os braços paralelos e retos. Curve-se para a frente movendo braços, cabeça e tronco juntos, até que os dedos quase toquem o chão. A seguir, suba endireitando as costas e levando os braços acima da cabeça.

Movimente-se devagar para baixo e para cima por 3 ou 9 vezes, com os braços retos durante todo o movimento. Para completar o exercício, pare com os braços no alto e abaixe-os pelas laterais do corpo. Sente-se na postura do sentar por 5 a 10 minutos, expandindo as sensações estimuladas pelo movimento.

A primeira parte deste exercício solta a tensão nas costas, na garganta, no pescoço e na nuca, liberando sensações. A segunda parte distribui essas sensações pelo corpo inteiro.

## Exercício 40  Atenção aos Sentidos

Este exercício difere do anterior na posição das mãos e dos braços. Fique de pé, bem equilibrado, com os pés a uma distância confortável, as costas retas e os braços relaxados ao lado do corpo.

Gire as mãos para dentro, vire as palmas para as laterais e estique os polegares também para o lado. Com as mãos nessa posição, erga devagar os braços à frente até a altura dos ombros. Respire pelo nariz e pela boca ao mesmo tempo, com a barriga relaxada, e os braços retos e relaxados.

 Bem devagar comece a mover um braço para cima e outro para baixo. Mova-os a uma pequena distância no início, concentrando-se nos sentimentos despertados dentro e em torno dos braços que se movem lentamente no espaço. À medida que os sentimentos se expandem, aumente aos poucos a extensão do movimento, até os braços se afastarem um do outro o máximo possível. Expanda plenamente as qualidades de sentimentos estimuladas pelo movimento. Deixe a barriga relaxada e a respiração suave, lenta e uniforme.

Continue por 3 a 5 minutos, depois diminua a extensão do movimento até os braços ficarem estendidos à frente, na altura dos ombros. Bem devagar, abaixe-os pela lateral, relaxe as mãos e fique em pé quieto por uns minutos, expandindo os sentimentos.

Mais uma vez, gire as mãos para dentro, virando as palmas para a lateral e esticando os polegares para o lado e sustente-os. Erga os braços devagar à frente até ficarem acima da cabeça, retos e paralelos. Devagar, incline-se para frente, a partir da cintura, até que os dedos quase alcancem o chão. A cabeça pende solta entre os braços. Relaxe a barriga e respire pelo nariz e pela boca ao mesmo tempo. Depois, erga-se devagar com a cabeça entre os braços, até ficar ereto, com os braços acima da cabeça. Bem devagar, balance 3 vezes para cima e para baixo, sentindo profundamente a qualidade de espaço estimulada pela posição das mãos e dos braços.

A seguir, balance um pouco mais rápido, deixando os sentimentos se fundirem com o ritmo do corpo; a barriga continua relaxada, o movimento e a respiração suaves e equilibrados. Se perder contato com a qualidade do sentimento, diminua a velocidade até que as sensações se tornem mais fortes; depois, aumente-a de novo. Faça o movimento mais 9 vezes. Você poderá sentir uma sensação especial de formigamento nos braços.

Quando estiver ereto, abaixe os braços devagar para os lados, relaxe as mãos e fique quieto por 1 minuto. Sente-se na postura dos sete gestos de 5 a 10 minutos, respirando de modo suave e equilibrado. Deixe que as sensações sejam distribuídas por todo o corpo e se expandam além dele, para o universo ao seu redor.

## Exercício 41   O Alerta do Corpo

Fique em pé olhando para a frente, com os pés separados a uma distância confortável e os braços relaxados ao lado do corpo. Inspire pelo nariz e pela boca simultaneamente, e erga devagar os braços à frente até a altura dos ombros, com a palma das mãos virada para baixo. Mantenha a cabeça e o peito bem quietos.

Na expiração, mova lentamente os braços para a direita o máximo que puder, mantendo o resto do corpo, principalmente o peito, relaxado e imóvel. Deixe o braço direito conduzir o movimento até ficar reto, e o esquerdo ficará com o cotovelo um pouco dobrado.

Na inspiração, deixe que os braços voltem para a frente muito devagar. Em um movimento contínuo, direcione o movimento para a esquerda na expiração. O braço esquerdo conduz o movimento até ficar reto, e o direito ficará com o cotovelo ligeiramente dobrado. Durante todo o movimento, a barriga permanecerá relaxada e o corpo ereto e bem equilibrado.

Faça o movimento completo, uma vez de cada lado, 3 ou 9 vezes. A seguir, sente-se na posição do sentar, por 5 a 10 minutos, com os sentimentos despertados pelo exercício.

### Exercício 42  Equilibrando o Corpo

Faça este exercício descalço. Fique de pé, bem equilibrado, com as mãos nos quadris, os pés separados a uma distância confortável, as costas eretas e o peito erguido. Respire suavemente pelo nariz e pela boca ao mesmo tempo. Devagar, erga o calcanhar direito de modo o peso do corpo fique sustentado no pé esquerdo. A seguir, em um movimento lento e contínuo, com os dois pés sempre em contato com o chão, abaixe o calcanhar direito no chão e ao mesmo tempo erga o esquerdo. Continue assim, em ritmo lento e suave, erguendo um calcanhar enquanto abaixa o outro. O peso e equilíbrio estarão basicamente nos dedos e na parte mais protuberante da planta dos pés.

Observe o ponto em que você fica na ponta dos dois pés, enquanto um calcanhar se movimenta para cima e o outro se move para baixo. Intensifique o ponto mais alto esticando os dedos. Depois intensifique igualmente o ponto mais baixo: à medida que o calcanhar volta para o chão, empurre esse lado do quadril para trás e para baixo, como se fosse se sentar em uma cadeira baixa, dobrando os dois joelhos. Mantenha as costas retas. Observe a mudança da tonalidade de sentimento à medida que aumenta a extensão do movimento.

Continue fazendo o movimento até que ele não mais seja brusco nem desequilibrado, e a respiração e o movimento sejam lentos e suaves. Nesse ponto (não antes disso) acelere um pouco o movimento, não muito rápido para não perder o contato com a tonalidade de sentimento. Finalmente, desacelere o movimento até parar. Sente-se por 5 ou10 minutos na postura do sentar, expandindo as sensações estimuladas no corpo, na mente e nos sentidos. Este exercício equilibra o corpo e estimula a energia nos dedos dos pés, nos joelhos, nas coxas e na articulação do quadril.

### Exercício 43   Sentindo a Energia do Corpo

Fique de pé, bem equilibrado, com os pés a uma distância confortável um do outro e os braços relaxados ao lado do corpo. Feche os olhos e por alguns momentos relaxe e sinta sua experiência interior. Qual é o seu estado emocional? Está se sentindo calmo, inquieto, cansado? Tem a mente cheia de pensamentos?

Agora abra os olhos devagar e lentamente comece a se movimentar da maneira que lhe parecer mais relaxante. Respire de forma suave pelo nariz e pela boca ao mesmo tempo, e relaxe a barriga. Você talvez possa fazer movimentos de vaivém ou de rotação, ou torcer, balançar, curvar ou girar suavemente. Deixe que o sentimento de relaxamento guie e equilibre os seus movimentos. Deixe o relaxamento se espalhar por todo o corpo – para o maxilar, o pescoço, os ombros, a parte superior das costas, os braços, os cotovelos, os pulsos, os dedos, o meio das costas, a parte inferior das costas, a pélvis, as coxas, os joelhos, os tornozelos e os dedos dos pés. Preste atenção a cada articulação, cada músculo e cada osso. Execute espontaneamente todo e qualquer movimento que aumentar a sensação de relaxamento. Continue por 5 minutos ou mais.

Agora desenvolva, devagar, uma qualidade diferente de movimento – um movimento curto, rápido, leve. Não é um movimento pesado como chutar, mas é mais como um tremor rítmico. Comece o movimento nas pernas e nas mãos e depois deixe que ele se espalhe para outras partes do corpo, até que o seu corpo inteiro participe do movimento. Quando descobrir um ponto de tensão, deixe o tremor gentilmente dissolvê-lo. Faça o movimento por vários minutos e, no final, sente-se na postura dos sete gestos por 5 a 10 minutos, em contato com os sentimentos estimulados.

# Nível Dois

Estes exercícios continuam a aliviar a tensão na parte superior do corpo, equilibrando energias interiores, de modo que o sentimento possa fluir mais livremente, e o corpo e a mente possam contatar um ao outro. Os Exercícios 52 e 55 infundem energia na parte inferior do corpo.

Alguns destes exercícios envolvem sustentar uma posição por um período de tempo. Você talvez queira medir o tempo contando as expirações. Antes de iniciar o exercício, observe durante vários minutos quantas expirações consegue fazer em um minuto, e depois calcule o número médio de expirações por minuto.

Ao liberar a tensão depois de sustentar as posturas, faça-o muito devagar. Quando o processo de soltar a tensão é lento, ele aumenta a percepção da energia, facilita a continuidade dos sentimentos e permite sua distribuição pelo corpo todo. O soltar rápido interrompe os sentimentos de estimulação e alegria.

Explore plenamente cada exercício que escolher para praticar, familiarizando-se com a extensão dos sentimentos que ele estimula e suas qualidades especiais de equilíbrio. Não vá muito depressa, nem tente fazer demais. Se começar a sentir-se pressionado pelas possibilidades que se abrem nesses exercícios, fique com esse sentimento e traga-o para a sua prática. Deixe que suas limitações autoimpostas se abram em sensações e sentimentos mais profundos; permita-se ser cada vez maior, até ver que todas as limitações são arbitrárias e autoimpostas, e que sua experiência pode ser tão ampla quanto o próprio universo.

## Exercício 44   Tocando os Sentidos

Sente-se de pernas cruzadas em uma esteira ou almofada, com as mãos nos joelhos e as costas retas. Em um movimento contínuo e coordenado, gire alternadamente os ombros da frente para trás, como se estivesse pedalando uma bicicleta. rapidamente, e de modo mais ou menos brusco. Deixe os ombros bem soltos e a cabeça imóvel. Imagine que a coluna e os espaços entre as vértebras estão sendo massageados pela ação das omoplatas. Continue por 1 minuto.

Agora, gradualmente, mude a qualidade do movimento para se torne mais suave, mais longo e mais lento, com uma qualidade mais calmante, como uma massagem. Deixe que essa massagem estimule os seus sentidos, soltando a tensão e despertando sensações, mesmo entre as camadas da pele e do tecido muscular. As sensações também podem ser vivificadas no centro do coração, despertando talvez um sentimento de anseio. Continue a massagem por um período de 3 a 5 minutos e depois se sente tranquilamente pelo mesmo período, expandindo a tonalidade de sentimento desenvolvida por este exercício.

☼ Para explorar ainda mais este exercício, experimente esta variação. Faça o movimento circular com o ombro esquerdo da frente para trás, 21 vezes, depois repita o movimento com o ombro direito. Em seguida, sente-se por 2 minutos, vivenciando os sentimentos estimulados pelo movimento.

Novamente, faça 21 vezes o movimento circular com o ombro esquerdo, só que desta vez mais lentamente. Repita o movimento com o seu ombro direito. No final, sente-se por 2 minutos sentindo as sensações estimuladas pelo movimento.

Repita o movimento, primeiro com o ombro esquerdo, depois com o seu ombro direito, desta vez ainda mais devagar. Em seguida, sente-se por 5 minutos com as sensações e sentimentos surgidos com o movimento.

Estes exercícios também podem ser feitos de pé.

## Exercício 45   Equilibrando a Energia Interior

Este exercício não é recomendado se você estiver grávida. Se tiver alguma lesão no pescoço ou nas costas, ou feito uma cirurgia nos últimos três ou quatro meses, faça-o com todo o cuidado.

Neste exercício você fará um círculo na frente do corpo com o queixo. Sente-se de pernas cruzadas em uma esteira ou almofada, com as mãos relaxadas nos joelhos, e respire de modo equilibrado e suave pelo nariz e pela boca ao mesmo tempo. Bem devagar, projete e estique o queixo para a frente o máximo que puder. Não tenha medo de esticá-lo com força (a não ser que você tenha tido uma lesão no pescoço ou nas costas; nesse caso, faça-o com cuidado). O peito e o pescoço permanecem retos e só o maxilar e o queixo se movem para a frente; o movimento terá então grande força e energia e despertará uma certa qualidade de relaxamento.

Mantenha o forte alongamento, respirando de modo muito suave pelo nariz e pela boca, e mova devagar o queixo para o peito. Agora puxe o queixo o mais perto possível do pescoço. Os músculos da nuca ficarão muito tensos e rijos e poderão vibrar um pouco. Mantenha essa qualidade de esforço nos músculos do pescoço. Relaxe as mãos e a barriga, e continue a fazer o círculo com o queixo, erguendo-o bem devagar, o máximo que puder, separando os músculos do pescoço e dos ombros. Em seguida, projete devagar o queixo para a frente e complete o círculo.

Solte a tensão bem devagar, e esteja atento às sutis qualidades do sentimento. Sente-se quieto por alguns minutos, respirando de modo suave e expandindo as sensações pelo corpo. Repita o movimento mais 2 vezes. Sente-se quieto depois de cada repetição e, no final, sinta e expanda os sentimentos gerados pelo movimento durante 5 ou 10 minutos.

É importante afrouxar os músculos do pescoço depois de fazer este exercício. Respire suave e delicadamente, mova a cabeça devagar para a frente e para trás, vire-a de um lado para outro, e para as laterais, levando a orelha em direção ao ombro. Não se esqueça de alongar o pescoço sempre que terminar o exercício. Talvez você também queira massagear os músculos do pescoço.

À primeira vista, este exercício pode parecer pouco interessante. Ele requer um movimento pouco agradável de projetar o queixo para fora e puxá-lo para dentro, que o corpo não está acostumado a fazer. Mas, depois de fazer este exercício várias vezes, você verá que ele é excelente para soltar as tensões na área do pescoço, produzindo sensações altamente relaxantes. Tente fazê-lo não só durante a sua prática diária, mas também quando estiver muito cansado ou tenso.

Este exercício solta a tensão do pescoço, da cabeça, dos ombros, do peito e da coluna, iguala e equilibra as energias nessas áreas.

## Exercício 46  Refrescando a Energia

É aconselhável não fazer este exercício se você estiver grávida. Se tiver uma lesão no pescoço ou nas costas, ou passado por uma cirurgia nos últimos três ou quatro meses, faça-o com muito cuidado.

Neste exercício seu queixo descreverá um caminho semelhante a dois semicírculos colocados lado a lado, como um "m". Sente-se de pernas cruzadas em uma esteira ou almofada, com as mãos nos joelhos. Respire suavemente pelo nariz e pela boca ao mesmo tempo. Devagar, projete o queixo para a frente com força. O peito permanece reto.

Nesta posição, deixe que o queixo desenhe lentamente um arco para cima e para a direita. À medida que o queixo se aproxima do ombro direito, olhe para o teto. A seguir, abaixe o queixo devagar para o ombro, mas sem deixar de olhar para cima. Os ombros estão voltados um pouco para trás e a barriga relaxada. Depois, erga vagarosamente o queixo na direção do teto e comece a traçar um novo arco, da direita para a esquerda. Quando o rosto estiver à frente, arqueie o queixo para baixo, bem devagar, na direção do peito. Sem parar, deixe o queixo desenhar o arco para cima e ir para a esquerda.

Quando tiver terminado, erga o queixo do peito bem devagar, soltando a tensão e sentindo as qualidades de sentimento estimuladas pelo exercício. Sente-se por alguns minutos antes de fazer a repetição.

Faça o exercício bem devagar por 3 ou 9 vezes, sentando-se brevemente depois de cada repetição. No final, sente-se durante 5 a 10 minutos, e deixe que os sentimentos estimulados pelo movimento se expandam.

Mais tarde, solte suavemente os músculos do pescoço, o que pode ser feito de três maneiras: movimentando a cabeça para a frente e para trás, de um lado para o outro, e movendo a orelha na direção do ombro. É aconselhável fazer isso todas as vezes ao final desse exercício. Se desejar, massageie também o pescoço.

Como o exercício anterior, este exercício relaxa a tensão no pescoço, na cabeça, nos ombros, no peito e na coluna, e iguala as energias nessas áreas.

### Exercício 47   Integrando o Corpo e a Mente

Este exercício não é recomendado se você estiver grávida. Faça-o gentilmente se teve uma lesão no pescoço ou nas costas, ou se passou por uma cirurgia nos últimos três ou quatro meses.

Sente-se numa esteira ou almofada, com as pernas cruzadas, porém relaxadas. É importante que os pés descansem na esteira ou no chão. Ponha as mãos nos joelhos, erga um pouco os ombros e mova-os ligeiramente para trás, de modo que os braços se endireitem.

Projete o maxilar com força para frente, sem esticar demais os músculos. Respirando suavemente pelo nariz e pela boca, arqueie devagar o queixo para baixo na direção do peito. Mantenha essa posição por 1 a 3 minutos, continuando a respirar de modo leve e equilibrado.

Muito lentamente erga o queixo e solte a tensão do maxilar, dos ombros e do pescoço. Sinta as qualidades sutis dos sentimentos estimulados, deixando que se distribuam por todo o corpo.

Repouse alguns minutos, depois repita o exercício mais 2 vezes. Descanse por vários minutos após cada repetição.

Descanse por 5 a 10 minutos ao final do exercício. Cada vez que terminar de fazer esse exercício, solte aos poucos os músculos do pescoço. Mova lentamente a cabeça para a frente e para trás e de um lado para o outro, levando a orelha em direção ao ombro. Depois massageie suavemente o pescoço.

Como os dois exercícios anteriores, este exercício solta a tensão do pescoço, da cabeça, dos ombros, do peito e da coluna, e equilibra a interconexão das energias.

## Exercício 48   Desfrutando o Espaço

Fique em pé, bem equilibrado, com os pés separados a uma distância confortável um do outro, as costas retas, e os braços relaxados ao lado do corpo. Respire uniformemente pelo nariz e pela boca. Traga os cotovelos e as mãos na altura do coração, entrelace os dedos das mãos e puxe-os com grande tensão, como se quisesse separar as mãos uma da outra. (As unhas devem estar curtas!) Mova um pouco os ombros para trás.

Olhando para a frente com os olhos suaves e calmos, os pés firmes no chão e os joelhos retos, porém destravados, gire muito lentamente para a direita, o máximo que puder. Leve cerca de um minuto para fazer esse movimento. Em seguida, volte lentamente para a frente e, sem parar, gire devagar para a esquerda.

Durante todo o movimento, mantenha a barriga relaxada e a respiração tranquila, enquanto mantém a tensão nas mãos, nos braços e nos ombros. Depois, volte lentamente para a frente e, sem pressa alguma, solte a tensão, aprofundando-se nas sensações despertadas no corpo, em especial na coluna e nos ombros. Abaixe devagar os braços para a lateral e descanse um pouco, de pé ou sentado, continuando a expandir as sensações pelo corpo.

Faça o movimento completo 3 vezes, uma vez para cada lado, descansando alguns minutos depois de cada repetição, e sentando-se por 5 a 10 minutos no final.

Este exercício também pode ser feito sentado.

## Exercício 49  Exercitando-se no Espaço

Fique em pé, com os pés a uma distância confortável, as costas retas e o corpo equilibrado. Respire de modo leve e uniforme pelo nariz e pela boca. Posicione as mãos nos quadris, criando o maior contato possível entre eles. Pés e pernas estão firmemente plantados no chão e os joelhos retos, porém destravados.

Muito lentamente, torça o tronco para a direita, movendo a cabeça e os olhos junto com os ombros, os braços e o peito. Mantenha os cotovelos para fora e use as mãos para ajudar a manter a pélvis imóvel. Para evitar que o lado direito do quadril acompanhe a torção, empurre esse lado do quadril para a frente, e o lado esquerdo para trás. Leve cerca de trinta segundos para fazer esse movimento. Em seguida, volte para a frente devagar, e em um movimento contínuo, continue a girar o tronco para a esquerda, segurando os quadris com as mãos para manter a pélvis imóvel.

A pélvis pode mover-se um pouco, mas se o movimento for maior que isso, pare e comece de novo. A princípio, talvez seja útil girar algumas vezes o tronco com os olhos voltados para a frente, e só depois adicionar o movimento da cabeça. Ao continuar a praticar esse exercício, você aprenderá a separar a parte superior da parte inferior do corpo. Enquanto o tronco se move suavemente de um lado para outro, a parte inferior permanece firme e enraizada, com uma forte qualidade de concentração. Essas duas qualidades dão ao corpo um tipo especial de equilíbrio.

Faça o movimento completo para a direita e para a esquerda 3 ou 9 vezes. Depois, sente-se na postura dos sete gestos por 5 minutos, sentindo o caráter especial da energia gerada por este movimento.

Este exercício libera a tensão muscular no peito, na parte superior e média das costas, no pescoço e também relaxa o estômago.

## Exercício 50   Interação do Corpo e da Mente

Fique de pé, bem equilibrado, com as pernas a uma distância confortável, as costas retas e os braços ao lado do corpo. Gire o pé esquerdo com a ponta dos dedos apontando para a esquerda; o pé direito se posiciona à frente do pé esquerdo a uns 30 cm, com os dedos retos. Os calcanhares ficam alinhados. Erga os braços pela lateral até a altura dos ombros e apoie as mãos nos ombros, com os dedos na frente e os polegares atrás. Pressione os ombros com as mãos de modo a criar o maior contato possível.

Com os olhos abertos, comece a girar o tronco. Conduzido pelo cotovelo esquerdo, gire o tronco para a esquerda o quanto puder sem forçar. Depois, incline-se para baixo, deixando pender a cabeça. Com um movimento contínuo e sem erguer o tronco, gire para a direita o quanto puder, e depois endireite o corpo subindo devagar pelo lado direito, e olhe para o teto. Deixe o cotovelo esquerdo puxar o movimento para a esquerda e iniciar outra rotação. Respire pelo nariz e pela boca durante todo o movimento, sempre pressionando os ombros com as mãos.

Faça 3 ou 9 rotações, de modo muito lento. Em seguida, inverta a posição dos pés – o pé direito aponta para a direita e o esquerdo se posiciona 30 cm à frente com os dedos retos – e faça 3 ou 9 rotações bem lentas para o outro lado, conduzindo a rotação com o cotovelo direito. Quando terminar, sente-se na postura por 5 a 10 minutos, expandindo as sensações estimuladas pelo movimento.

Este exercício alivia dores de cabeça e tensões nas costas, nos ombros e nas pernas.

### Exercício 51   Tocando o Alerta

Este exercício será mais eficaz se você já tiver aliviado a tensão nas costas e no pescoço por meio da massagem e de alguns exercícios do Nível Um.

Fique em pé, bem equilibrado, com os pés a uma distância confortável e as costas retas. Sem pressa, levante os braços até a altura dos ombros, dobre os cotovelos e cruze os braços, agarrando o braço oposto logo acima do cotovelo, sem forçar. Os ossos do braço devem estar bem equilibrados na articulação do ombro, não muito à frente nem muito para trás.

Olhe bem para a frente e empurre os braços duas vezes para a direita, sendo que o segundo empurrão começa onde o primeiro termina. Cada vez que empurrar, expire ao mesmo tempo pelo nariz e pela boca, tão plenamente quanto possível.

Aumente a distância do movimento a cada empurrão, até que o segundo traga os braços para a direita o máximo possível. Só os braços e os ombros se movem; a cabeça e o tronco permanecem imóveis. Você poderá ouvir estalidos na parte média das costas ou na nuca, à medida que os músculos ao longo da coluna se ajustam. Os movimentos e a respiração devem ter um impulso forte, mas não podem ser chocantes nem tensos. Mova-se calmamente, de uma forma natural.

A seguir, volte devagar os braços para a frente, e inspire lentamente e profundamente. Relaxe os ombros, os músculos das costas e a barriga, e faça o movimento para a esquerda. Faça o movimento completo 3 vezes, uma vez para a direita e outra para a esquerda. Depois, sente-se na postura dos sete gestos por 5 minutos ou mais, seguindo as sensações e os sentimentos ativados no corpo.

Este exercício alivia a tensão nos ombros e no meio das costas. Por meio da expiração, alivia-se também qualquer retenção na parte inferior do corpo.

### Exercício 52   Vitalizando a Energia

Ajoelhe sobre o joelho direito com os dedos do pé apontados para trás; dobre o joelho esquerdo e coloque o pé à frente, o mais distante possível do corpo. Coloque a mão direita na cintura e a mão esquerda no joelho esquerdo. Olhe para a frente com as costas retas. Mantendo o pé esquerdo no chão, transfira o peso para a frente e dobre mais o joelho esquerdo até sentir um alongamento nas duas coxas. Deixe as pernas bem separadas. Relaxe os braços, as mãos e o peito. Mantenha a posição por uns 30 segundos, respirando de modo suave pelo nariz e pela boca simultaneamente, e sentindo as sensações geradas pelo alongamento.

Bem devagar, transfira o peso de novo para a perna direita, endireite a esquerda e flexione o tornozelo esquerdo, apontando os dedos do pé para cima. Observe as qualidades sutis de sensações que surgem ao alongar a perna. Lentamente relaxe a perna e o pé esquerdo, e ajoelhe com os dois joelhos. Descanse um pouco, continuando a sentir as sensações estimuladas.

Agora inverta a posição das pernas e das mãos, ajoelhando-se no lado esquerdo e pondo o pé direito no chão, com a mão direita no joelho direito e a mão esquerda no quadril esquerdo. Repita o exercício nessa posição.

Faça o exercício 3 vezes, primeiro de um lado, depois do outro, descansando após cada repetição. No final, sente-se na postura dos sete gestos por 5 a 10 minutos, expandindo as sensações ativadas.

Este exercício estimula a energia mental e física. Pratique-o quando estiver se sentindo cansado ou abatido.

## Exercício 53  Equilibrando a Energia

Fique de pé, com os pés a uma distância confortável um do outro, leve as mãos nas costas e dobre os dedos por sobre as palmas das mãos. A partir da cintura, incline-se bem devagar para a frente, e use os nós dos dedos para massagear os grandes músculos ao longo da coluna. (Essa massagem pode ser feita sobre a roupa, mas é melhor fazê-la diretamente sobre a pele.)

Fique curvado e deixe o corpo bem relaxado enquanto massageia vagarosamente. Veja se a cabeça pende solta do pescoço. Essa massagem pode ser feita em tempos diferentes com diferentes graus de pressão. Você pode começar na região inferior da coluna e esfregar um ponto bem devagar, até que a tensão comece a se soltar. Depois, sempre devagar, suba pela coluna, parando para esfregar onde quer que os nós dos dedos toquem um músculo sensível. Continue a subir pela coluna até onde for possível tocar.

Quando terminar, relaxe os braços e erga-se muito devagar, respirando suavemente e distribuindo o seu peso nas pernas. A seguir, fique de pé bem quieto por alguns minutos.

Este exercício alivia a tensão, equilibra a respiração e estimula um fluxo uniforme de energia por todo o corpo. É especialmente bom praticá-lo depois de um exercício pesado, ou depois que trabalhar com a parte inferior do corpo. Pode ser feito uma única vez.

### Exercício 54   Relaxando a Autoimagem

Fique de pé, bem equilibrado, com as costas retas e os braços relaxados ao lado do corpo. Cruze os braços na frente do peito, o direito sobre o esquerdo, e segure os ombros com as mãos, os cotovelos para baixo. Cruze a perna direita sobre a esquerda e coloque o pé direito perto do esquerdo. Nessa posição, respirando pelo nariz e pela boca ao mesmo tempo, incline-se muito devagar para a frente a partir da cintura. Abaixe-se o mais possível, sem forçar, deixando pender a cabeça. Bem devagar, erga e arqueie o corpo ligeiramente para trás, concentrando-se nos pés.

Faça o movimento 3 ou 9 vezes nessa posição. Depois cruze o braço esquerdo sobre o direito e a perna esquerda sobre a direita e repita-o 3 ou 9 vezes. Observe as qualidades diferentes das sensações estimuladas pela mudança de posição. Depois, sente-se por 5 a 10 minutos, expandindo as sensações estimuladas pelo movimento.

Amplie este exercício fazendo-o 3 vezes com a perna esquerda cruzada sobre a direita e o braço direito sobre o esquerdo. Inverta a posição dos braços e das pernas e repita mais 3 vezes. Ao final, sente-se na postura do sentar por 5 ou 10 minutos, expandindo as sensações e os sentimentos.

☼ Uma variação deste exercício é feita com os pés bem separados, os braços cruzados atrás das costas, com as mãos segurando os braços acima dos cotovelos. Nessa posição, curve-se para a frente a partir da cintura, deixando a cabeça pender solta. Bem devagar vá subindo e arqueie levemente para trás. Repita o movimento 3 ou 9 vezes, depois sente-se na postura dos sete gestos, expandindo os sentimentos estimulados por essa versão do movimento.

Estes exercícios estimulam a pele e ativam novos padrões mentais e musculares.

## Exercício 55  Equilibrando a Mente e os Sentidos

Fique em pé descalço, com os pés separados a uma distância confortável, o corpo equilibrado, as costas retas e os braços ao longo do corpo. Lentamente, dobre o joelho esquerdo e segure-o com as mãos entrelaçadas. Erga o joelho na direção do peito e flexione o tornozelo, de modo que os dedos do pé apontem para o teto. Relaxe a pélvis e mova os ombros um pouco para trás. Olhe para a frente com olhos suaves e equilibre-se nessa posição por 1 a 3 minutos, de modo relaxado e descontraído, respirando suavemente pelo nariz e pela boca ao mesmo tempo. No início, segure o joelho bem forte com as mãos, depois solte gradualmente a pressão das mãos sem mover a perna, até que as mãos relaxem. Mantenha o peito relaxado.

Com as mãos em torno do joelho, abaixe bem devagar a perna esquerda até sentir que o controle do movimento passa facilmente para a perna. Então, solte as mãos delicadamente e abaixe a perna até o chão. Ao sentir os momentos em que certos músculos se encarregam de um movimento, podemos aprender a combinar relaxamento e controle do movimento. Durante cada fase do exercício - erguer a perna, manter a posição, abaixar a perna e soltar as mãos - deixe que sua atitude seja descontraída e sem ambição. Assim você poderá ser sensível às sutis mudanças musculares e energéticas.

Traga lentamente o pé esquerdo para o chão e observe as tonalidades especiais de sentimentos que surgem antes do pé tocar o chão. Continue o exercício, erguendo o joelho direito e equilibrando-se na perna esquerda. Faça o movimento completo (primeiro de um lado, depois do outro) 3 ou 9 vezes, e depois sente-se por 5 a 10 minutos, expandindo os sentimentos ativados pelo exercício.

Este exercício estimula diferentes tipos de energia na parte inferior do corpo.

## Exercício 56   Coordenando o Corpo e a Mente

Deite-se do lado direito, a perna esquerda em cima da direita, o braço direito estendido no chão acima da cabeça, a palma da mão virada para baixo, formando uma linha reta com o corpo. Repouse a cabeça no braço direito e coloque o braço esquerdo na lateral do corpo, com a palma da mão para baixo.

Com as pernas retas, flexione os tornozelos de modo que os dedos dos pés apontem para a cabeça. Devagar, estique o braço e a perna esquerdos como se quisesse alongá-los. A seguir, continuando a esticá-los e mantendo os tornozelos flexionados, erga o braço e a perna esquerdos devagar até que o braço fique na vertical em relação ao corpo, e a perna chegue confortavelmente ao seu ponto mais alto possível. Respirando suavemente pelo nariz e pela boca ao mesmo tempo, coordene o movimento para que o braço e a perna percorram suas respectivas distâncias na mesma quantidade de tempo.

A seguir, movendo-se tão devagar quanto puder a fim de sentir mais, abaixe delicadamente o braço e a perna, enquanto continua a alongá-los. Relaxe e descanse por um minuto, depois repita o movimento duas vezes, descansando depois de cada repetição. Depois, role para o lado esquerdo e faça o movimento mais três vezes, descansando após cada repetição.

No final, role sobre as costas e descanse por 5 a 10 minutos. Use o tempo de descanso para aprofundar-se ainda mais nas sensações ativadas pelo movimento.

Esse exercício melhora a circulação do sangue no nível físico e da energia no nível energético. Desenvolve também a foco da mente e a coordenação do corpo.

# Nível Três

Os exercícios deste grupo são um pouco mais difíceis do que os dos níveis anteriores. Isso não significa necessariamente que os movimentos sejam mais difíceis de fazer (embora alguns destes movimentos sejam mais exigentes fisicamente do que os exercícios anteriores). Ou melhor, significa que se torna necessário uma concentração maior para despertar e desenvolver as tonalidades de sentimento dos exercícios.

Depois de vários meses de prática do yoga do Kum Nye, você provavelmente verá que está pronto para fazer alguns exercícios desse nível. Porém, se tiver pouco resultado neles, deixe-os de lado por um tempo e retome-os mais tarde. Apenas pratique os exercícios descritos no fim deste nível quando tiver mais experiência do Kum Nye.

Quando estiver bem familiarizado com um exercício (incluindo os de Nível Um e Nível Dois), tente fazê-lo por períodos mais longos, por até uma hora. Experimente ritmos e graus de tensão variados.

Tente fazer um exercício bem devagar; depois, mais devagar ainda; e a seguir, mais rápido, e observe as diferentes qualidades de sentimento nos ritmos diferentes. Todos os exercícios feitos de forma mais tensionada também podem ser feitos de modo mais solto e vice-versa. Tente também praticar em horas e lugares diferentes.

Em muitos destes exercícios é solicitado a sustentação de uma certa posição por um período de tempo (a contagem das expirações ajudará a medir o tempo). Examine a qualidade dessa sustentação, permitindo que ela seja tão relaxada quanto possível, sem nenhum objetivo especial. Lembre-se de soltá-la muito devagar para que possa sentir mais, e assim as sensações ativadas pelo exercício perdurarão por mais tempo. Quando um tom de sentimento é expandido por um tempo mais longo, mais ele se espalha para além do corpo, estimulando interações com o "espaço" circundante.

À medida que o sentimento se expande, junte a respiração, o movimento, o sentimento e a mente em uma unidade. Equilibre a respiração, equilibre os sentidos, equilibre a sua atenção, equilibre o seu corpo. Então, você desenvolverá na sua prática uma qualidade que é sem tensão ou apego, e descobrirá a alegria de exercitar-se sem esforço.

## Exercício 57  Abrindo o Coração

Sente-se com as pernas cruzadas em uma esteira ou almofada e apoie a mão direita no chão a uma distância confortável do corpo. Veja se a mão não está longe demais, nem à frente nem atrás. Ponha a mão esquerda sobre a orelha esquerda, com o cotovelo virado para cima. Arqueie-se devagar para a direita, mantendo o braço direito reto. Apoie-se bem na mão direita para ampliar e equilibrar o arco do lado esquerdo. Mantenha os joelhos bem abaixados. As costelas se separam da pélvis e se abrem como um leque. Deixe expandir o espaço dentro dos ossos do quadril e das costelas, e nos músculos abaixo do braço. Segure essa posição de 1 a 3 minutos, respirando suave e regularmente pelo nariz e pela boca ao mesmo tempo.

Solte a postura bem devagar - leve cerca de 1 minuto -, sentindo as sensações geradas pela sustentação da posição. Em seguida, coloque a mão direita sobre a orelha direita, a mão esquerda no chão ao seu lado e, apoiando-se nela, arqueie o corpo lentamente para a esquerda. Faça o exercício completo, primeiro de um lado e depois do outro, 3 ou 9 vezes. Ao final, sente-se quieto na postura dos sete gestos por 5 a 10 minutos e saboreie a qualidade do relaxamento que surgir.

Este exercício abre o centro do coração, melhora a respiração e a circulação e massageia os músculos internos.

### Exercício 58   Coordenando a Totalidade da Energia

Fique em pé descalço, as costas retas, os pés bem separados e apontados para frente, as mãos na cintura. O corpo e a mente devem estar bem equilibrados e concentrados. Vire o pé direito para a direita formando um ângulo reto com o esquerdo. Dobre o joelho direito, vire o tronco e a cabeça na mesma direção do pé. Mantenha a perna esquerda e as costas retas. Olhe para cima, no ponto onde a parede encontra o teto, com a cabeça ligeiramente inclinada para trás, o queixo voltado para dentro, o peito mais erguido e os cotovelos para fora. Relaxe a barriga e respire suavemente pelo nariz e pela boca.

Mantendo a perna esquerda e as costas retas, dobre mais o joelho direito e relaxe a pélvis, até tocar um local de tensão e energia. Não se preocupe se não encontrar esse ponto de imediato; veja como você se sente em diferentes pontos enquanto abaixa e deixe que os sentimentos o guiem para onde a sensação for mais forte.

Ao tocar esse lugar, fique nele até começar a tremer. Volte devagar para a posição ereta. Vire os dedos do pé direito, o tronco e cabeça para a esquerda, e aproxime os pés um do outro. Mova-se devagar e fique em contato com seus sentimentos durante todo o movimento. Respire de modo suave e sem esforço, de forma que as diferentes etapas envolvidas no exercício possam fluir harmoniosa e calmamente, uma após a outra.

Se for difícil manter a posição, mova-se devagar para cima e para baixo várias vezes, até se familiarizar com a sensação de tensão no joelho e na perna direita. Tente, então, sustentar a posição por alguns segundos.

Agora, com muito cuidado, mude a posição dos pés de modo que o pé esquerdo aponte para a esquerda e forme um ângulo reto com o pé direito, e faça o exercício do lado esquerdo. Ao se mover, cuide sempre de manter os movimentos fluindo com suavidade. Fique em contato com seus sentimentos; não deixe que o movimento se torne mecânico. Faça o exercício completo 3 vezes, dos dois lados, depois sente-se na postura dos sete gestos por 5 a 10 minutos, expandindo os sentimentos gerados pelo movimento.

Depois que você tiver praticado esse exercício 10 vezes, por pelo menos 1 semana, tente as variações seguintes:

☼ Coordene a sua respiração com o exercício, expirando lentamente enquanto vira para a direita e abaixa o corpo, e inspirando enquanto se levanta e volta para a frente. Torne a expirar vagarosamente ao continuar o exercício para a esquerda. Faça o movimento bem devagar e com concentração, deixando que o movimento de alongar e respirar seja único, lento e contínuo.

Mantenha sempre o equilíbrio. Se a qualquer momento sentir que pode perder o controle do movimento, junte os pés devagar e comece de novo com as pernas um pouco mais juntas. Faça o movimento completo para a direita e para a esquerda 3 vezes; depois sente-se na postura dos sete gestos por 5 a 10 minutos, expandindo os seus sentimentos. Com esse exercício você pode explorar com clareza as interligações existentes entre corpo, respiração e mente.

※ Abaixe o corpo na posição acima descrita, com o pé direito voltado para a direita, em ângulo reto com o pé esquerdo, o joelho direito dobrado, a cabeça e o tronco voltados para a direita e as mãos nos quadris. Mantenha a postura por algum tempo, respirando de modo suave pelo nariz e pela boca simultaneamente. Em seguida, sem voltar à posição vertical, gire muito devagar para a esquerda - primeiro virando a cabeça para a esquerda, depois os ombros, o peito, a pélvis e os pés. No fim da rotação, o pé esquerdo apontará para a esquerda, formando um ângulo reto com o pé direito, e a cabeça e o tronco se voltarão para a mesma direção.

A rotação deve ser feita com extrema lentidão e um claro sentido de controle do movimento. Cuide para não esticar demais. Continue mantendo a postura sem voltar à posição vertical até fazer 3 vezes o movimento para a direita e para a esquerda. Então, junte os pés devagar e sente-se na postura dos sete gestos por 10 minutos, expandindo as energias geradas pelo exercício.

Estes exercícios aumentam a coordenação, desenvolvem os músculos das pernas e estimulam o fluxo de energia que vai das pernas para as costas até a cabeça.

### Exercício 59  Transformando Emoções

Fique em pé, bem equilibrado, com os pés juntos e as costas retas. Cruze os braços na frente do peito e segure os ombros com as mãos, com os cotovelos para baixo. Sem erguer os calcanhares do chão, dobre devagar os joelhos como se fosse se agachar, mantendo o equilíbrio interno, sem tensões. Depois de descer a certa distância nessa posição, você descobrirá que um retesamento o impede de ir além e que os calcanhares começam a se erguer do chão. Pare e localize essa tensão - ela pode estar na pélvis ou nas pernas. Solte a tensão e continue a descer, mantendo as costas retas.

Bem acima da posição de cócoras, você encontrará um lugar de equilíbrio e energia; para achar o ponto certo, mova-se um pouco para cima e para baixo. Talvez sinta um calor subindo pelo corpo e comece a tremer. Você poderá sentir pressão nos joelhos. Fique com as sensações e sustente a posição por 1 a 5 minutos, concentrando-se na energia na sua coluna.

Bem devagar solte a tensão, volte à posição ereta e solte os braços ao lado do corpo, ficando em pé por 3 a 5 minutos; depois repita o exercício mais 2 vezes. No final, sente-se na postura dos sete gestos por 10 a 15 minutos, expandindo as sensações geradas pelo movimento.

As estreitas ligações entre o corpo, os sentidos e as emoções permitem-nos influenciar nosso estado geral de equilíbrio por meio de uma postura física específica. Normalmente, nossas emoções tendem a nos desequilibrar. Neste exercício, podemos transformar uma emoção forte, como o ressentimento ou a ansiedade, usando a energia da emoção para nos equilibrar, ao invés de dissipá-la em negatividade. Se pudermos manter a posição por um tempo longo, a energia pura fluirá por todo o corpo.

Ao fazer o exercício, busque as tensões internas que o desequilibram e solte-as. Sinta qualquer lembrança que o deixa tenso e relaxe as sensações associadas a ela, para que fluam como um líquido. Respire suave e delicadamente nos locais de bloqueio. Se uma emoção for tão forte que faça a tensão se manifestar como dor, respire na dor até soltar o bloqueio e você descobrirá um núcleo de novas energias. Mantenha a barriga relaxada para que a energia que sobe das pernas possa fluir pela coluna e se distribuir pelo corpo todo. Feche os olhos e entre bem fundo no seu equilíbrio interior. Com a prática, nenhum esforço será necessário para fazer o exercício.

Este exercício estimula o fluxo de energia na parte inferior do corpo, estimula a liberação de hormônios e melhora a circulação.

### Exercício 60  Aliviando a Negatividade

Fique em pé, bem equilibrado, com os pés a uma distância confortável um do outro, as costas retas e os braços relaxados ao longo do corpo. Dobre os cotovelos e coloque as mãos ao lado do corpo o mais próximo possível das axilas, com os dedos apontando para baixo. Isso pode ser um pouco difícil de fazer no início, e talvez você tenha que tentar algumas vezes para descobrir a maneira mais fácil de fazê-lo. Não pressione as laterais com muita força.

Respirando de modo suave pelo nariz e pela boca ao mesmo tempo, dobre os joelhos e, com os calcanhares no chão e as costas retas, abaixe o corpo como se fosse se sentar em uma cadeira baixa.

Quando tiver abaixado até certo ponto, descobrirá que uma tensão o impede de prosseguir, e seus calcanhares começam a se erguer do chão. Pare e localize a tensão. Solte essa tensão e continue a abaixar-se mantendo as costas retas, até encontrar um ponto específico de equilíbrio e energia. Talvez seja necessário se erguer e abaixar algumas vezes até encontrar o lugar certo (se fez o exercício 59, você já o encontrou). Suas coxas podem começar a tremer.

Quando você descobrir o ponto de equilíbrio, olhe para cima e sustente essa posição por 30 segundos a 1 minuto. Se sentir dor nos braços, entre nas sensações de dor o máximo que puder. Então, endireite as pernas e, em um movimento contínuo, incline-se para a frente a partir da cintura até chegar mais ou menos paralelo ao chão, e fique assim por um momento, mantendo a respiração lenta e suave. Sem mudar a posição, dobre lentamente os joelhos até atingir o ponto especial de equilíbrio e energia, e quando as pernas começarem a tremer, sustente a posição por 30 segundos ou 1 minuto, respirando de modo suave e uniforme pelo nariz e pela boca. Você poderá sentir sensações de energia na base da coluna assim como nas coxas.

Agora, endireite as pernas, erga o tronco e deixe as mãos escorregarem pelos lados do corpo, até que os braços pendam relaxados. Fique em pé ou sente-se por alguns minutos, expandindo os sentimentos gerados pelo exercício.

Faça o exercício 3 vezes, descansando depois de cada repetição. No final, sente-se na postura dos sete gestos por 5 a 10 minutos, continuando a expandir os sentimentos dentro e em torno do corpo.

Ao fazer este exercício, você poderá sentir algumas sensações dolorosas no início. Em geral pensamos na dor como algo que precisa ser evitado. Entretanto, se puder se concentrar nas sensações produzidas por este exercício (e outros que envolvem sustentar uma posição por um período de tempo), você poderá ir além do conceito mental de "dor" para uma fonte de energia nova e vital.

À medida que se concentra, deixe a respiração se fundir com as suas sensações e transforme-as em energia curativa. No início, sustente a posição mencionada no exercício por poucos segundos. Quando tiver adquirido maior experiência em explorar a energia contida na tensão, você será capaz de manter essa posição por vários minutos ou mais.

Este exercício energiza o peito e a parte inferior do corpo, alivia os padrões psicológicos negativos, tais como a contenção, e cria força e confiança.

## Exercício 61 Expandindo a Energia do Corpo

De pé, bem equilibrado, com os pés a cerca de 30 cm um do outro e os braços relaxados ao longo do corpo, cerre os punhos das duas mãos. Estenda o braço esquerdo à sua frente, à altura do ombro, leve o braço direito na mesma altura e dobre-o, colocando o punho direito debaixo do braço esquerdo, logo abaixo da articulação do cotovelo; a parte superior do punho (o polegar e o dedo indicador) tocará a parte inferior do braço esquerdo. Veja se o cotovelo direito está na altura do ombro.

Crie uma grande força oposta, empurrando o braço esquerdo para baixo e o direito para cima. Mantenha os dois sob forte tensão e equilíbrio e, enquanto inspira pelo nariz e pela boca simultaneamente, erga devagar os dois braços até que o braço esquerdo fique na vertical e o direito dobrado sobre a cabeça. O braço direito deve passar por cima da cabeça; se não passar, estique um pouco os braços para o alto.

Nessa posição, mantendo a tensão nos braços, expire devagar e relaxe a barriga, o pescoço e as costas. Então, abaixe devagar os braços até a altura dos ombros enquanto inspira e, solte gradualmente a tensão dos braços. Deixe que a respiração seja suave e tranquila durante todo o movimento. Solte os braços ao longo do corpo e descanse por 1 minuto, sentado ou em pé, expandindo as sensações produzidas ao criar e liberar a tensão dessa maneira.

Agora, inverta a posição dos braços e repita o movimento, e depois descanse um pouco depois. Execute o movimento completo 3 vezes, uma vez de cada lado, descansando depois de cada repetição. No final, sente-se na postura por 5 a 10 minutos, continuando a expandir os sentimentos estimulados pelo movimento.

Este exercício, que também pode ser feito sentado, libera a tensão muscular, melhora a circulação e equilibra as energias internas.

### Exercício 62  Aumentando a Resistência

Fique de pé descalço, equilibre-se na perna direita, e ponha a sola do pé esquerdo na parte alta da coxa direita, com o calcanhar perto da virilha e o joelho esquerdo virado para o lado. Pressione levemente o calcanhar contra a coxa para ajudar a manter o pé esquerdo no lugar. Sem esforço, erga lentamente os braços pelos lados do corpo até ficarem estendidos um pouco acima da altura do ombro, com a palma das mãos virada para baixo.

Nessa posição, gire o tronco devagar para a direita e depois para a esquerda, com a cabeça imóvel, olhando sempre para a frente. Respire leve e regularmente, mantendo o corpo solto e a barriga relaxada.

Abaixe os braços e a perna ao mesmo tempo, sentindo as mudanças sutis de sensações ao se equilibrar sobre os dois pés. Fique em pé por 1 minuto. Você sentirá a tensão do pescoço e dos ombros se dissolver e uma sensação de equilíbrio pelo tronco todo.

Inverta a posição das pernas e repita do outro lado. Faça o movimento completo, equilibrando primeiro em uma perna, e depois na outra, 3 ou 9 vezes, descansando em pé por alguns momentos depois de cada repetição. No final, sente-se por 5 a 10 minutos, expandindo os sentimentos gerados.

Este exercício equilibra a energia do corpo e desenvolve a capacidade de permanecer equilibrado nos pontos críticos de mudança emocional ou psicológica.

**Exercício 63   Abraçando o Espaço**

Fique de pé descalço e equilibre na perna direita, pressionando a sola do pé esquerdo contra a parte superior da coxa direita; com o calcanhar perto da virilha e o joelho esquerdo virado para o lado. Devagar, levante os braços à frente até a altura dos ombros; cruze-os e segure-os com firmeza logo acima do cotovelo. Pouco a pouco, erga devagar os braços para cima e levemente para trás da cabeça, esticando-os para cima. O pescoço se acomoda entre os ombros. Olhe para o teto, abra a boca e estique-se um pouco mais. Equilibre-se naturalmente nessa posição. Solte os músculos da barriga e você conseguirá esticar-se um pouco mais. A parte superior das costas ficará levemente arqueada.

Agora, desdobre devagar os braços, com as palmas voltadas para o teto, endireitando os braços acima da cabeça. Em um movimento lento e contínuo, abaixe os braços para os lados, como se estivesse desenhando asas de anjos na neve. Deixe que as mãos e o peito se abram. Quando os braços chegarem às laterais, abaixe lentamente a perna para o chão, até que você fique sobre os dois pés. Observe os sabores especiais de sentimento que surgem logo que o pé toca o chão.

Inverta a posição das pernas e repita o movimento. Desta vez, inspire devagar enquanto estica os braços cruzados para cima. Segure o ar por alguns segundos, depois expire lentamente ao desdobrar os braços para o alto, e continue a expirar enquanto os braços flutuam para os lados do corpo. O gesto do braço pode ser muito generoso e expressivo, abrindo o peito e abraçando o espaço, extremamente lento e delicado.

Faça o movimento completo 3 vezes, primeiro para um lado e depois para o outro, coordenando a respiração com o movimento. No final, fique de pé em silêncio por vários minutos, com os braços relaxados ao longo do corpo; depois, sente-se nos sete gestos por 5 a 10 minutos. Você poderá sentir uma calma profunda no interior dos seus ossos, especialmente nos ossos dos braços e do peito.

### Exercício 64   Aumentando o Equilíbrio Psicológico

Fique de pé descalço e equilibre-se sobre a perna esquerda, pressionando a sola do pé direito contra a parte superior da coxa esquerda, com o calcanhar perto da virilha e o joelho direito para fora. Estique devagar o braço direito à sua frente na altura do ombro, com a palma da mão para baixo. Coloque a palma da mão esquerda sobre o cotovelo direito, com o cotovelo esquerdo à altura do ombro. Empurre o braço direito para cima na direção do teto, enquanto o braço esquerdo faz uma forte resistência ao movimento. Relaxe a barriga o mais que puder, e respire suave e simultaneamente pelo nariz e pela boca. Quando os dois braços estiverem acima da cabeça, solte devagar a tensão e abaixe os braços para a primeira posição, observando os sentimentos que surgem no corpo e em torno dele.

Faça o movimento 3 vezes; depois, inverta a posição das pernas e dos braços e faça o exercício 3 vezes do outro lado. No fim, sente-se na postura dos sete gestos por 5 a 10 minutos, acompanhando e expandindo os sentimentos gerados pelo exercício.

Este exercício é muito calmante para o sistema nervoso. Entretanto, se praticá-lo quando estiver nervoso ou perturbado, talvez seja melhor começar com um "processo de equilíbrio", sentando quieto por 10 a 15 minutos, respirando suave e uniformemente pelo nariz e pela boca. Quando iniciar o exercício, mova-se muito lentamente, e deixe que a respiração, a atenção e o movimento sejam uma unidade. O exercício então continuará a acalmar e a equilibrar a mente e o corpo.

## Exercício 65  Igualdade do Interior e do Exterior

Fique de pé, descalço e bem equilibrado, com as costas retas e as mãos nos quadris. Lentamente, dobre o joelho esquerdo e erga-o na direção do peito. Flexione o tornozelo esquerdo para que os dedos do pé apontem para o teto (o pé fica nessa posição durante todo o movimento). Com as costas retas e a barriga relaxada, estique lentamente a perna esquerda à sua frente, com um leve chute no final do alongamento. Ao mesmo tempo, empurre o peito um pouco para a frente. Deixe a perna ficar na horizontal. Então, sem pôr o pé no chão, puxe mais duas vezes a perna para o peito e estique-a devagar, alongando a perna com movimentos lentos. Depois dos três alongamentos da perna, bem devagar, quase descontraidamente, abaixe a perna esquerda para o chão. Observe quaisquer sabores especiais de sentimento que surgem logo antes do pé tocar o chão.

Agora erga o joelho direito e faça o exercício do outro lado. Sem esforço, mantenha o controle de todo o movimento, conduzindo-o de modo suave e lento. Observe a tensão na barriga para avaliar o seu nível de ansiedade. Quando você aperta a barriga a fim de exercer controle, você perde o contato com as preciosas energias que trazem vitalidade. Se conseguir ser natural em pontos críticos do movimento sem forçar o controle, descobrirá certas qualidades e energias vitais.

Faça o movimento completo 3 vezes, primeiro de um lado e depois do outro, e então sente-se por 5 a 10 minutos, acompanhando e ampliando os sentimentos estimulados pelo exercício. Quando estiver familiarizado com o exercício, experimente fazê-lo 9 vezes, sentando-se por 5 a 10 minutos no final de cada série de três movimentos.

Este exercício melhora a coordenação, aumenta a energia do corpo e alivia a tensão no peito.

### Exercício 66   Aumentando o Equilíbrio Interior

Deite-se sobre o lado direito com as pernas esticadas, a esquerda por cima da direita. Entrelace os dedos e coloque-os atrás da cabeça de modo que ela descanse sobre o braço direito e o cotovelo esquerdo aponte para o teto. Nessa posição, gire devagar o quadril para a frente, como se quisesse apoiá-lo no chão. Ao mesmo tempo, puxe o cotovelo para a esquerda até que olhe para o teto e o ombro esquerdo se aproxime do chão. Ao girar o quadril para a frente, as pernas se viram para o chão e o peso do corpo pode ser colocado nos dedos dos pés. Embora seja possível esticar até que a metade inferior do corpo fique de frente ao chão e a metade superior se volte para o teto, não se preocupe se não conseguir torcer muito. Faça uma torção natural, sem forçar, não importa o quanto consegue alongar.

Segure a posição por 30 segundos a 1 minuto, respirando suavemente pelo nariz e pela boca e alongando-se pouco a pouco enquanto as tensões sutis se soltam. Retorne devagar à posição original, expandindo as sensações geradas pelo alongamento.

Agora, role para o lado esquerdo e repita o movimento. Observe em que lado do corpo o alongamento é mais fácil. Faça o exercício completo 3 vezes, para a direita e para a esquerda. Ao final, deite-se de costas (com os joelhos dobrados se quiser) repousando por 5 minutos, expandindo as sensações geradas pelo exercício.

Este exercício traz equilíbrio interno à parte superior e inferior do corpo.

*Sentimentos de amor e abertura nos alimentam e renovam, e se irradiam pelo ambiente à nossa volta.*

# Estimulando e Transformando Energias

*O corpo é como um receptáculo cheio de espaço e cercado de espaço. O corpo todo se exercita no espaço.*

A energia está continuamente circulando pelo nosso corpo, de célula para célula, entre a mente e o corpo, e entre nós e o mundo. Quando nos movimentamos e sentimos, e até mesmo quando respiramos, as energias que estão dentro de nós e ao nosso redor interagem continuamente. Tendemos a pensar em energia e matéria como coisas opostas, mas até os objetos mais sólidos, na verdade, são feitos de energia em movimento: matéria e energia são equivalentes em todos os níveis. O corpo físico é muito menos sólido do que parece: não é um objeto fixo e impermeável, mas sim fluido e aberto na sua essência, participando de um processo contínuo de corporificação de energias.

Quando essas energias fluem suavemente, temos acesso a uma abundância de energia: o corpo se torna saudável e a mente clara; quando o fluxo de energia é ativo e equilibrado, ele regenera todos os aspectos do corpo, mente e sentidos, aumentando nossa vitalidade mental e física. Sentimentos de amor e de abertura passam a nos nutrir e irradiam-se pelo espaço a nossa volta. Toda a nossa experiência participa desse processo contínuo de alegria e de corporificação.

Ao obstruirmos esse fluxo totalmente aberto, refreando e desviando as energias, nossa experiência se contrai. Congelamos as sensações ao nos concentrarmos nos pensamentos a respeito delas. Em vez de vivenciá-las diretamente e deixá-las fluir para o nosso coração, onde se aprofundam em alegria e satisfação revitalizantes, julgamos. Passamos a ser como abelhas, tocando lindas flores em busca de pólen, sem nunca desfrutar a doçura do mel.

Tendo bloqueado as fontes internas de sensação e satisfação, tendemos a buscá-las externamente, voltando nossas energias para fora. Enchemos a mente de ideias e expectativas do que queremos no futuro em vez de desfrutar o que temos à mão. Tratamos superficialmente nossos verdadeiros sentimentos e voltamos nossa energia para as emoções, tentando sentir mais. Sem a qualidade profunda e estável dos sentimentos, as emoções são superficiais e instáveis e nos enchem rapidamente e facilmente de sensações fortes – tão desequilibradas que geram insatisfação em vez de preenchimento. O resultado é a manifestação de tensões psicológicas no nível físico, produzindo automaticamente mais aperto, que se reflete em padrões negativos de pensamento, sentimento e ação.

À medida que a habilidade de contatar nossos sentidos diminui, nossa vitalidade também diminui. Tentamos então economizar nossa energia apoiando-nos em fontes externas de energia, ao invés da nossa própria, mas isso só serve para minar ainda mais nossa vitalidade e saúde. Assim, tentamos nos curar, levando nosso corpo para um lado e a cabeça para outro, sem perceber que o remédio para ambos está nas energias naturalmente saudáveis das nossas sensações e sentimentos, e na integração do corpo e da mente.

O relaxamento pode curar tanto o corpo quanto a mente ao despertar nossos recursos internos, abrindo-nos para sentimentos que são muito mais do que sensações físicas ou até mentais. Nossos sentimentos e sensações comuns são de vários tipos diferentes, alguns relacionados com a atenção ao corpo, outros relacionados com a atenção sensorial ou mental. Durante o relaxamento, estimulam-se interações entre o corpo, os sentidos, a respiração e a mente, trazendo esses tipos diferentes de atenção e sentimento em contato um com o outro.

À medida que se expandem e se acumulam, os sentimentos e as energias fluem juntos e se integram; uma vez integrados estimulam um ao outro naturalmente, desenvolvendo-se ainda mais em si mesmos. Então em cada impressão dos sentidos, cada respiração e cada movimento aumenta e aprofunda a satisfação, e a experiência surge viva no corpo. Um sentimento profundo de realização flui em cada veia e cada órgão, acumulando riquezas, até que os limites internos do corpo se dissolvem e o próprio contorno do corpo se funde no espaço circundante. Então, o viver torna-se satisfação e a estimulação torna-se relaxamento. A textura do espaço nos alimenta.

Quando descobrimos a intimidade da experiência direta, vemos que tudo o que surge, cada sentimento e cada sensação, é um centro de experiência. Não fazemos nem realizamos nada, pois não há experimentador; só há experiência. Esse conhecimento nos dá a possibilidade de novas interações com as emoções "negativas", tais como a confusão ou a resistência, pois vemos que elas também são formas flexíveis de energia vital e de experiência, que podem abrir-se em direções positivas.

Quando praticar os exercícios desta seção, aprofunde-se nos sentimentos gerados, trazendo corpo, mente e sentidos juntos. Expanda as suas sensações, deixando que elas se tornem fortes e vitais. À medida que a "respiração" e as sutis energias mentais e físicas se integram, estas sensações se tornam muito mais profundas e mais expansivas do que as nossas sensações comuns. À medida que esses sentimentos são canalizados pelos nossos sentidos, todas as nossas sensações e sentimentos se tornam vibrantes e vivos, muito mais ricos do que antes. Todo o nosso corpo cresce saturado com essa qualidade de alegre vitalidade e se torna profundamente saudável: um corpo de conhecimento.

Quando tocar uma emoção negativa ou um lugar tenso no corpo ou na mente, deixe que essas energias adormecidas despertem. Misture-as com as suas sensações abundantes e alegres, equilibre a sua respiração e mantenha a sua atenção aberta, sem focalizar com muita força. Fique com os sentimentos, deixe que eles se tornem alegres e penetre-os com a atenção e a respiração. Com concentração suficiente, você poderá realmente transformar tais sentimentos por um processo de alquimia interna.

Ao praticar o Kum Nye, você poderá vivenciar a abertura de um centro de energia. Quando o centro da cabeça se abre, é fácil pensar, comunicar-se com clareza e despertar poderes visionários. Quando o centro da garganta se abre, desenvolvem-se poderes intuitivos revelando-nos o mundo simbólico da poesia e da arte. Quando o centro do coração se abre, dissolve-se a separação entre nós e os outros e passamos a fazer parte de tudo. Quando o centro do umbigo se abre, os anseios e apegos cessam, e uma qualidade de energia, como o calor, aquece todo o corpo.

Uma vez que tenhamos aprendido a estimular os nossos sentimentos e energias através da prática do Kum Nye, podemos expandi-los cada dia mais e mais, cultivando a satisfação e o lúdico em cada ação. Podemos até apreciar situações de tensão porque podemos reabastecer a nossa energia sempre que ficarmos cansados. Tudo o que fazemos nos dá mais energia.

Direcionado como um feixe luminoso, cada momento da vida estimula uma realização, permitindo-nos desenvolver perseverança e paciência autênticas, sem luta nem fixação. Então, podemos naturalmente fazer e saborear ao mesmo tempo todo o conteúdo da experiência. Podemos apreciar de forma plena o processo de viver dentro do nosso "corpo de conhecimento", de modo que toda a experiência de viver mental e física automaticamente continua a expandir-se. A experiência se abre por si só, naturalmente.

Sem tentar possuí-los, podemos deixar os sentimentos de satisfação fluir dentro e fora de nós, estimulando interações harmoniosas no mundo que nos cerca. Tudo aquilo que contatamos por meio do som, do tato ou de qualquer outro sentido, torna-se radiante com a energia sutil. Até mesmo caminhar ou olhar de maneira descontraída, aberta, permite que a qualidade luminosa e especial das energias universais entre no nosso corpo; podemos então cultivar e expandir este sentimento até que ele permeie o corpo e se espalhe para fora de nós, para o universo. Dessa maneira, participamos de um círculo contínuo de energias vivas, uma dança de apreciação, uma união.

## Nível Um

Como os exercícios da parte "Equilibrando e Integrando Corpo, Mente e Sentidos", estes exercícios estão separados em três níveis, em ordem crescente de dificuldade. Cada nível equivale ao nível correspondente do capítulo anterior. Você pode ir para frente e para trás entre os capítulos a fim de investigar os exercícios de um determinado estágio.

Você também pode explorar alguns exercícios do Nível Dois e Três antes de completar todos os exercícios do Nível Um. Deixe que o seu corpo e os seus sentimentos o guiem na seleção dos exercícios que deseja praticar. Entretanto, se descobrir que está indo muito depressa de um exercício para outro, sem aprofundar-se em nenhum deles, diminua a velocidade e siga a progressão dos exercícios aqui sugerida. Lembre-se de fazer cada exercício por completo, três ou nove vezes e, quando for apropriado, dos dois lados do corpo.

Cada exercício, não importa que pareça simples, pode abrir um tesouro de experiências no corpo e na mente. Durante o exercício, é melhor não se preocupar em saber se o sentimento é bom ou mau - limite-se a senti-lo. Não deixe que os sentimentos mencionados nas descrições do exercício criem expectativas que você deve cumprir para ter "sucesso" no exercício. Basta sintonizar suas sensações, afinar sua respiração, afinar sua atenção, e então, mesmo que pense que "nada de especial" está acontecendo, o yoga do Kum Nye vitalizará naturalmente até as camadas mais sutis do seu corpo, mente e sentidos. Após a prática, observe a qualidade da sua experiência durante o dia. Mesmo em um curto espaço de tempo, você observará que a vida diária ganhará uma qualidade mais vibrante e que sua capacidade de sentir satisfação aumentará.

Os exercícios deste nível são simples de fazer. Faça-os devagar, com atenção sensível às sensações que ocorrem no corpo todo. O Exercício 72, em particular, quando praticado regularmente por pelo menos uma semana, aumentará grandemente a sua atenção aos "centros" de energia. À medida que esses centros se tornam mais abertos e os órgãos internos e os músculos são profundamente massageados, um sentimento quente, delicado, profundamente satisfatório, começa a nutrir e a sustentar você. À medida que esse processo se aprofunda, esse sentimento harmonioso também alimentará aqueles que estiverem à sua volta.

### Exercício 67   Sentindo a Energia

Sente-se de pernas cruzadas em uma esteira ou almofada e estenda lentamente os braços à sua frente, à altura dos ombros, com a palma das mãos voltada para baixo. Mantendo a barriga relaxada, movimente as mãos para trás, puxando os ombros para trás; em seguida, estenda as mãos para a frente. Sem pressa, movimente os braços para trás e para a frente desta maneira por 9 vezes. O resto do corpo permanece quieto. Deixe que o movimento e a mente se tornem inseparáveis. Depois, encontre um lugar de equilíbrio para encaixar o ombro, nem muito para a frente nem para trás, e abaixe as mãos para os joelhos. Sente-se por 3 a 5 minutos, permitindo aos sentimentos e às correntes de energia estimuladas pelo movimento expandirem-se.

Mais uma vez, estenda os braços à sua frente e dobre os braços nos cotovelos até que os dedos apontem para o teto. Relaxe o pescoço ao fazer esse movimento. Em seguida, mova pouco a pouco os antebraços até que os braços fiquem esticados à sua frente. Os braços permanecem imóveis enquanto os antebraços se movem para baixo de modo muito sutil. Sinta a energia no peito, no centro do seu coração; pode haver uma sensação de algo ali se movendo para baixo. Ponha toda a sua consciência naquilo que está sentindo; o sentimento, então, torna-se consciência. Repita o movimento 9 vezes, respirando de modo suave e uniforme pelo nariz e pela boca; a seguir, abaixe as mãos para os joelhos e sente-se por 5 a 10 minutos.

## Exercício 68   Clareando a Confusão

Sente-se em um tapete ou uma esteira fina, e cruze as pernas segurando o tornozelo direito com a mão direita e o esquerdo com a mão esquerda. Puxe os pés até aproximá-los do corpo o mais que puder. Coloque as mãos logo abaixo das rótulas e aproxime os joelhos do peito, mantendo as costas retas e os ombros relaxados. Se possível, encoste os joelhos no peito. Olhe para a frente, mantendo a posição por 1 a 3 minutos, respirando suavemente pelo nariz e pela boca ao mesmo tempo, concentrando-se de leve na barriga. Se preferir, conte as expirações para medir o tempo.

Agora, muito lentamente, solte a tensão - leve cerca de um minuto - sentindo as sensações que emergem no corpo. Sente-se quieto na postura dos sete gestos por alguns minutos, continuando a explorar essas sensações. Repita o exercício, invertendo a posição das pernas. Faça-o 3 ou 9 vezes, sentando-se por alguns minutos após cada repetição. No final, sente-se quieto por 5 a 10 minutos.

Este exercício estimula a energia no centro do umbigo e clareia a confusão da mente.

## Exercício 69   Mente Clara

Este exercício difere do anterior na posição das pernas. Sente-se em um tapete ou esteira fina, com os joelhos dobrados e os pés apoiados no chão. Segure o tornozelo esquerdo com a mão esquerda e o tornozelo direito com a mão direita. Puxe os pés até aproximá-los do corpo o mais que puder. Coloque as mãos logo abaixo das rótulas e aproxime os joelhos do peito, mantendo as costas retas e os ombros relaxados. Se possível, encoste os joelhos no peito. Olhe bem para a frente e sustente essa posição por 1 a 3 minutos, respirando suavemente pelo nariz e pela boca o mesmo tempo, concentrando-se de leve na barriga. Se preferir, conte as expirações para medir o tempo.

Agora, muito lentamente, libere a tensão - leve cerca de um minuto – sentindo as sensações que surgem no corpo. Sente-se quieto na postura dos sete gestos por alguns minutos, continuando a expandir essas sensações. Repita o exercício 3 ou 9 vezes, sentando-se por alguns minutos depois de cada repetição e, no final, sente-se por 5 a 10 minutos.

Como o exercício anterior, este exercício aumenta a energia do centro inferior de energia e traz clareza à mente.

## Exercício 70   Energia Suave

Faça este exercício muito delicadamente se estiver grávida ou se já teve alguma lesão no pescoço ou nas costas, ou ainda se foi submetido a uma cirurgia nos últimos três ou quatro meses.

Sente-se no chão (e não em uma esteira ou almofada) com as pernas livremente cruzadas, com a esquerda para fora da direita. Erga o joelho esquerdo e coloque o calcanhar esquerdo diante do tornozelo direito, com a sola do pé esquerdo no chão. Entrelace os dedos e agarre o joelho esquerdo com as mãos. Pouco a pouco, arqueie a coluna e o pescoço para trás, sem deixar a cabeça ir para trás demais; a curva na coluna vertebral é graciosa, não muito acentuada. Para fortalecer o arco, puxe delicadamente o joelho. Conserve o joelho direito no chão, se puder. Não estique com muita força. Segure por 3 a 5 minutos, respirando suave e uniformemente pelo nariz e pela boca. Concentre-se levemente na energia que se move para cima na coluna.

Quando sentir calor na nuca, solte devagar a tensão. Leve pelo menos 1 minuto para endireitar a coluna, expandindo sentimentos de calor e energia. Faça o exercício 3 vezes de um lado.

Em seguida, inverta a posição das pernas e faça o exercício 3 vezes do outro lado. Sente-se quieto por 10 minutos no final do exercício, permitindo que os sentimentos estimulados pelo movimento se irradiem como um halo.

Esse exercício relaxa a tensão na coluna.

### Exercício 71  Liberando a Tensão

Sente-se em uma esteira ou almofada com as pernas cruzadas, porém relaxadas, a perna esquerda por fora. Erga o joelho esquerdo, colocando o calcanhar na frente do tornozelo direito, com a sola do pé no chão. Aproxime os pés do corpo o máximo que puder e coloque as mãos nos joelhos.

Bem devagar, suavemente, estique o pescoço para trás e para a esquerda, endireitando o braço direito e alinhando a cabeça e o pescoço com o braço direito. Mantenha o joelho direito abaixado. Segure o alongamento na diagonal por uns 30 segundos, respirando igualmente pelo nariz e pela boca.

Leve cerca de 30 segundos a 1 minuto para soltar a tensão, deixando fluir a respiração e a atenção com as sensações estimuladas. Sente-se quieto por alguns minutos, deixando as sensações se expandirem. Inverta a posição das pernas, alongando o pescoço para o outro lado.

Faça o exercício completo 3 ou 9 vezes, primeiro de um lado depois do outro, descansando alguns minutos depois de cada repetição. Lembre-se de soltar a tensão bem devagar. No final do exercício, sente-se quieto por 5 a 10 minutos, continuando a expandir as sensações geradas pelo alongamento.

Este exercício solta a tensão no pescoço, nos ombros e na cabeça, e pode aliviar a dor de cabeça.

### Exercício 72   Corporificação

Sente-se bem confortável na postura dos sete gestos. Concentre-se no centro de energia abaixo do umbigo por meia hora, durante 3 dias consecutivos. Respire suavemente pelo nariz e pela boca e deixe os olhos semicerrados ou fechados. Às vezes no início é mais fácil fechar os olhos e isso também é correto. Nos dois primeiros dias, comece fazendo o que costuma fazer para se concentrar. No terceiro dia, mude a qualidade da sua concentração para que se torne mais leve, até que haja apenas uma qualidade de atenção plena. Com esse tipo de concentração, a energia do corpo fluirá: pouco a pouco surgirão sentimentos calmos e a velocidade dos pensamentos diminuirá.

Às vezes, os sentimentos são suaves e delicados como leite quente, espessos, ricos e profundos. Fique bem quieto e expanda os sentimentos; isso os prolongará. Sinta-os o máximo que puder, distribuindo-os pelo corpo todo – subindo para o pescoço e o rosto e descendo para os pés. Segure a respiração sutilmente, comprimindo um pouco a parte inferior da barriga e do sacro; a seguir, expanda os sentimentos por todo o corpo cada vez mais, até que o universo inteiro se torne esses sentimentos. Como uma brisa quente de verão, os sentimentos curam o corpo por dentro e por fora, penetrando pelas suas muitas camadas: pela pele, pelos tecidos e nervos superficiais e pelos espaços entre eles; e depois pelos nervos, tecidos e órgãos internos. Às vezes os sentimentos se movem no interior do corpo como um pequeno redemoinho.

Depois que você tiver se concentrado no centro do umbigo, 30 minutos por dia durante 3 dias, mude o foco para o centro do coração e concentre-se nele pelo mesmo período de tempo. A seguir, passe para o centro da garganta e, finalmente, para o centro da cabeça, focando a região entre os olhos.

Se quiser praticar este exercício por mais tempo, concentre-se em um único centro de energia, 30 minutos por dia, durante 2 ou 3 semanas, e depois passe para o próximo centro. Nesse período, podem ocorrer certas experiências: você poderá ver objetos ou luzes coloridas – verdes, brancas, vermelhas, laranja ou azuis, ou talvez uma mistura de cores. Poderá sentir vários tons de sentimento ou ouvir sons agudos. Se algo assim ocorrer, não se prenda nem se fascine. Simplesmente deixe acontecer e expanda as sensações o máximo que puder.

Se um excesso de pensamentos impedi-lo de dormir, concentre-se de leve no centro do coração por 30 minutos, todas as noites, durante 2 semanas. Tente não pensar em nada, nem ler nem escrever depois do exercício. Apenas aprofunde e expanda o sentimento no centro do coração até despertar uma qualidade de alegria. Continue a aprofundá-lo e a expandi-lo cada vez mais, como se não houvesse mais nada no mundo, só esse sentimento.

Este exercício desenvolve um tipo de concentração que estimula o fluxo da energia, gerando sentimentos de calma e a redução dos pensamentos.

## Exercício 73  OM AH HUM

Sente-se na postura dos sete gestos em uma esteira ou almofada. Respire suavemente pelo nariz e pela boca ao mesmo tempo. Pense no mantra OM AH HUM, sentindo OM no centro da cabeça que fica no topo da cabeça, AH no centro da garganta e HUM no centro do coração. Comece a cantar o mantra interiormente, bem devagar.

Silenciosamente, cante OM com as mãos sobre os joelhos. Depois, bem devagar mova as mãos para frente da barriga, com as palmas para cima, e aninhe os dedos da mão direita sobre os da mão esquerda. Erga um pouco os polegares e junte-os, como se vê no desenho. Nessa posição cante AH interiormente. Depois, mova as mãos devagar com as palmas para cima, apoie-as nos joelhos e cante HUM silenciosamente. Inicie um novo ciclo girando as mãos sobre os joelhos enquanto entoa OM.

Faça 20 ou 25 ciclos completos, combinando o canto interior do mantra com o movimento. Deixe que a respiração, o canto e o movimento se tornem apenas um. Quando terminar, sente-se quieto na postura dos sete gestos, por 5 a 10 minutos, expandindo as sensações despertadas pelo exercício. No decorrer do dia, de vez em quando, lembre-se silenciosamente do mantra OM AH HUM.

## Exercício 74   Vitalidade Saudável

Fique de pé, bem equilibrado, com as costas retas, os braços relaxados ao longo do corpo e os pés a uma distância confortável um do outro, com os dedos voltados ligeiramente para fora. Dobre os cotovelos e coloque as mãos estendidas ao longo do corpo, o mais perto possível das axilas, com os dedos voltados para baixo. No início, isso talvez seja um pouco difícil de fazer. Não pressione muito forte os lados do corpo. Inspire profundamente pelo nariz e pela boca ao mesmo tempo. Silenciosa e delicadamente, retenha a respiração e concentre-se suavemente no seu peito. Relaxe a barriga e aperte um pouco as nádegas. Enquanto retém a respiração, dobre um pouco os joelhos e fique nessa posição. Se sentir dor nos braços, aprofunde-se na sensação o máximo que puder.

Agora, expire devagar e, ao mesmo tempo, endireite as pernas e deslize as mãos pelos lados do corpo até que os braços pendam relaxados nas laterais. Deixe o contato entre as mãos e o corpo ser tão pleno quanto possível enquanto você se movimenta. Fique em pé ou sentado por alguns minutos, respirando suavemente pelo nariz e pela boca, expandindo as sensações pelo corpo. Você poderá sentir calor no peito e na nuca.

Faça o exercício três vezes, ficando em pé ou sentado por alguns instantes depois de cada repetição. No final, sente-se na postura por 5 a 10 minutos, continuando a expandir os sentimentos produzidos pelo exercício.

Sua cabeça poderá sentir-se mais clara, seu coração mais aberto e os sentidos mais vivos.

### Exercício 75   Corpo de Energia

Deite-se de costas com os braços estendidos ao longo do corpo e as pernas separadas na largura da pélvis. Dobre os joelhos, um de cada vez, e coloque os pés no chão. Com a palma das mãos de frente uma para a outra, levante os braços devagar para o teto. Nessa posição, role a pélvis e os joelhos para o peito, erguendo-os do chão o mais alto possível. A parte posterior da cintura se erguerá do solo e os braços se afastarão um pouco um do outro.

Mantendo os braços erguidos, volte lentamente até que a pélvis e os pés descansem no chão. Respire naturalmente pelo nariz e pela boca ao mesmo tempo durante todo o movimento. Faça-o 3 vezes, expandindo as sensações despertadas pelo rolamento.

Faça agora o movimento bem rápido, 6 ou 9 vezes, respirando suavemente pelo nariz e pela boca ao mesmo tempo. Depois, endireite as pernas, uma de cada vez, abaixe os braços para os lados e descanse de costas por alguns minutos, continuando a ampliar e a estender os sentimentos no corpo e em torno dele.

Faça o exercício 3 vezes, começando com 3 movimentos de rolar lentos, depois faça 6 a 9 movimentos rápidos. Descanse deitado de costas após cada repetição, e no final de toda a série.

Este exercício solta a tensão dos músculos da parte inferior do abdômen, alivia as emoções e refresca o corpo inteiro.

## Nível Dois

Estes exercícios ativam energias em áreas específicas do corpo, incluindo as mãos, os pulsos, os braços, o peito, os ombros, as costas, as coxas, as pernas e os dedos dos pés. Ao fazê-los, distribua as sensações despertadas em determinado lugar para o corpo inteiro, até que todo o corpo participe da "massagem". Você verá que os exercícios que alongam os músculos ao longo da coluna liberam sensações particularmente alegres.

Quando um exercício envolver um alongamento, solte-o devagar, respirando de modo suave e uniforme, desenvolvendo uma qualidade de leveza. Não é necessário alongar muito. Lembre-se também de "sustentar" a posição sem forçar, respirando com delicadeza e soltando tensões sutis por todo o corpo. Se quiser, use a respiração para medir o tempo, contando as expirações. Solte a postura ou a tensão muito lentamente, mantendo a qualidade de leveza e permitindo que as sensações se expandam.

Se perceber um lugar tenso no corpo e na mente, explore-o sem se fixar nele. Se quiser, use a tensão como "alimento" para os Exercícios 87 e 89. Com a prática contínua do Kum Nye, a tensão se derreterá aos poucos, estimulando a energia a fluir uniformemente pelo o corpo, até que circule e recicle todo o corpo, reabastecendo-se continuamente.

### Exercício 76 Construindo Força e Confiança

Sente-se com as pernas cruzadas em uma esteira ou almofada, junte as mãos e pressione as palmas uma contra a outra, com os dedos apontando para frente. Com as mãos nessa posição, apoie e pressione os punhos no centro do peito, com os cotovelos para fora e os ombros para baixo, separando todos os dedos uns dos outros o máximo que puder. As palmas devem ficar bem pressionadas e a barriga relaxada. A parte detrás do pescoço ficará um pouco tensionada. Respire suavemente pelo nariz e pela boca, sustentando a posição por 3 minutos, até que as palmas estejam bem aquecidas. Então, solte a tensão bem devagar, em contato com as sensações que surgem.

A seguir faça o exercício outra vez, sustentando a posição por 5 minutos, com os dedos separados o máximo possível. Após 5 minutos, solte a tensão e leve as mãos em concha sobre os olhos abertos, sem deixar a luz entrar e sem pressionar os olhos. Olhe com suavidade, recebendo a energia. Você sente uma sensação de calor ou de energia fluindo?

Continue olhando para as mãos por pelo menos 10 minutos, respirando suavemente pelo nariz e pela boca. Você poderá ver estrelas minúsculas, vibrações, cores, luz ou escuridão, ou ter sentimentos agradáveis. Depois de 5 a 10 minutos, bem devagar ponha as mãos nos joelhos e olhe lenta e suavemente à sua volta. O que você sente? Há uma qualidade ou sensação especial associada à visão?

Experimente também colocar as mãos, depois de aquecidas, em outras partes do corpo. Tente fazer a variação seguinte:

☼ Aqueça suas palmas novamente, segurando por 5 minutos, depois coloque uma mão na frente do peito e a outra atravessada no meio das costas. Deixe toda a mão contatar o corpo. Sinta o calor penetrar no peito e na coluna como se não houvesse pele. Depois de alguns minutos, coloque uma mão na testa e a outra na parte de trás da cabeça, continuando a contatar os sentimentos no corpo.

Este exercício é ideal para os momentos em que você se sentir fraco e vulnerável.

## Exercício 77   Fluxo da Energia

Sente-se com as pernas cruzadas em uma esteira ou almofada, com as costas retas. Pressione ligeiramente os cotovelos ao lado do corpo e erga os antebraços à frente até que fiquem mais ou menos paralelos ao chão, com a palma das mãos voltada para baixo. Respirando de modo equilibrado pelo nariz e pela boca, erga levemente os ombros e mantenha-se nessa posição, com o peito relaxado. Mantendo os dedos e o polegar de cada mão juntos, dobre devagar os pulsos de modo que os dedos apontem para o chão, como se arqueassem para baixo. Mantenha essa posição das mãos por 1 minuto, com o resto do corpo imóvel e relaxado. Em seguida, muito lentamente, levante as mãos, liberando a tensão e sentindo as sensações estimuladas nas mãos, nos braços, no peito e na nuca. Você poderá sentir a energia fluindo pelos pulsos e braços para o centro do coração e para a coluna vertebral. Deixe que as sensações se expandam.

Abaixe as mãos para os joelhos e descanse um pouco. Em seguida repita o movimento, aumentando desta vez a curvatura do pulso, de modo que as mãos cheguem mais perto do seu antebraço. Sustente a posição de 1 a 5 minutos antes de soltar lentamente a tensão.

Faça o movimento 3 ou 9 vezes, descansando um pouco depois de cada repetição. No final, sente-se por 5 a dez 10, expandindo e distribuindo as sensações pelo corpo todo, e além dele para o universo circundante.

### Exercício 78 Estimulando a Energia do Corpo

Sente-se com as pernas cruzadas em uma esteira ou almofada, dobre o braço direito ao nível do cotovelo, de maneira que a mão direita aponte para o teto e a palma da mão fique de frente ao rosto. Feche a mão direita.

Agora, coloque o polegar esquerdo e o dedo médio exatamente nas extremidades ou cantos da dobra do cotovelo (ver Figura 5, p. 119, pontos de pressão 5 e 6), sustentando o cotovelo com firmeza, exercendo uma forte pressão com o polegar e o dedo médio. Você poderá sentir uma sensação forte na articulação. Erga um pouco o cotovelo de modo que a mão direita fique mais ou menos na mesma altura da cabeça.

A seguir, mantendo o olhar à frente, bem devagar gire o tronco e os braços para a direita, continuando a pressionar firmemente o cotovelo com o polegar e o dedo médio. Leve cerca de 30 segundos para fazer esse movimento. Relaxe o pescoço enquanto ainda estiver olhando para a frente. Respire suavemente pelo nariz e pela boca, e deixe que a respiração traga mais energia à sua atenção.

Quando tiver girado para a direita tão confortavelmente quanto lhe for possível, volte à posição original. Olhe para a frente, levando de novo uns 30 segundos para executar o movimento. Observe a qualidade do movimento nessa direção. Depois, solte a pressão do polegar e do dedo médio, permitindo que as sensações se expandam, e volte as mãos para os joelhos. Sente-se por uns poucos minutos, continuando a ampliar as sensações no corpo. Você poderá sentir uma estimulação no peito ou no centro do coração.

Agora inverta a posição dos braços e repita o movimento para a esquerda, descansando um pouco depois disso. Faça o exercício completo 3 ou 9 vezes, primeiro de um lado e depois do outro, descansando 1 minuto após cada repetição. No final, descanse na postura do sentar por 5 a 10 minutos.

## Exercício 79   Energia Curativa

Sente-se de pernas cruzadas em uma esteira ou almofada, com as mãos nos joelhos e as costas retas. Lentamente, erga o ombro esquerdo o mais alto possível e abaixe o ombro direito o máximo que conseguir. Quando levantar o ombro esquerdo, com a mão direita exerça forte pressão contra a perna. Movimente o cotovelo direito para fora, de modo que o ombro direito possa abaixar-se ainda mais. Olhe para a frente e deixe que a cabeça se acomode entre os ombros.

O ombro esquerdo pode chegar perto da orelha esquerda ou até mesmo tocá-la; entretanto, não incline a cabeça na direção do ombro. Quando achar que já esticou os ombros o mais longe possível um do outro, relaxe por alguns segundos e, logo depois, estique-os um pouquinho mais. Relaxe a parte inferior da barriga e permita que ela se curve de um modo natural. Mantenha-se nessa posição de 3 a 5 minutos, ou mais. Respire naturalmente pelo nariz e pela boca ao mesmo tempo, com a garganta relaxada. É importante estar bem relaxado durante todo o exercício.

Com o movimento muito lento, gradualmente volte os seus ombros para a posição normal. Utilize, pelo menos, 1 minuto para chegar à posição normal. Faça os movimentos o mais lentamente que puder, e sinta as conexões entre os sentimentos, os sentidos e a sua atenção. Você poderá sentir um calor delicioso nas costas e na nuca.

Inverta a posição dos ombros e repita o exercício. Faça o movimento completo, primeiro de um lado, depois do outro por 3 vezes. No final, sente-se quieto por 5 a 10 minutos, expandindo e aprofundando os seus sentimentos e as suas sensações.

Este exercício estimula a energia nos ombros, no pescoço, na cabeça, no peito e nas costas.

## Exercício 80  Satisfação que Alimenta

Sente-se de pernas cruzadas em uma esteira ou almofada, com as mãos nos joelhos. Dobre os braços à altura dos cotovelos, erguendo as mãos até que estejam de frente para os ombros, com as palmas voltadas para a frente. Imagine que uma grande força esta empurrando suas mãos, e você lentamente, a empurra no sentido contrário. Deixe que uma forte tensão se construa nas mãos e nos braços, mas mantenha a barriga e a lombar relaxadas. Respire de modo natural e leve pelo nariz e pela boca simultaneamente. Empurre essa força para fora até que seus braços fiquem esticados diante de você. As mãos e os braços poderão tremer. A seguir, sem liberar a tensão – como se a força fosse mais poderosa do que você – movimente devagar os braços de modo que eles voltem a ficar de frente ao peito, e a barriga permanece relaxada.

Agora, libere a tensão lentamente – leve cerca de 1 minuto para fazer o movimento – sentindo as sensações nos braços, no peito e no corpo. Observe também as qualidades dos diferentes níveis de relaxamento. Em seguida, abaixe as mãos bem devagar nos joelhos e descanse um pouco, continuando a expandir os sentimentos estimulados ao gerar e soltar a tensão.

Repita o exercício 3 vezes, descansando um pouco após cada repetição. No final, sente-se quieto na postura do sentar por 5 a 10 minutos, continuando a expandir as sensações no corpo. Você poderá sentir uma abertura no peito e na parte superior das costas, e sua respiração poderá ser mais fluida e aberta

Este exercício aumenta a força dos músculos dos braços e alivia a tensão na parte superior do corpo. Pode ser feito também de pé.

### Exercício 81  Estimulando o Corpo Presente

Sente-se de pernas cruzadas em uma esteira ou almofada, com os cotovelos rentes ao lado do corpo, os antebraços na vertical e a palma das mãos voltada para a frente. Imagine que está empurrando as mãos de uma pessoa mais forte do que você; e esta força contrária empurra suas mãos, seus braços e ombros para trás. Lentamente, mova os braços e os ombros para trás, deixando a tensão crescer. Seus dedos poderão tremer. Leve pelo menos 1 minuto para executar o movimento. Deixe que a coluna, o pescoço e o peito permaneçam retos e quietos; isso ajudará a aumentar a energia. Relaxe a barriga e a parte inferior das costas.

Agora, lentamente solte a tensão por 1 minuto, deixando os braços se moverem para a frente ao mesmo tempo. Concentre-se no interior do seu coração. Deixe que sua atenção seja tão sensível que você possa sentir as mudanças sutis que ocorrem a cada instante. Você poderá sentir um sentimento de profunda emoção, como um alívio ou uma verdadeira satisfação. Talvez haja uma sensação de profundo relaxamento em torno do seu coração, e uma qualidade de derretimento em todos os músculos. Você poderá sentir sensações de calor ou de frio na coluna.

Abaixe as mãos bem devagar nos joelhos e descanse por 1 minuto, expandindo suas sensações. Faça o exercício 3 vezes, descansando brevemente após cada repetição. No final, sente-se por 5 minutos ou mais, na postura dos sete gestos, sentindo a qualidade silenciosa desse relaxamento. Quando repetir esse exercício outras vezes, conserve os braços para trás por períodos mais longos de tempo e desacelere ainda mais o processo de soltar a tensão.

Como o exercício anterior, este exercício constrói força muscular nos braços e alivia a tensão na parte superior do corpo.

### Exercício 82   Massagem Interna

Sente-se de pernas cruzadas em uma esteira ou almofada, com as mãos nos joelhos. Com a parte inferior do corpo tão relaxada quanto possível, mova as omoplatas para trás e aproxime-as, espremendo os grandes músculos das laterais da coluna. Mantendo essa posição, erga lentamente os ombros o mais alto que puder, deixando o pescoço relaxado entre eles, de maneira que quase empurre o peito para baixo e o queixo bem próximo ao peito. Sinta o alongamento de toda a coluna vertebral até o sacro. Com as omoplatas na mesma posição, abaixe lentamente os ombros, massageando os músculos da coluna. Agora, bem devagar expanda seus sentimentos e solte a tensão.

Faça o exercício mais uma vez, desta vez coordenando a respiração com o movimento. Inspire ao erguer os ombros, depois retenha brevemente a respiração no peito, com a barriga um pouco encolhida. Abaixe os ombros pouco a pouco e comece a expirar quando os ombros estiveram quase no seu plano normal. Expire de forma lenta e suave para que a expiração se torne quase silenciosa. Repita o exercício 3 ou 9 vezes e, a seguir, sente-se quieto por 5 a 10 minutos.

✲ Tente agora esta variação. Mova as omoplatas para trás, aproxime-as e lentamente erga os ombros o mais alto que puder, empurrando ao mesmo tempo o pescoço para baixo, com o queixo bem perto do peito. Em seguida, bem devagar relaxe a tensão, erguendo a cabeça como se alguém o estivesse puxando para cima pelo topo da cabeça, e ao mesmo tempo os ombros se movem para baixo. Concentre-se no movimento ascendente da cabeça e sinta o alongamento ao longo de toda a coluna vertebral. Você poderá ter sensações de leveza e de energia por toda a coluna, e uma sensação curativa no centro dos ossos, um tipo especial de energia e calor.

Repita essa massagem da coluna 3 vezes. Ao final, sente-se por 5 a 10 minutos na postura dos sete gestos, deixando as sensações e os sentimentos massagearem o seu interior.

## Exercício 83  Estimulando a Energia Vital

Sente-se de pernas cruzadas em uma esteira ou almofada, com as mãos nos joelhos. Imagine sua coluna vertebral como um arco levemente arqueado, sem inclinar-se de fato para a frente. Puxe a barriga em direção a coluna, abrindo ligeiramente o meio das costas, como se estivesse separando as vértebras uma da outra. O movimento na coluna pode ser bastante sutil. Ao fazê-lo relaxe as mãos e abaixe um pouco a cabeça, ao mesmo tempo em que mantém o peito alto. Sustente essa posição de 3 a 5 minutos, respirando de forma suave e regular pelo nariz e a boca simultaneamente, concentrando-se em alongar o meio das costas.

Depois de 3 a 5 minutos, endireite devagar a coluna, sentindo uma energia calorosa, calma e curativa fluir por toda a extensão da coluna, uma sensação de relaxamento, sensível e alegre. Sente-se quieto por 1 minuto, continuando a expandir as sensações no seu corpo.

Faça o exercício por 3 ou 9 vezes, sentando-se um pouco depois de cada repetição. Ao final, sente-se por 5 a 10 minutos na postura do sentar, expandindo as sensações que fluem através da coluna para o resto do corpo, e além dele para o ambiente à sua volta.

## Exercício 84   Estimulando a Essência da Vitalidade

Sente-se de pernas cruzadas em uma esteira ou almofada, com as mãos nos joelhos e as costas retas. Respire naturalmente pelo nariz e a boca ao mesmo tempo. Lentamente, comprima a coluna, deixando uma vértebra se aproximar da outra em toda a sua extensão, como se sentisse a raiz do seu corpo afundar no chão. Leve pelo menos um minuto para fazer isso, continuando a respirar de forma lenta e regular pelo nariz e a boca simultaneamente. Aprofunde-se nas sensações desse movimento.

Agora, a partir da base da coluna, comece a erguer e a separar as vértebras uma da outra, sentindo o espaço se abrir dentro delas e também entre os ossos. Faça isso bem devagar, deixando os espaços se expandirem e fluírem juntos até que não haja mais fronteiras. Deixe a energia sutil da respiração penetrar e se tornar parte desse vasto espaço que se expande.

Quando alongar a coluna cervical, imagine que o topo da sua cabeça está sendo puxado para o céu. Sinta a sensação de espaço se expandindo à medida que estica para cima. Saboreie a qualidade especial desse relaxamento. Sente-se de 3 a 5 minutos, expandindo as sensações.

Faça o exercício por 3 ou 9 vezes, sentando-se um pouco após cada repetição. Ao final, sente-se por 5 a 10 minutos na postura dos sete gestos.

## Exercício 85  Ser e Energia

Sente-se no chão, coloque as palmas das mãos no chão perto dos quadris e a perna direita esticada à frente. Flexione o tornozelo direito, com os dedos dos pés apontando para a cabeça, e coloque o pé esquerdo ao lado do joelho direito, mantendo o joelho esquerdo no chão.

Empurre o pé esquerdo contra o joelho direito e o joelho direito contra o pé esquerdo até as pernas quase tremerem. Talvez a perna esquerda possa ter mais força do que a direita. Sustente a tensão por mais ou menos 1 minuto, com a barriga relaxada, respirando levemente pelo nariz e pela boca. A seguir, muito devagar solte a tensão e descanse nessa posição, expandindo as sensações pelo seu corpo.

Inverta a posição das pernas e repita do outro lado. Faça o exercício completo 3 vezes, primeiro de um lado e depois do outro. No final, sente-se na postura por cinco a dez minutos, continuando a expandir seus sentimentos e sensações.

Este exercício ativa os pontos de pressão do joelho e do pé (ver Figuras 7 e 8, p. 129 e 135). Especialmente quando soltar bem devagar a tensão, a respiração, a atenção e a sensação se fundem, deixando que os diversos sabores sutis das sensações se unam e se expandam.

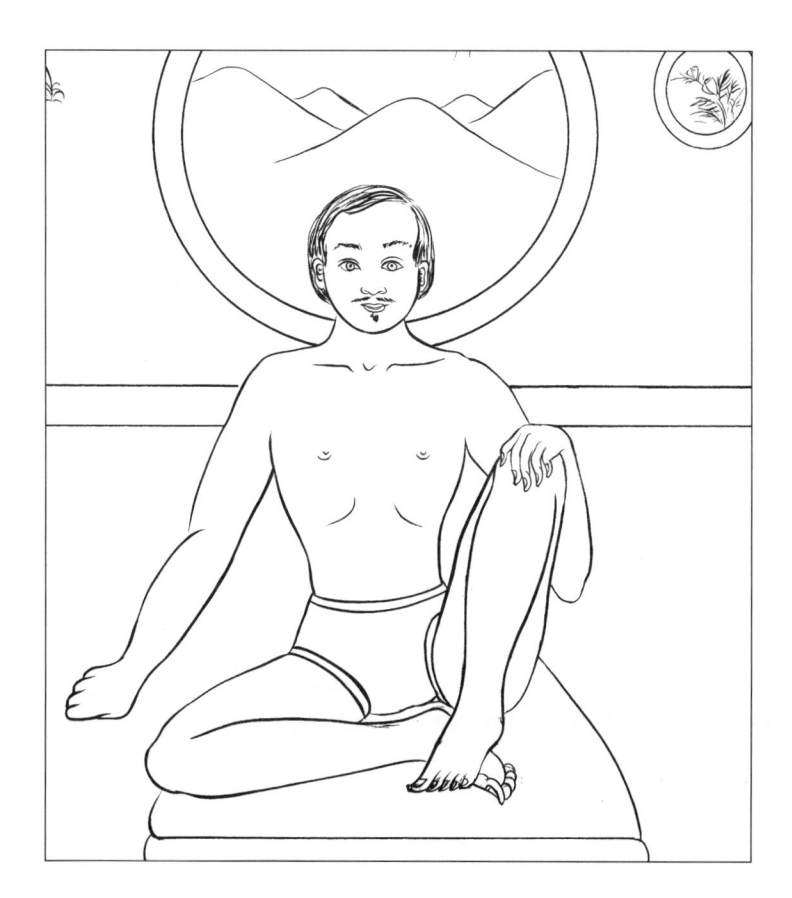

## Exercício 86   Estimulando a Sensação Saudável

Descalço, sente-se no chão com as pernas cruzadas livremente, mas com a perna direita fora da esquerda.

Faça um punho com a mão esquerda, e vire o punho de maneira que o lado interno – o indicador e o polegar – aponte para o chão. Apoie o punho no chão bem atrás do corpo, de modo que este seja sustentado pelo braço esquerdo. Erga o joelho direito e cruze o pé direito sobre o esquerdo, o arco de um pé sobre o outro e a parte posterior dos dedos tocando o chão. Ponha a mão direita no joelho direito.

Agora, balance devagar o corpo para a frente e para trás: empurre o joelho direito para baixo na direção do chão, erga o quadril e apoie-se nos dedos do pé direito; ao mesmo tempo, estique a parte superior do corpo um pouco para trás, tomando o cuidado de não esticar muito os dedos do pé. Em seguida, sem segurar a posição, volte a balançar na direção da pélvis. Observe que ao fazer esse movimento, os arcos dos dois pés são massageados.

Se achar difícil fazer o exercício com a mão esquerda fechada em punho, tente fazê-lo com a mão espalmada no chão. Tente também colocar a mão esquerda a distâncias diferentes do seu corpo; o alongamento será mais forte quando a mão estiver mais próxima do corpo.

Estique os dedos desse modo 3 ou 9 vezes do lado direito, depois inverta a posição dos braços e das pernas, e repita o movimento 3 ou 9 vezes do lado esquerdo. Então, sente-se na postura dos sete gestos por 5 a 10 minutos, expandindo as sensações produzidas pela liberação da tensão e pela estimulação dos pontos de pressão.

## Exercício 87   Transmutando Energias Negativas

Sente-se de pernas cruzadas em uma esteira ou almofada, com as mãos nos joelhos e feche os olhos relaxadamente. Entre em contato com o corpo e, no local onde sentir aperto ou desconforto, traga calor e uma espécie de doçura para essa área. Faça isso de modo suave e delicado. Sensações sutis de aceitação surgirão. No início concentre seu foco nessa área, depois torne a concentração cada vez mais leve, enquanto continua a vivenciar as qualidades sutis do sentimento. Ouça os sentimentos com os seus sentidos internos. Observe como o sentimento penetra no coração, na garganta, na nuca, na parte inferior da barriga, nas mãos, na pele – onde quer que tenha uma sensação de retenção ou de aperto. Deixe que todas as células do seu corpo se relaxem; não segure nada. Deixe que a tensão da testa se dissolva e relaxe as áreas em torno dos olhos e ouvidos.

Deixe as energias sutis flutuarem e encontrarem novos caminhos em seu corpo. Deixe que a leveza da concentração se transforme em uma qualidade suave de sentimento, como se estivesse nadando ou balançando levemente. De um modo muito suave, continue a intensificar a sensação de movimento. Expanda o sentimento, aprofundando-se cada vez mais, além dos aparentes limites do sentimento. Deixe o sentimento aumentar ainda mais, até que, por fim, não haja mais nada a não ser o sentimento, e a mente e os sentimentos se tornem um. Pensamentos, conceitos e sentimentos se fundem, a mente e os sentidos fluem juntos, abraçados um ao outro, fundindo-se totalmente.

No início concentre-se dessa maneira durante 20 minutos, 1 ou 2 vezes por dia, durante 1 semana. Se você quiser explorar ainda mais, continue a ouvir internamente esses sentimentos sutis e expanda-os durante 1 hora por dia, por 1 mês.

## Exercício 88  Estimulando as Energias Internas do Corpo

Fique de pé, bem equilibrado, com as costas e o pescoço retos e os pés separados a uma distância confortável. Lentamente, estique o braço direito para o lado à altura do ombro, com a palma da mão voltada para baixo. Com a mão esquerda, agarre o músculo que liga o ombro direito ao braço direito, pondo os dedos na axila e pressionando com o polegar um ponto de pressão situado na extremidade direita do peito. (Este é o ponto 7, na Figura 5, da p. 119.)

Segure o músculo com firmeza e empurre-o para cima e para dentro do peito. Conservando o braço esticado e a palma da mão virada para baixo, bem devagar gire o braço direito descrevendo o maior círculo possível. Respire suavemente pelo nariz e pela boca ao mesmo tempo, e olhe para a frente, com as costas retas e a cabeça imóvel. Muito lentamente, levando cerca de 1 minuto para completar cada círculo, descreva 3 ou 9 círculos; depois, encontre um lugar onde sentir que é natural mudar de direção e faça 3 ou 9 círculos no sentido contrário.

Quando terminar, fique quieto por alguns minutos com os olhos fechados, e sinta o fluir de energias no corpo. Observe as sensações no peito, especialmente nas áreas do coração e dos pulmões.

Repita agora os círculos lentos com o braço esquerdo, 3 ou 9 vezes em cada direção. Tente fazer alguns círculos de tamanhos diferentes para produzir tonalidades diferentes de sentimento. Então, sente-se por 5 a 10 minutos, expandindo as sensações estimuladas pelo exercício.

☼ Veja aqui outra versão do exercício acima. Erga a mão direita acima da cabeça e feche-a em punho. Com a mão esquerda agarre o músculo do lado direito do peito da maneira já descrita. Sustente o músculo com firmeza e empurre-o para cima e para dentro do peito. Conservando o braço esticado, gire o braço direito bem devagar para a frente, descrevendo o maior círculo possível ao lado do corpo. Durante a rotação, o braço se move perto da perna e da orelha direita. Respire naturalmente e relaxe a barriga e a coluna; só os braços estão ligeiramente tensionados. Faça 3 ou 9 círculos lentos nessa direção, depois 3 ou 9 círculos lentos na direção contrária. Preste muita atenção aos sentimentos nos ombros, nas costas, no pescoço e no peito.

Quando tiver completado os círculos com o braço direito, fique em pé bem quieto por alguns minutos, a fim de sentir as sensações no corpo. Em seguida, muito devagar, repita o movimento com o braço esquerdo. Lembre-se que os círculos devem ser feitos ao lado do corpo, e respire suave e regularmente pelo nariz e pela boca ao mesmo tempo. No final do exercício, sente-se na postura dos sete gestos por 5 a 10 minutos, sentindo o movimento das energias dentro de você.

Como o Exercício 94 e outros exercícios e massagens, este combina o movimento com a pressão em um ponto. Talvez você queira pressionar o ponto antes de começar o movimento, aprofundando-se nos sentimentos produzidos. A seguir, faça o movimento e use-o para aprofundar, distribuir e expandir as sensações. Tente diferentes formas de pressão à medida que o braço gira, e acompanhe as mudanças sutis na tonalidade do sentimento durante cada parte do movimento. Depois, solte a pressão de forma bem lenta e gradual.

## Exercício 89   Transformando Energia

Fique de pé, bem equilibrado, com os pés a uma distância confortável um do outro, as costas retas e os braços ao longo do corpo. Cerre fortemente os punhos, retenha a respiração no peito e tensione o peito até sentir algo semelhante à qualidade da raiva. A seguir, respire muito suavemente, sem perder a sensação de tensão no peito, pressione com força os punhos e os nós dos dedos uns contra os outros, e coloque-os no centro do peito.

Acumule força e tensão no corpo e nos punhos. Inspire de modo lento e profundo, leve a respiração até a barriga, puxe a energia da base da coluna e a direcione para o peito. Contenha essa energia internamente como se quisesse se proteger. Intensifique esse sentimento de contenção o mais que puder de modo a concentrar sua energia.

Agora, mantendo todo o corpo quieto, subitamente jogue os braços para frente, com as palmas das mãos voltadas para fora, soltando toda a energia e tensão reunidas – física, mental e emocional – numa explosão. Ao fazer isso, expire com força todo o ar do peito e grite "HA". Fique quieto por alguns instantes com os braços esticados e os dedos abertos. Depois da explosão, o que você sente?

Devagar, abaixe os braços para os lados e fique de pé quieto por alguns minutos. Faça o exercício 3 vezes, permanecendo em pé brevemente depois de cada repetição. Depois, sente-se na postura do sentar por 5 a 10 minutos, expandindo as sensações estimuladas ao produzir e relaxar a tensão dessa maneira. Também é possível fazer esse exercício 9 vezes, repetindo 3 vezes o padrão do exercício e sentando-se 3 vezes.

A agitação mental e o desconforto emocional podem ser transformados com esse exercício. Assim que a energia for desconectada de determinado padrão, um modo totalmente novo de ser poderá se formar. Faça este exercício quando se sentir cansado, deprimido, negativo ou bloqueado. Também pode ser feito sentado. No final, sente-se nos sete gestos por 5 a 10 minutos, expandindo as sensações estimuladas ao produzir e relaxar a tensão.

Assim que você se familiarizar com o exercício, tente as seguintes variações:

☼ Faça o exercício como foi descrito acima. Depois de liberar a tensão e gritar HA, fique por um momento com os braços estendidos, expandindo o sentimento nessa posição. Quando abaixar os braços, reúna esse sentimento e traga-o para dentro do corpo. Fique de pé, bem quieto, por alguns minutos; depois repita o exercício mais 2 vezes. Sente-se depois por 5 a 10 minutos, continuando a exercitar suas sensações: expandindo-as e depois as recolhendo para o seu corpo.

✿ Esta variação desenvolve uma sutil transformação interior. Faça o exercício seguindo a descrição da primeira versão. Depois de liberar a tensão e gritar HA, fique com os braços estendidos por um momento. Ao abaixar lentamente os braços, retenha suavemente a respiração no peito até que ela se dissolva em um sentimento interno, sutil, ou "respiração" no peito. Quando se tornar muito difícil segurar a respiração, deixe que ela se solte gradualmente, até um ponto de equilíbrio mais baixo no corpo. Quando não puder reter mais a respiração nesse ponto, deixe que ela se mova para um ponto de equilíbrio mais baixo ainda. Continue esse processo, abaixando gradativamente a respiração no corpo até quase não poder sentir a sensação. A seguir, repita o exercício.

**Faça o exercício 3 vezes. No final, sente-se quieto por 10 ou 15 minutos, expandindo esse sentimento interno e sutil de respiração.**

## Exercício 90   Respiração Viva

Fique de pé, bem equilibrado, e com os pés a uma distância confortável um do outro, as costas retas e os braços relaxados ao longo do corpo. Entrelace os dedos e coloque-os na nuca, com os cotovelos bem separados e o peito alto. Respire naturalmente pelo nariz e pela boca ao mesmo tempo.

Dobre um pouco os joelhos e arqueie as costas e o pescoço ligeiramente para trás. Veja se o peito está alto e o corpo relaxado e equilibrado.

A seguir, faça duas, três ou quatro rápidas, como se o ar viesse lá da barriga, e expire o mais lentamente possível, prestando uma atenção muito especial nas sensações na área da barriga. Deixe que a respiração o massageie internamente. Imagine a respiração passando da corrente sanguínea para todos os órgãos internos, inundando cada célula, e até cada molécula, de uma sensação vital e relaxante. Veja se pode sentir a sutil qualidade interior dessa massagem da respiração.

Faça o exercício 3 ou 9 vezes; depois, sente-se por 5 a 10 minutos, continuando a expandir as sensações dessa massagem interna. Este exercício libera a tensão localizada na área da barriga e alivia padrões negativos, como a resistência.

### Exercício 91   Ativando a Energia Curativa

Fique em pé, bem equilibrado, com os pés a cerca de 15 cm um do outro, as costas retas e os braços relaxados ao longo do corpo.

Estique os braços para os lados até a altura dos ombros, com as palmas das mãos para baixo. Mova levemente a cabeça um pouco para trás e olhe para o ponto em que a parede se encontra com o teto. Relaxe o pescoço, abra a boca e dilate as narinas. Respire suavemente pelo nariz e pela boca ao mesmo tempo.

Relaxe a barriga e o peito o máximo possível; contraia as nádegas e focalize a atenção na base da coluna. Sustente essa posição de 3 a 5 minutos, mantendo a concentração na base da coluna. Certifique-se de que a barriga e o peito estejam bem relaxados. Se ocorrer um leve tremor, investigue a sensação e solte a tensão. Respire suave e regularmente.

Quando sentir algo na base da coluna, talvez calor ou uma sensação de formigamento, expanda esse sentimento o máximo que puder para as costas, os braços, a cabeça e para o corpo inteiro. Entretanto, não continue o exercício se sentir um calor muito forte subir pela coluna. Se isso ocorrer, abaixe suavemente os braços, endireite a cabeça e sente-se na postura por 5 a 10 minutos, expandindo as sensações no corpo.

Depois de manter a posição por 3 a 5 minutos, abaixe lentamente os braços, endireite a cabeça e, ainda de pé, relaxe por vários minutos, expandindo as sensações no corpo. Faça o exercício 3 vezes. No final, sente-se na postura por 5 a 10 minutos, continuando a expandir os sentimentos ativados pelo exercício.

Tente uma variação como os joelhos dobrados, observando como o sentimento é afetado por diferentes curvaturas dos joelhos.

Este exercício nos ajuda a contatar e a usar as energias sutis do corpo, curando-nos em todos os níveis.

## Exercício 92  Canalizando a Energia do Corpo para os Sentidos

Se você for uma pessoa idosa, desacostumada a fazer exercícios, é melhor evitá-lo, porque este exercício é um pouco cansativo.

Deite-se de costas com os braços estendidos na altura dos ombros, e as palmas das mãos viradas para cima. Separe as pernas na largura da pélvis e flexione os tornozelos, de modo que os dedos dos pés apontem para a cabeça. Deslizando o calcanhar esquerdo pelo chão, vá dobrando o joelho até aproximar a coxa do tronco, mantendo a perna direita esticada. Puxe a coxa para o tronco com força. Respirando suavemente pelo nariz e pela boca, sustente a tensão nas pernas e nos pés de 15 a 30 segundos, mantendo os braços e os ombros relaxados.

Bem devagar, solte a tensão, endireite a perna e relaxe os pés, expandindo as sensações estimuladas ao gerar e soltar a tensão nessa postura. Descanse um pouco deitado de costas antes de repetir o exercício do outro lado.

Agora flexione os tornozelos, dobre o joelho direito, traga a coxa para junto do tronco e repita o exercício e repita o movimento 3 vezes. Faça o exercício completo 3 vezes, descansando alguns minutos após cada repetição. No final, descanse deitado de costas por 5 a 10 minutos, com os braços estendidos na altura dos ombros e as palmas das mãos para cima, continuando a expandir e a ampliar as sensações no corpo.

Uma variação deste exercício é puxar as duas coxas contra o corpo ao mesmo tempo, o que pode produzir sentimentos mais intensos.

Este exercício revitaliza os sentidos, aguçando a percepção sensorial.

## Nível Três

Estes exercícios de um modo geral são mais adiantados do que os do Nível Um e Dois. Alguns exigem um grande esforço físico; em outros é necessária certa qualidade de concentração para desenvolver as tonalidades de sentimento que são estimuladas. Portanto, é melhor que você já tenha aprofundado a sua experiência do Kum Nye por vários meses antes de tentar fazer estes exercícios.

Quando se sentir preparado, acrescente um ou dois destes exercícios à sua prática. Entretanto, não se precipite e espere ter mais experiência para tentar os dez últimos exercícios.

Se ainda não o fez, talvez queira praticar alguns dos exercícios em tempos diferentes. Comece com um exercício que você conhece bem e tente fazê-lo em diferentes ritmos. Primeiro faça o exercício devagar e depois, sem perder contato com as tonalidades de sentimento, aumente a velocidade. A seguir, desenvolva as diferentes tonalidades de sentimento geradas nos diferentes tempos.

Você também descobrirá que todos os exercícios feitos com tensão podem ser feitos de maneira relaxada, e os que são feitos "relaxadamente" também podem ser praticados de maneira tensa. À medida que a sua percepção das sensações internas sutis aumentar, você descobrirá como usar tanto o ritmo quanto a tensão para fortalecer e expandir as tonalidades de sentimento de cada exercício.

Deixe que a sua prática do Kum Nye seja uma jornada aberta pelos seus sentidos e sentimentos internos. À medida que o corpo e a mente se tornarem mais integrados, a experiência de um equilíbrio maior tornar-se-á o seu guia.

## Exercício 93   Refrescando os Sentidos

Sentado de pernas cruzadas em uma esteira ou almofada, com as mãos nos joelhos e as costas retas, erga lentamente os braços ao lado do corpo até o nível dos ombros, com a palma das mãos viradas para trás. Depois, abaixe-os até que eles formem com o corpo um ângulo de 45 graus. Erga os ombros o mais alto possível e coloque o queixo um pouco para dentro.

Nessa posição imagine que uma pessoa mais forte do que você está fazendo pressão contra suas mãos e seus braços, forçando-os a irem para trás. Mantenha uma forte tensão nas mãos, relaxe a barriga e a lombar; muito lentamente mova as mãos e os braços um pouco para trás e para cima. Não é necessário empurrar muito para trás nem para cima. Com o corpo imóvel, o peito aberto e a coluna equilibrada, mantenha essa posição por 1 minuto ou por 10 a 15 expirações. Respire suave e regularmente pelo nariz e pela boca.

Libere a tensão tão devagar quanto puder, sentindo as sensações geradas ao sustentar a posição. Depois coloque as mãos nos joelhos e descanse por 1 minuto, deixando que as ondas de sensações se movam pelo corpo e além dele. Faça o exercício 3 vezes, descansando brevemente depois de cada repetição. No fim, sente-se por 5 a 10 minutos, continuando a expandir os sentimentos que surgem durante o exercício.

Este exercício libera a tensão física e psicológica e estimula o fluxo de sensações por todo o corpo.

### Exercício 94   Alimentando a Energia do Corpo

Sente-se de pernas cruzadas em uma esteira ou almofada, e passe os dedos ao longo da clavícula até sentir o ponto de encontro com os ombros. Faça pequenos punhos com os dedos e pressione com os polegares delicadamente as depressões na parte inferior da clavícula. Com a boca ligeiramente aberta, respire naturalmente pelo nariz e pela boca, e devagar projete o maxilar para fora. Ao fazer isso aumente gradualmente a pressão dos polegares até que ela seja realmente forte. Mantenha-se nessa posição por um período de 1 a 3 minutos, aprofundando as sensações. Observe a qualidade da sua respiração, que revelará o seu estado emocional. Deixe que venham à tona todas as emoções ou sensações que estiver sentindo.

Em seguida, muito lentamente libere a tensão nos polegares, pescoço e queixo, permitindo que as sensações preencham o campo da experiência. Sente-se quieto por vários minutos com as mãos nos joelhos, expandindo os sentimentos por todo o corpo.

Agora repita o exercício. Se descobrir sons primitivos surgindo dentro de você, talvez de raiva ou dor, expresse-os. Talvez você queira produzir sons durante todo o período em que exercer a pressão.

Mais uma vez, muito devagar, libere a tensão e sente-se calmo por alguns minutos. Observe: Quais são as qualidades da sua respiração? Qual é o seu estado de espírito?

Faça o exercício 3 ou 9 vezes, descansando por alguns minutos depois de cada repetição e, no final, por 5 a 10 minutos.

## Exercício 95   Estimulando a Energia Interior

Este exercício é particularmente eficaz quando feito depois de se massagear a nuca.

Sentado com as pernas cruzadas em uma esteira ou almofada, pressione a palma das mãos uma na outra e vire as mãos de modo que as pontas dos dedos toquem o centro do peito. Ao inspirar, empurre para dentro e um pouco para cima (faça isso mais com a respiração do que com as mãos), alongue o pescoço e puxe o queixo para dentro. Agora sustente a respiração e pressione o queixo com força para dentro, fazendo uma pressão interna na nuca. Você poderá sentir sensações de calor nessa região. Continue segurando a

respiração o máximo que puder e expanda as sensações, deixando-
-as fluir para baixo na coluna e espalhar-se por todo o corpo.

Agora, expire devagar e libere a tensão, deixando os sentimentos sutis internos irradiarem-se por todo o corpo e se espalharem no ambiente. Deixe que se derretam as fronteiras entre o espaço interno e o espaço externo. Sente-se calmamente por vários minutos, sentindo os sentimentos estimulados pelo exercício dentro e ao seu redor.

Repita 3 ou 9 vezes, sentando-se depois de cada repetição e no final do exercício.

Determinadas posições produzem certas energias. Neste exercício em particular, uma energia positiva se acumula até alimentar o corpo inteiro.

## Exercício 96  Totalidade da Alegria

Faça este exercício com muita suavidade se estiver grávida, se tiver sofrido alguma lesão nas costas ou no pescoço, ou se fez uma cirurgia nos três ou quatro últimos meses.

Sente-se de pernas cruzadas em uma esteira ou almofada ou ainda em um banquinho baixo, com as costas retas. Agarre os joelhos com força para servir de apoio e erga o peito na direção do teto. Segure firmemente os joelhos com as mãos, criando uma sensação de força nos braços, joelhos e mãos. À medida que as costas se arqueiam, abra a boca e deixe que o queixo se mova na direção do teto. Não deixe a cabeça ir muito para trás, pois se curvar demais o pescoço, o fluxo das sensações será interrompido. Respire suave e regularmente pelo nariz e pela boca. Relaxe a barriga; isso lhe permitirá esticar a coluna um pouco mais para trás, mas tome cuidado para não forçar. Sustente essa posição por uns 3 minutos, sentindo as sensações no peito e na coluna.

Quando sentir a nuca aquecida, endireite lenta e gradualmente a coluna. Ao liberar a tensão, atente para as sensações de calor e energia que se estendem além dos limites comuns do corpo. Você poderá sentir uma alegria profunda.

Faça o exercício 3 ou 9 vezes, permanecendo sentado na postura dos sete gestos por alguns minutos após cada repetição e por um período de 5 a 10 minutos no final.

Este exercício desperta um sentimento de totalidade e conexão.

### Exercício 97   Tocando o Tempo

Sente-se em uma esteira ou almofada, coloque a sola dos pés junto uma da outra e aproxime-as o máximo possível do corpo. Ponha as mãos nos joelhos, erga um pouco os cotovelos e pressione para baixo. Os dois cotovelos devem estar na mesma altura e os ombros nivelados. Nessa posição, alongue a parte superior das costas e ajuste o pescoço entre os ombros. Em seguida, muito lentamente, incline-se para a frente à partir da cintura, o máximo que conseguir, relaxando a articulação da coxa tanto quanto for possível. Permaneça inclinado por 1 a 3 minutos, respirando suavemente pelo nariz e pela boca ao mesmo tempo. Depois, muito lentamente endireite a coluna, sentindo as sensações no corpo. Se for muito difícil permanecer com o corpo inclinado, então endireite devagar a coluna sem sustentar a posição. Descanse brevemente, expandindo as sensações despertadas pelo exercício.

Faça o exercício 3 ou 9 vezes, sentando-se quieto por alguns minutos depois de cada repetição e por 5 a 10 minutos no final, continuando a expandir as sensações dentro e em torno do corpo.

Este exercício alonga os músculos das coxas e das costas, liberando energias armazenadas na articulação da coxa, no sacro e na coluna.

### Exercício 98   Imortalidade Interior da Energia

Ajoelhe-se sobre o joelho esquerdo e coloque o pé direito diante dele para que o calcanhar e o joelho se toquem. Erga um pouco o pé esquerdo e apoie-se nos dedos do pé e sente-se para trás de modo que a nádega descanse no tornozelo esquerdo. Durante o exercício, fique atento e sensível aos dedos do pé esquerdo, para não sobrecarregá-los com muito peso. Se começarem a doer, endireite o pé e faça o exercício com os dedos relaxados no chão.

Coloque as mãos no chão à esquerda do corpo, bem separadas, apontando os dedos da mão direita na direção do pé direito e os dedos da mão esquerda na direção contrária. Mantendo os braços retos, vire a cabeça e o tronco para a direita de modo que o ombro esquerdo se mova para baixo e o direito um pouco para cima. Olhe para o teto, mantendo o queixo perto do ombro direito. Respire igualmente pelo nariz e pela boca, sinta as sensações produzidas por essa torção na coluna. Sustente a posição por cerca de 1 minuto.

Para mudar a posição e fazer a torção para a esquerda, endireite devagar o pescoço e deixe a cabeça pender de modo relaxado. A seguir, faça as mãos deslizarem pelo chão em direção uma da outra até que fiquem a cerca de 30 cm de distância, com os dedos apontando para a esquerda. Apoiando-se nos dedos do pé esquerdo, erga o joelho e balance-o um pouco para a esquerda; depois erga o calcanhar direito de modo a apoiar-se nos dedos do pé direito, e gire os dois pés para que apontem na mesma direção das mãos. Abaixe a cabeça e erga a pélvis para o teto até que as pernas fiquem quase retas. Gire os dedos dos dois pés para a esquerda, ajoelhe-se sobre o joelho direito e coloque o calcanhar esquerdo diante dele. Separe as mãos, apontando os dedos da mão esquerda na mesma direção do pé esquerdo e os da mão direita na direção oposta. Nessa posição, mantendo os braços retos e respirando gentilmente pelo nariz e pela boca, faça a torção da coluna para a esquerda.

Faça o exercício completo 3 vezes, torcendo primeiro para um lado e depois para o outro. Sente-se depois na postura do sentar por 5 a 10 minutos, expandindo as sensações estimuladas pelo movimento.

Os exercícios 99 até 102 estimulam sentimentos alegres; ativam energias sexuais e as distribuem pelo corpo todo. Liberam padrões negativos, como a resistência, e vitalizam energias internas. Em todos eles os músculos da coxa são alongados. A maioria das pessoas tem esses músculos bem encurtados; assim, é bom estar sensível e atento ao fazer os exercícios para não esticar demais. Os efeitos serão sentidos até mesmo com um leve alongamento. Pessoas idosas não habituadas a fazer exercícios com regularidade, não devem fazê-los. Se os fizer, faça-os gentilmente, alongando com cuidado e estimulando uma qualidade de leveza.

Explore cada exercício totalmente antes de tentar o seguinte. Não tenha pressa. Cada exercício estimula tonalidades ligeiramente diferentes de sentimentos e podemos nos tornar sensíveis aos sabores sutis de cada uma. Não é necessário seguir a sequência de exercícios aqui apresentada.

Você sentirá mais e terá menos chance de distender os músculos se massagear as coxas antes de fazer o exercício. Para a massagem, deite-se de costas, dobre os joelhos um de cada vez, e coloque os pés no chão. Aproxime o joelho direito do peito, estique a perna na direção do teto, e sustente a parte posterior da coxa com as mãos entrelaçadas. Mova a perna para trás e para a frente de forma lenta e leve, algumas vezes. A seguir, muito delicadamente, estique os dedos do pé para o teto e depois o calcanhar, 3 ou 4 vezes.

Agora mantenha a perna reta com o pé paralelo ao teto, e segure a parte posterior da coxa com as duas mãos de modo que os dedos se encontrem no meio. Massageie com firmeza, em movimentos horizontais, do centro para os lados. Trabalhe a perna na direção do pé, erguendo a cabeça se necessário para ajudá-lo a alcançar a parte inferior da perna. Respire suavemente pelo nariz e pela boca enquanto faz a massagem, deixando a respiração fundir-se ao movimento e à sensação.

Quando terminar, dobre lentamente o joelho direito e ponha o pé direito no chão. Descanse por alguns minutos, expandindo as sensações geradas pela massagem. A seguir, repita a massagem na perna esquerda.

### Exercício 99   Tocando o Sentimento Positivo

Com os pés a 15 cm de distância um do outro, agache-se apoiado na ponta dos pés. Coloque as mãos do lado de fora das pernas, com as palmas no chão e os dedos apontando para a frente. Erga os olhos para o teto, respirando suavemente pelo nariz e pela boca.

Mantendo as palmas das mãos no chão, abaixe a cabeça devagar, erga a pélvis para o teto o máximo que puder, sem forçar, e coloque os calcanhares no chão. Sinta o alongamento atrás das pernas e cuide para não esticar demais. Segure a posição por mais ou menos 1 minuto, relaxando os pés e a barriga e deixando a cabeça pender solta. Respire da maneira mais uniforme possível pelo nariz e pela boca. Se suas pernas tremerem, explore o tremor e solte as tensões.

Bem devagar, abaixe a pélvis, erga a cabeça e os calcanhares. Fique um tempo agachado na ponta dos pés antes de se sentar na postura por 1 ou 2 minutos e expandir as sensações ativadas pelo alongamento das pernas. Você pode sentir um calor subindo das pernas para a pélvis. Expanda as sensações na coluna, na parte superior do corpo, nos braços e na cabeça. Aprofunde-as mais até que permeiem cada célula do corpo.

Repita o movimento 3 vezes, sentando-se após cada repetição por 5 a 10 minutos, expandindo e distribuindo os sentimentos despertados pelo exercício.

Este exercício estimula sentimentos de alegria e amor, e ativa a energia sexual.

## Exercício 100   Energia Saudável

Com os pés separados a uma distância confortável, agache-se apoiado na ponta dos pés. Feche as mãos formando punhos, coloque os braços fora das pernas com os punhos no chão, e deixe os polegares apontarem um para o outro.

Mantendo os punhos e os polegares no chão, abaixe a cabeça e erga a pélvis na direção do teto o mais que puder, sem forçar, e apoie os calcanhares no chão. Lembre-se de alongar de maneira leve e delicada. (Se for muito difícil alongar as pernas, não se preocupe. Se você ficar com as suas sensações, continuando a relaxar as tensões sutis, o exercício será igualmente eficiente.) Quando a pélvis estiver o mais alta possível, confortavelmente, olhe para cima e mantenha a posição por 30 segundos a um 1 minuto, respirando gentilmente pelo nariz e pela boca ao mesmo tempo. Concentre-se suavemente nos seus sentimentos.

Depois, abaixe devagar a cabeça e a pélvis, erga os calcanhares, fique algum tempo agachado na ponta dos pés e, a seguir, sente-se quieto na postura do sentar por 1 ou 2 minutos, expandindo os sentimentos despertados pelo alongamento da perna.

Faça o exercício 3 vezes, sentando-se depois de cada repetição e por 5 a 10 minutos no final, expandindo as sensações dentro e em torno do corpo.

**Exercício 101   Tocando a Energia Presente**

Com os pés separados por uma distância equivalente à largura da pélvis, agache-se apoiado na ponta dos pés e separe amplamente os joelhos para as laterais.

Vire os braços de modo que a parte de trás deles fique voltada para a frente e os dedos apontem para trás. Com os braços por dentro das pernas, ponha as mãos espalmadas no chão, um pouco afastada dos pés. Olhe para a frente, com o peito o mais alto possível.

Mantendo as mãos espalmadas no chão, abaixe devagar a cabeça, erga a pélvis o máximo que puder, sem forçar, e abaixe os calcanhares para o chão. Relaxe o pescoço e deixe pender a cabeça. Sinta o alongamento da parte posterior das pernas e nos braços, mas fique atento para não alongar demais. Mantenha essa posição por 30 segundos a 1 minuto, respirando regularmente pelo nariz e pela boca, relaxando os pés e a barriga. Se as pernas tremerem, entre no tremor e libere o máximo de tensão que puder.

Abaixe lentamente a pélvis, erga os calcanhares, levante e cabeça e fique agachado por algum tempo na ponta dos pés com o peito erguido. Depois sente-se por 1 a 2 minutos, expandindo as sensações ativadas pelo alongamento.

Faça o exercício 3 vezes, sentando por alguns minutos após cada repetição. No final, sente-se na postura dos sete gestos por 5 a 10 minutos, continuando a ampliar os sentimentos dentro e em torno do corpo.

## Exercício 102  Textura da Alegria

Fique de quatro, apoiando os joelhos em uma almofada se preferir, com os dedos das mãos apontando para a frente. Apoie os dedos dos pés no chão e distribua o peso entre os dedos, os joelhos e as mãos. Mantendo a palma das mãos no chão e os braços retos abaixe lentamente a cabeça, transfira o peso um pouco para a frente e erga os joelhos até que as pernas fiquem retas.

Abaixe os calcanhares para o chão, mantendo o alongamento por cerca de 1 minuto, respirando levemente pelo nariz e pela boca e sentindo as sensações na parte de trás das pernas. Deixe a cabeça pender solta do pescoço. Se não puder levar os calcanhares até o chão, abaixe-os o máximo possível sem forçar os músculos da parte posterior das pernas e mantenha essa posição. Traga as mãos para mais perto do corpo a fim de diminuir o alongamento na barriga da perna. Com o tempo você verá que pode trazer os calcanhares até o chão.

Após 1 minuto, bem devagar, abaixe os joelhos no chão, tocando as sensações estimuladas no corpo ao soltar o alongamento. Descanse um pouco, apoiado nas mãos e nos joelhos, com os pés relaxados e as solas voltadas para cima, continuando a expandir suas sensações.

Faça o exercício 3 vezes. No final, sente-se na postura dos sete gestos por 5 a 10 minutos, continuando a expandir as sensações.

Este exercício estimula uma sensação de alegria, incentivando-nos a focalizar e a realmente vivenciar o rico sabor desse sentimento.

☼ Outra versão deste exercício é um pouco mais vigorosa. Para assumir a posição ilustrada no desenho, ajoelhe-se numa esteira e encontre um lugar a uns 30 cm na frente do joelho esquerdo. Erga a perna esquerda e coloque o pé esquerdo nesse lugar. Erga o pé direito um pouco e apoie-se nos dedos do pé. Então, coloque a palma das mãos bem plantadas no chão à frente, separadas uma da outra na distância da largura do ombro, com os dedos apontando para a frente.

Agora, com a palma das mãos plantada no chão, abaixe devagar a cabeça, levante o joelho direito e abaixe o calcanhar direito no chão, deixando as duas pernas esticadas o máximo que puder. Sustente o alongamento por 30 segundos a 1 minuto. Mantenha a palma das mãos no chão. Lentamente, dobre o joelho direito e abaixe-o, sentindo as sensações liberadas no corpo. Descanse por algum tempo apoiado nas mãos e nos joelhos, com os pés relaxados e as solas dos pés voltadas para cima.

Agora inverta a posição das pernas e repita o exercício. Faça o movimento completo 3 vezes, primeiro de um lado depois do outro, descansando um pouco depois de cada alongamento. No final sente-se na postura dos sete gestos por 5 a 10 minutos, permitindo que os sentimentos estimulados pelo exercício sejam distribuídos por todo o corpo e o ambiente ao seu redor.

### Exercício 103   Vitalidade

Ajoelhe-se em uma esteira ou almofada macia, com as coxas em posição vertical. Erga um pouco os pés e apoie-se nos dedos, tomando o cuidado de não fazer uma pressão excessiva sobre eles. Se for difícil colocar os dedos dos pés nessa posição, solte os dedos para trás e faça o exercício desse modo. Entrelace os dedos das mãos e coloque-os atrás do pescoço, com os cotovelos bem separados um do outro.

Nessa posição, respirando de maneira natural pelo nariz e pela boca simultaneamente, bem devagar arqueie o corpo para trás sem forçar, e sustente essa posição por 15 a 30 minutos. Sinta as sensações na lombar e relaxe a garganta, o peito e a barriga tanto quanto possível.

Muito lentamente – é importante que se movimente bem devagar durante todo o exercício – endireite a coluna e sente-se sobre os calcanhares. Então, erguendo primeiro um joelho e depois o outro, agache-se na ponta dos pés, com os calcanhares juntos. Separe bem os joelhos e incline-se lentamente para a frente o máximo que puder, mantendo os cotovelos bem separados. Deixe a cabeça pender livremente do pescoço.

Sustente essa posição por 15 a 30 segundos, respirando sem esforço pelo nariz e pela boca simultaneamente, sentindo as sensações na coluna. A seguir, endireite as costas, aproxime os joelhos um do outro e passe da posição agachada para a posição ajoelhada (ajoelhe-se primeiro em um joelho e depois no outro), erguendo devagar a pélvis até que as coxas fiquem em posição vertical. Lentamente arqueie o corpo para trás, recomeçando outra vez o movimento.

Com exceção dos dois momentos em que você sustenta a posição, este exercício deve ser feito em um movimento contínuo. Faça-o bem devagar 3 vezes, respirando sem esforço pelo nariz e pela boca ao mesmo tempo e concentrando-se de leve nas sensações na coluna. Para completar o exercício sente-se na postura dos sete gestos por 5 a 10 minutos, expandindo as sensações dentro e em torno do corpo.

Uma variação deste exercício é feita com os dedos entrelaçados na parte posterior da cabeça. Observe as diferentes sensações produzidas pelos diferentes alongamentos.

Este exercício revitaliza todo o corpo, aumenta a estabilidade e melhora a coordenação.

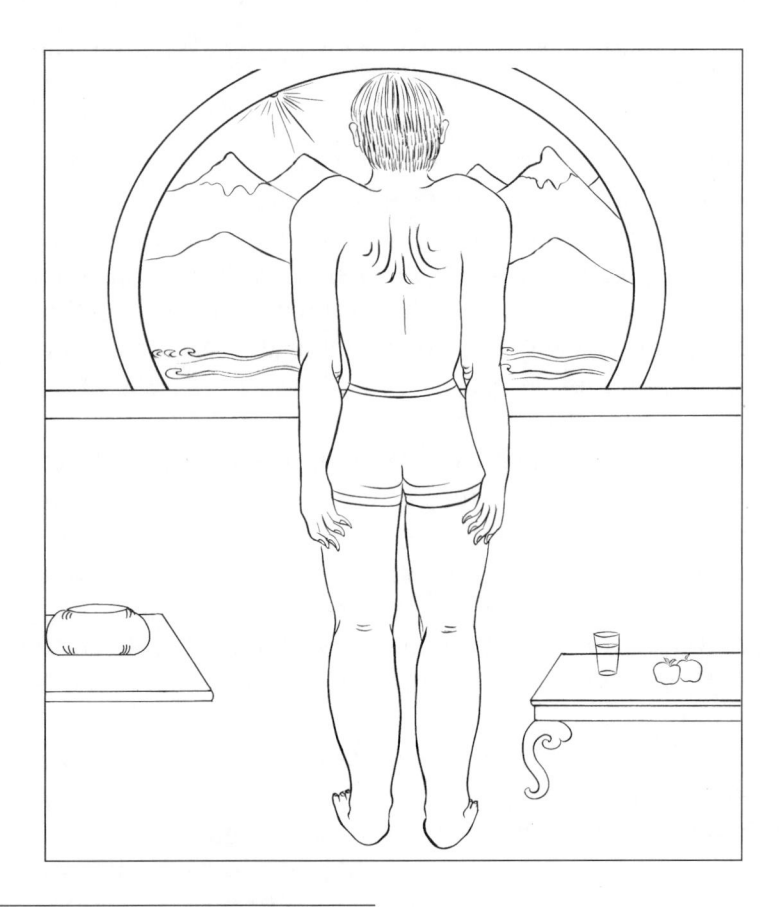

## Exercício 104   Energia Sagrada

De pé, bem equilibrado, com os pés separados por uma distância confortável, as costas retas e os braços relaxados ao lado do corpo, mova os ombros para trás o mais que puder, comprimindo as omoplatas uma contra a outra. Quando achar que empurrou os ombros para trás o máximo possível, empurre-os um pouco mais. Empurre-os para trás ainda mais um pouco, até sentir a formação de grossas rugas na pele entre as omoplatas. Mantendo os ombros puxados para trás, erga-os um pouco e agarre a parte posterior das coxas com as mãos. As costas, os braços e ombros devem estar bem tensos. Relaxe o queixo e leve o pescoço para baixo. Sustente essa posição por um período de 3 minutos, respirando suavemente pelo nariz e pela boca ao mesmo tempo, com a frente do corpo tão relaxada quanto possível. Relaxe as coxas.

Agora bem devagar, libere a tensão – leve cerca de 1 minuto para fazê-lo – e fique em pé com os braços relaxados ao longo do corpo por 1 a 2 minutos, deixando que as sutis qualidades de sentimento se espalhem pelo corpo inteiro. Faça o exercício 3 vezes, ficando em pé relaxado após cada repetição. Para completar o exercício, sente-se na postura dos sete gestos por 5 a 10 minutos, deixando que se expandam os sentimentos ativados pelo movimento.

Este exercício estimula o calor que se move pelo centro interno do corpo e equilibra as energias das partes anterior e posterior do corpo.

## Exercício 105  Fio de Ouro do Coração

Fique de pé, bem equilibrado, com os pés a 15 cm um do outro, as costas retas e os braços relaxados ao longo do corpo. Erga os braços devagar até um pouco acima da altura dos ombros, com as palmas para baixo e os cotovelos levemente dobrados. Feche os olhos, concentre-se no centro do coração e sinta o sangue ser bombeado por todo o corpo. Aprofunde a concentração e deixe a energia do centro do coração se expandir pelos braços. Respire suavemente pelo nariz e pela boca, mantendo a posição por 10 minutos. Para facilitar a postura, solte os músculos dos ombros de vez em quando.

Após manter a postura por 10 minutos, leve cerca de 1 minuto para abaixar os braços. Fique de pé alguns minutos expandindo as sensações geradas pela postura. Em seguida, deite-se de costas por 10 minutos, continuando a expandir essas sensações, até que elas se espalhem para além do corpo.

Este exercício equilibra o centro do coração, aumenta a energia mental e física, melhora a circulação e a aparência, e cria força e concentração. Ajuda também a identificar e transformar bloqueios psicológicos e físicos. Ao fazê-lo observe as áreas tensas ou fracas do corpo. Observe também os momentos em que perde a força e a concentração e tem vontade de desistir. Se sentir medo ou dor, traga esse sentimento para o centro do coração e toque-o com a concentração e a atenção.

Durante este exercício poderá vir à memória uma emoção – tristeza, mágoa ou dor. Expanda a sensação ao máximo até que os sentidos e a mente se tornem um. Penetre no sentimento até liberá-lo em experiência pura. Um lampejo de energia – a energia dessa memória – entra no presente, e o padrão da emoção se dissolve. Você se sentirá além da dor, cercado de uma expressiva qualidade que significa que você não está mais sustentando – uma qualidade de "aqui estou", que se pode observar e sentir em cada célula do corpo.

Você sentirá um sentido de união, uma disposição em deixar que os sentimentos surjam e se expandam; será capaz de abraçar diretamente a experiência e, se possível enfrentar a dor. Com mais experiência, poderá enfrentar a dor, o medo e a tensão diretamente, e soltá-los quando ocorrerem na vida diária.

Quando se familiarizar com o exercício, tente manter a posição por períodos mais longos, até 25 minutos. Depois, descanse pelo mesmo tempo em que manteve a posição, de pé com os braços soltos e depois deitado, ou se preferir, simplesmente deitado.

Feito com regularidade, este exercício traz um sentido constante de união, uma disponibilidade para deixar que os sentimentos surjam e se expandam.

## Exercício 106  Trindade da Prática: Respiração, Energia e Atenção

Fique em pé com os pés levemente separados, as costas retas e os braços soltos. Estique os braços e junte as palmas das mãos com os dedos para a frente. Em um movimento contínuo, alongue o tronco, puxando os braços para a frente e a pélvis para trás. Ponha a cabeça entre os braços até que tronco, cabeça e braços fiquem paralelos ao chão. Mantenha as costas retas durante o movimento.

Nessa posição, estique os braços para a frente e a pélvis para trás, mantendo os joelhos retos. Respire regularmente pelo nariz e pela boca. Entrelace as mãos e alongue mais nos dois sentidos; o corpo se abaixará um pouco até você sentir que tocou um lugar de energia. Talvez ocorra um tremor. Segure a posição por 15 a 30 segundos.

Sem soltar a tensão, separe devagar as mãos e mantendo os braços no mesmo nível, mova-os em arco, com as palmas para baixo, até ficarem ao lado do corpo, apontando para trás. Estique o pescoço para a frente e a pélvis para trás. Segure o quanto puder, respirando regularmente pelo nariz e pela boca.

Lentamente, solte a tensão e fique de pé em silêncio por 3 a 5 minutos, distribuindo o peso nas pernas. Repita o exercício 2 vezes, descansando após cada repetição. Sente-se na postura dos sete gestos por 15 minutos, ampliando as sensações até que se espalhem para o universo, sem que nada mais atraia sua atenção. Você sentirá aberturas por toda a coluna, no peito, nas mãos, no pescoço e na cabeça.

Este exercício estimula e revitaliza as energias internas e constrói força e concentração.

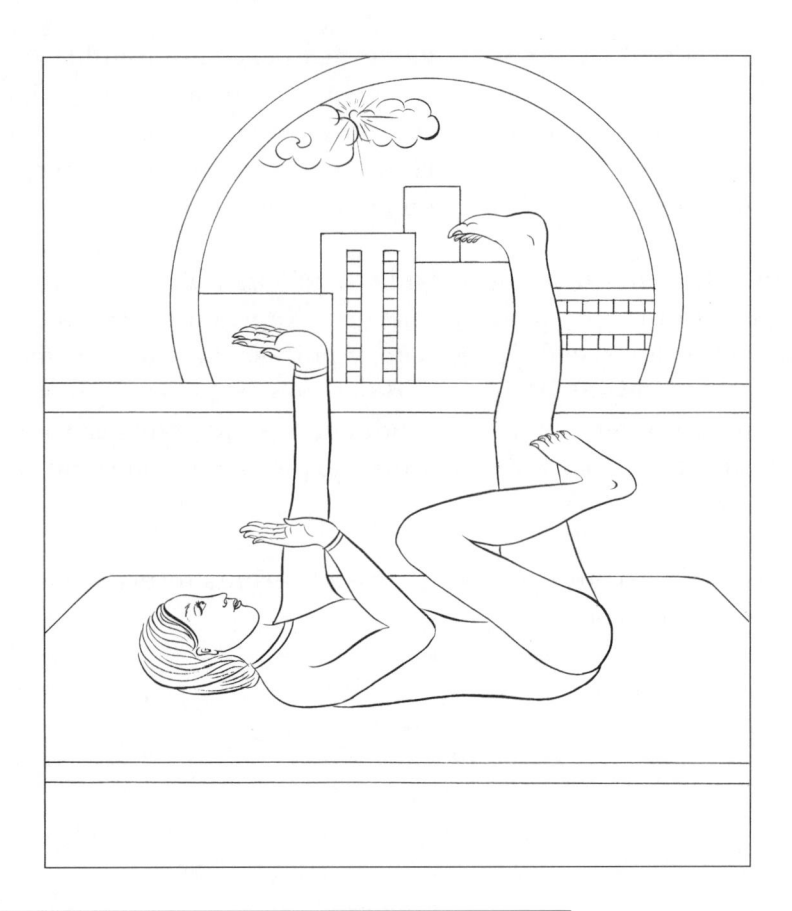

## Exercício 107   Expandindo a Energia Interior

Deite-se de costas com as pernas separadas a uma distância confortável e os braços ao lado do corpo. Dobre os joelhos, um de cada vez, e traga-os para o peito. Flexione os tornozelos e aponte os dedos dos pés para a cabeça, ficando assim durante todo o exercício. Deslize os braços no chão até ficarem na altura dos ombros com as palmas para cima. Puxe fortemente as coxas em direção ao tronco, atento ao músculo da parte superior da coxa que controla esse movimento. Relaxe os ombros, pescoço e braços e respire suavemente pelo nariz e pela boca.

Mantendo a coxa esquerda tão próxima do corpo quanto possível, estenda devagar a perna direita para o teto, com o tornozelo flexionado. Sinta a contração na coxa esquerda e a extensão na coxa direita. Relaxe a parte superior do corpo e a barriga, e dobre o joelho direito devagar, aproximando a coxa o mais que puder do corpo, enquanto alonga a perna esquerda para cima. Expanda as sensações, unindo-as à respiração, à atenção e ao movimento.

Faça o movimento completo 3 vezes seguidas. Depois abaixe a perna esquerda, relaxe a tensão e traga um pé de cada vez de volta ao chão. No final, deite-se de costas com as pernas estendidas por 5 a 10 minutos, expandindo as sensações estimuladas por este movimento.

Depois de se familiarizar com esse exercício, experimente esta variação:

Deite-se de costas com as pernas separadas a uma distância confortável, os braços próximos do corpo, dobrados nos cotovelos e as palmas para o teto. Dobre os joelhos, um de cada vez, traga-os junto do peito e flexione os tornozelos. Imagine que uma força intensa empurra as mãos, criando tensão nos braços e nas pernas.

Mantendo a tensão no braço e na perna esquerdos, estenda lentamente o braço e a perna direitos para o teto, mantendo a palma paralela ao teto e o tornozelo flexionado. Depois, dobre e abaixe devagar o braço e a perna direitos, trazendo-os para perto do corpo e, ao mesmo tempo estenda o braço e a perna esquerdos.

Faça o movimento completo nos dois lados do corpo, 3 vezes seguidas. Depois, abaixe devagar o braço e a perna esquerda e, aos poucos, solte a tensão nos braços e nas pernas. Os pés voltam para o chão um de cada vez. Solte as pernas e traga os braços ao lado do corpo.

Descanse de costas por 5 a 10 minutos, respirando suavemente pelo nariz e pela boca e expandindo as sensações despertadas pelo movimento.

Este agradável exercício estimula o livre fluxo da energia pura por todo o corpo, trazendo sentimentos positivos de alegria.

## Exercício 108   Tocando o Corpo Presente

Encontre uma parede lisa, com bastante espaço diante dela. Deite-se sobre o lado esquerdo, com o braço esquerdo estendido acima da cabeça e a palma da mão virada para baixo. Apoie a cabeça no braço e, com as pernas esticadas, coloque os dois pés contra a parede, separados um do outro por aproximadamente 15 cm, com o pé esquerdo próximo ao chão. Sustente seu corpo, apoiando a palma da mão direita no chão perto do peito; levante a cabeça e a parte superior do tronco, e dobre o braço esquerdo no cotovelo, trazendo o cotovelo para mais perto do corpo, até que forme um ângulo reto e o antebraço repouse no chão, com a palma virada para baixo. Descanse o braço direito ao longo do lado direito do corpo.

Nessa posição, respire suavemente pelo nariz e pela boca ao mesmo tempo, empurre a parede com o pé esquerdo e erga a perna e o quadril esquerdos acima do chão. A perna direita permanece relativamente relaxada. Mantenha-se nessa posição por alguns segundos; depois, aos poucos, traga o quadril e a parte posterior da perna de volta ao chão e descanse um pouco expandindo os sentimentos estimulados no corpo. Observe a qualidade da respiração. Em seguida, role lentamente para o lado direito e repita o movimento, desta vez empurrando a parede com o pé direito.

Faça o exercício completo 3 vezes, primeiramente de um lado e depois do outro, descansando um pouco depois de cada lado. No final, deitado de costas, descanse por 5 a 10 minutos, continuando a expandir as sensações despertadas pelo movimento.

Uma variação deste exercício é feita levantando o braço para o teto à medida que erguer o quadril e a perna.

Este exercício alivia a qualidade de retenção interna e de frio interior, e cria leveza no corpo.

## Exercício 109 Totalidade da Energia

Deite-se de bruços com as pernas separadas por uma distância confortável, o rosto virado para um lado e descansando no chão.

Apoie-se nos dedos dos pés e coloque a palma das mãos bem plantada no chão próximo ao peito, com os cotovelos erguidos. Mantendo o peito no chão, eleve a pélvis o mais alto que puder, sem forçar; caminhe com os dedos dos pés na direção da pélvis, isso o ajudará a erguê-la mais alto. Cuide para não exercer muita pressão no pescoço. Mantenha a pélvis erguida por 15 a 30 segundos, respirando suave e uniformemente pelo nariz e pela boca.

A seguir, abaixe devagar a pélvis para o chão, relaxe os pés, volte a cabeça para o outro lado e coloque os braços ao lado do corpo. Descanse um pouco, expandindo as sensações estimuladas pelo movimento. Faça o exercício 3 vezes, descansando de bruços após cada repetição. No final, role no chão até ficar deitado de costas, dobre os joelhos, traga-os para junto do peito e abrace as pernas. Descanse nessa posição por 5 a 10 minutos, continuando a ampliar e a distribuir as sensações no seu corpo.

Uma versão um pouco mais difícil deste exercício é feita com a parte superior da testa encostada no chão.

## Exercício 110  Energizando o Corpo e a Mente

Deite-se de costas com os braços abertos na altura dos ombros e as palmas das mãos para cima. Dobre levemente os joelhos, junte os pés com as solas apoiadas no chão. Separe os joelhos o quanto puder, mantendo as solas em contato com o chão, embora a parte interna do pé se levante um pouco. Erga a pélvis o máximo possível, apoiando o peso do corpo nos ombros e nos pés. Respire suavemente pelo nariz e pela boca e mantenha a posição por 1 a 3 minutos. As pernas e a pélvis poderão tremer um pouco. Fique atento a quaisquer mudanças na respiração.

Depois de 1 a 3 minutos, apoie devagar a pélvis no chão, solte as pernas, uma de cada vez, e traga os braços para junto do corpo.

Descanse alguns minutos, expandindo os sentimentos estimulados pelo exercício. Você poderá sentir calor entre as omoplatas e sensações de abertura nos centros inferiores de energia.

Faça o exercício 3 vezes, descansando depois de cada repetição. Para terminar, puxe os joelhos para junto do peito, ponha as mãos em torno deles e descanse nessa posição por 5 a 10 minutos.

☼ Uma variação deste exercício consiste em levantar o peito em lugar de pélvis. Deite-se de costas com os braços relaxados ao lado do corpo, os joelhos ligeiramente dobrados e os pés juntos.

Separe os joelhos mantendo os pés firmes no chão. Enquanto você ergue o peito com a ajuda dos cotovelos, incline a cabeça para trás de modo que possa descansar o topo da cabeça no chão. Depois, estenda os braços para os lados, até a altura dos ombros, com palma das mãos virada para cima.

Conserve essa posição por 1 a 3 minutos, respirando sem esforço pelo nariz e pela boca ao mesmo tempo. Depois, traga os braços para junto do corpo e apoie o peso nos antebraços; endireite o pescoço, abaixe as costas no chão e estique as pernas, uma de cada vez. Descanse por vários minutos, expandindo as sensações estimuladas pelo exercício. Você poderá sentir sensações de abertura no peito. Faça o exercício 3 vezes, descansando depois de cada repetição, e no final por 5 a 10 minutos.

Este exercício libera a tensão na coluna e na parte inferior do corpo, revitalizando todo o corpo e a mente.

## Exercício 111   Circulação de energia

A posição para fazer este exercício é um pouco delicada e requer um tipo sutil de equilíbrio. Você descobrirá que certos dias será mais fácil fazê-lo do que em outros.

Deite-se de bruços no chão, com as pernas ligeiramente separadas, os braços ao lado do corpo e a cabeça virada para um lado. Erga um pouco os pés e apoie-se nos dedos. Nessa posição, delicadamente, levante os joelhos, as coxas e a parte inferior do abdômen a 10 cm abaixo do umbigo, erguendo-os até 25 cm ou mais do chão. A parte superior do tronco permanece em contato com o chão. Haverá alguma tensão nos quadris e na área do sacro, mas o peito, os ombros e a garganta devem estar relaxados. A respiração acontecerá sem esforço pelo nariz e pela boca ao mesmo tempo. Tanto quanto possível, relaxe também a parte posterior das pernas.

Comprima de leve a barriga e retenha um pouco a respiração bem à frente do sacro; isso ajudará a gerar energia. Leve sua concentração para a base da coluna. Logo que sentir uma sensação ali - talvez calor ou um tipo delicioso de energia curativa - aumente um pouco a tensão na área do sacro. Mantenha os joelhos retos. Não aperte demais; se o fizer, a respiração no peito se tornará difícil e você terá de respirar de modo rápido e pesado, tornando a energia obscurecida e diminuída. É necessário encontrar um ponto de equilíbrio, que não seja tenso nem muito solto; certos sentimentos serão então gerados dentro do seu corpo. O peito e a garganta precisam estar relaxados, a área abaixo do umbigo, tanto na frente quanto atrás, um pouco retesada e a respiração leve.

As sensações seguem um lento caminho interno: sobem da base da coluna pela barriga e pelo peito, em direção à garganta e a cabeça; na cabeça a energia curativa se curva em direção à coluna, passa pelos nervos da medula espinhal, move-se para baixo por toda a coluna até o sacro, entra nos centros inferiores de energia, e inicia novamente o círculo para cima, girando como uma roda.

Assim que sentir a energia fluir nesse caminho circular e for capaz de manter a circulação, sustente a posição por 3 a 5 minutos. Então, delicadamente volte para o chão e descanse por 3 a 5 minutos, continuando a respirar conforme o ritmo anterior. Vire a cabeça para o outro lado, se preferir. Em seguida, torne a elevar as pernas e a parte inferior do abdômen, e continue a girar a roda de energia por 5 a 15 minutos.

Se você não conseguir sentir essa energia, separe um pouco os joelhos - isso automaticamente criará maior tensão no primeiro e no segundo centro de energia, gerando mais energia que então se moverá para trás do sacro e você poderá senti-la. No momento em que a energia for para a base da coluna, tome cuidado para não comprimir o peito. O peito deverá estar solto e quase imóvel. Se não sentir essa energia fisicamente, imagine-a; você poderá descobrir um sentimento muito alegre e refrescante.

Se tiver dificuldade de levantar o corpo do chão, não force, apenas respire muito sutilmente, retendo a respiração um pouco no abdômen e na parte de trás da coluna perto do sacro. Imagine a parte inferior do corpo erguendo-se, como se fosse atraída por um ímã. Se respirar de modo muito pesado, não poderá sentir o fluxo de energia na coluna. Relaxe o abdômen - uma tensão muito pesada nessa área também pode tornar essa posição difícil.

Se encontrar dificuldade para manter as pernas e os centros inferiores de energia acima do chão durante 5 ou 15 minutos, erga-os por tempos menores, nem que seja por alguns segundos. A parte inferior das costas deve ficar o mais solta possível nessa posição. Se for difícil levantar os joelhos, estique as pernas como se quisesse alongá-las e os joelhos se erguerão do chão. Se ainda assim não puder sustentar a posição, deixe que os joelhos toquem o chão, mas não deixe os centros inferiores de energia pressionarem o chão com muita força.

Se não conseguir sustentar essa posição de modo algum, simplesmente deite-se de bruços e fique bem relaxado. Sinta a energia subindo suavemente por trás da base da medula espinhal, avançando para a parte inferior do abdômen, e para cima até o peito. Sinta o fluxo de energia relaxando o peito e a garganta. Siga a energia subindo até o interior da cabeça e descer pelo crânio de volta à medula espinhal. Surge ali uma energia quente, que desce lentamente por toda a extensão da coluna.

O descanso no final é parte integrante do exercício. Volte lentamente para o chão deitado de bruços, e descanse pelo mesmo período de tempo que conseguiu sustentar a posição, vivenciando o movimento do sentimento e da energia dentro de você. Depois de descansar, role para um lado, dobre os joelhos, puxe-os na direção do peito e, muito lentamente, volte para uma posição sentada com o apoio da mão no chão. Este exercício poderá afetar o seu sentido de tempo, e é importante mover-se bem devagar e com atenção para sentar ou ficar em pé. Antes de ficar em pé, mova devagar a cabeça para cima e para baixo, e de um lado para o outro, a fim de soltar quaisquer tensões ainda presentes.

Este exercício libera os bloqueios de energia, incluindo os bloqueios sexuais, nos centros inferiores de energia e distribui essa energia por todo o corpo.

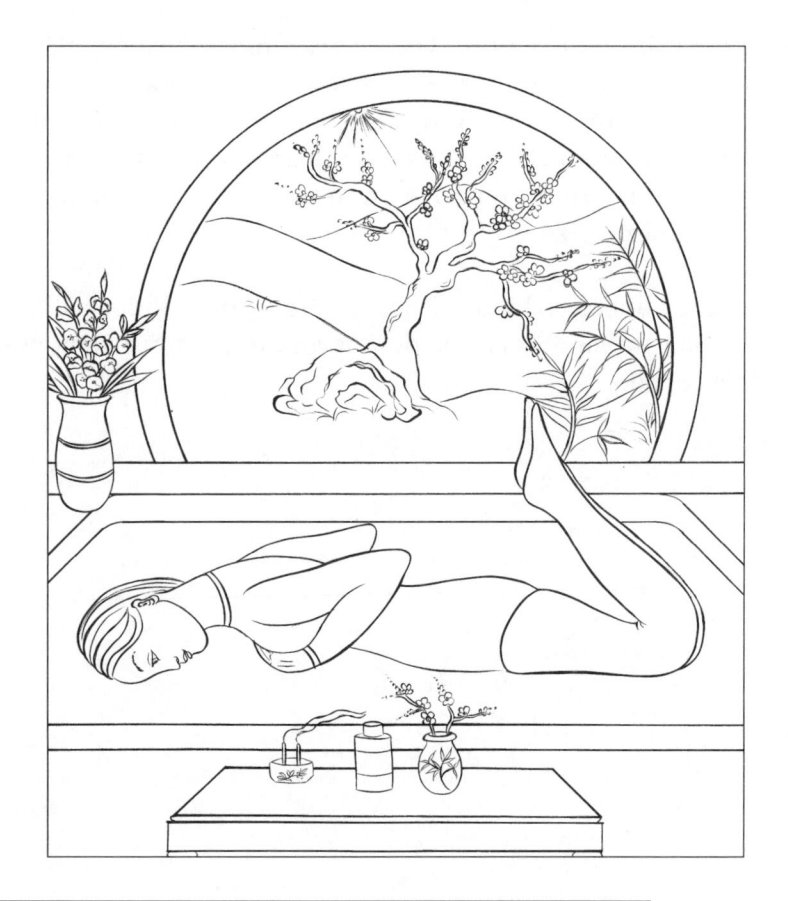

### Exercício 112   Estimulando o Equilíbrio da Energia

Deite-se de bruços, com o rosto voltado para a esquerda e a face repousando no chão. Separe as pernas uma da outra, deixando entre elas uma distância confortável, dobre os joelhos, deixe que os dedos dos pés apontem para o teto e traga os calcanhares para junto das nádegas.

Coloque a testa no chão e ponha a palma das mãos em cada lado do peito, de modo que os dedos se encontrem no centro do peito. Com a testa no chão, use as mãos e os braços para erguer vagarosamente o peito do chão o mais alto que puder, sem forçar. Mantenha essa posição por 30 segundos a 1 minuto, respirando uniformemente e suavemente pelo nariz e pela boca.

Agora, retorne ao chão enquanto solta devagar a tensão. Vire a cabeça para o lado direito, endireite as pernas, traga os braços para junto do corpo e descanse por algum tempo, ampliando as sensações estimuladas pelo movimento. Talvez você sinta calor no peito e sensações de formigamento na parte inferior das costas.

Faça o movimento 3 vezes, e descanse deitado de bruços depois de cada repetição. No final, role no chão até ficar de costas, dobre os joelhos e traga-os para junto do peito; abrace os joelhos e descanse por 5 a 10 minutos, continuando a expandir os sentimentos no corpo. Se quiser, endireite as pernas e descanse os braços ao lado do corpo.

## Exercício 113 Sentindo a Bem-aventurança

Deite-se de bruços, com a cabeça virada para um lado, as pernas separadas a uma distância confortável e os braços ao lado do corpo. Dobre os joelhos e aponte os dedos dos pés para o teto. Apoie a testa no chão, e traga as palmas das mãos para o centro do peito, deixando que os dedos se toquem.

Agora, mova os pés na direção da cabeça e a cabeça na direção dos pés, arqueando a coluna para trás. Não tensione, mova-se apenas até onde puder sem forçar. Mantenha a posição por alguns segundos e então, suavemente, retorne o corpo ao chão. Vire a cabeça para o outro lado, endireite as pernas e relaxe os pés; traga os braços para junto do corpo e descanse por alguns minutos.

Repita o movimento 3 vezes, e use o período de descanso após cada repetição para deixar que os sentimentos estimulados pelo exercício se expandam pelo corpo inteiro. No final, role o corpo até deitar de costas, dobre os joelhos para o peito e abrace-os. Descanse nessa posição por 5 a 10 minutos, expandindo as sensações dentro e ao redor do corpo. Se quiser, endireite as pernas e descanse os braços ao lado do corpo por algum tempo.

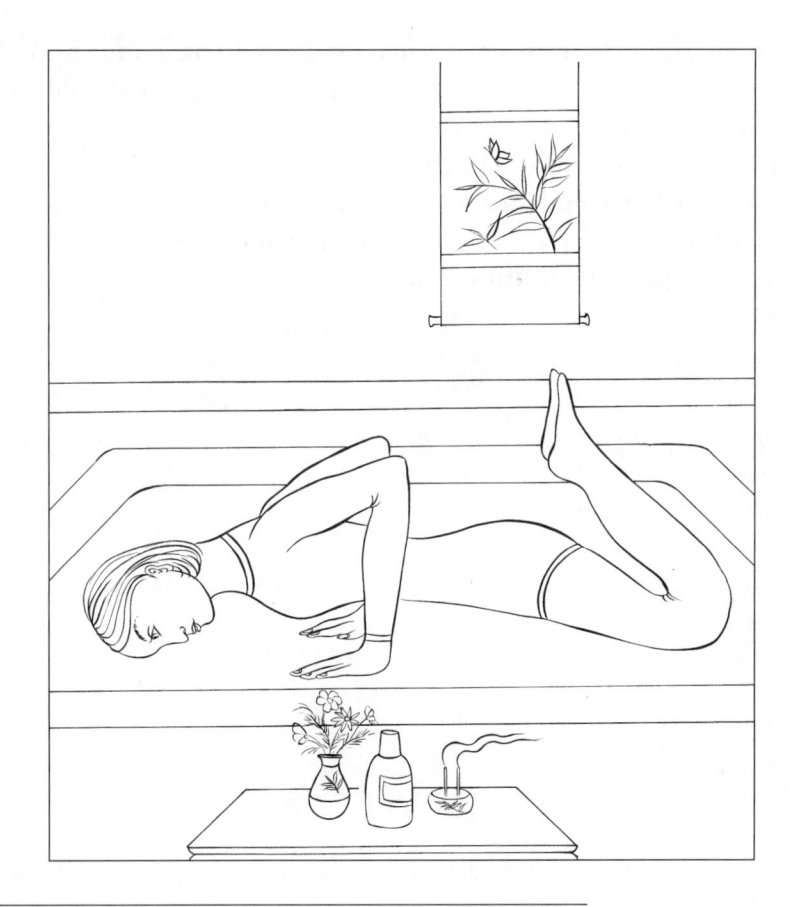

### Exercício 114   Utilizando a Energia Expansiva

Faça este exercício em um chão atapetado e use um pequeno travesseiro sob a cabeça. Deite-se de bruços e apoie a testa no travesseiro.

Coloque a palma das mãos no chão, na altura do peito, com os cotovelos erguidos para cima e os dedos apontando para a frente. Separe as pernas, deixando entre elas uma distância equivalente à largura da pélvis, dobre os joelhos e deixe os dedos dos pés apontarem para o teto. Nessa posição, empurre as mãos no chão e erga o tronco o mais alto que puder, de modo que o peso do corpo fique nos joelhos, na testa e nas mãos. A testa deve permanecer no chão. Mantenha a posição por alguns segundos, respirando pelo nariz e pela boca ao mesmo tempo, tão suavemente quanto puder. Se começar a tremer, deixe o tremor se juntar à respiração, e libere as tensões. A seguir, desça devagar o corpo até o chão, vire a cabeça para um lado, endireite as pernas, relaxe os pés, traga os braços para o lado do corpo e descanse por alguns minutos, expandindo as sensações geradas por esse movimento.

Faça o exercício 3 vezes. Descanse deitado de bruços por alguns minutos depois de cada repetição e por 5 a 10 minutos no final.

Este exercício poderá levá-lo a um lugar de imensa energia. Sinta especialmente as sensações no abdômen, talvez sensações de calor e de expansão, distribuindo-as por todo o corpo.

## Exercício 115   Totalidade do Corpo e da Mente

Faça este exercício descalço e deitado em um chão atapetado; use um pequeno travesseiro para apoiar a cabeça. Deite-se de bruços, com os braços estendidos na altura dos ombros, com a palma das mãos virada para baixo. Separe as pernas, deixando entre elas uma distância confortável e descanse a testa no travesseiro. Erga um pouco os pés e apoie-se nos dedos dos pés. Dobre os cotovelos e deslize as mãos pelo chão até aproximá-las do peito com os antebraços na vertical. Deixe os dedos apontarem para os lados.

Pressionando os dedos do pé, as mãos e a testa no chão, erga o tronco e as pernas do chão. Mova os pés na direção da cabeça e role um pouco a cabeça até apoiar o topo no travesseiro. Mantenha a posição por 30 segundos a 2 minutos, respirando regularmente pelo nariz e pela boca. A seguir, abaixe o corpo, deixe os pés caminharem de volta para posição inicial, até relaxar uma perna e depois a outra no chão. Vire a cabeça para um lado, traga os braços para o lado do corpo e descanse por alguns minutos, expandindo as sensações geradas pelo movimento.

Faça o exercício 3 vezes, descansando um pouco depois de cada repetição. No fim, descanse por 1 minuto deitado de bruços e depois role o corpo até deitar-se de costas. Descanse por 5 a 10 minutos e continue a ampliar os sentimentos dentro e em torno do corpo.

# RETIRO

*Tudo o que você faz pode ser uma bela cerimônia, uma dança de apreciação.*

Fazer um retiro em meio à natureza, uma, duas, ou várias vezes por ano, por mais breve que seja, pode expandir muito sua prática do Kum Nye. Se possível, passe quatro dias de cada estação, ou uma semana por ano, nas montanhas, em uma floresta, perto do mar ou de um rio.

Durante o retiro, fique ao ar livre o máximo que puder. De manhã, faça respirações por mais ou menos uma hora. Sente-se na postura dos sete gestos, abra suavemente a boca e as narinas e respire bem devagar, encolhendo levemente a barriga. Abra todos os sentidos e convide as energias vivas que o cercam a entrar no seu corpo. Deixe que todo o corpo, dos pés à cabeça, sinta as energias do cosmo – a luz, o ar, a terra, as plantas, a água e o céu.

Visualize as qualidades curativas positivas dessas energias vivas enquanto fluem para dentro e se reúnem no seu corpo. Junte seus sentimentos a essas energias e deixe que se irradiem, expandindo-os além de você para o cosmo, em um exercício ininterrupto, uma interação contínua, uma dança circular de energia.

Continue esse processo de interação curativa e tome sol duas vezes por dia, cerca de 25 minutos, mas não mais do que 40 minutos por vez. Após o banho de sol, ou antes de dormir, faça uma hora de massagem e passe óleo no corpo ao terminar. A automassagem ao ar livre com óleo de gergelim é uma experiência deliciosa. Em outro período do dia, faça um ou dois exercícios de movimento que deseja se aprofundar mais, e traga sua atenção, de vez em quando, às sílabas do mantra OM AH HUM.

Durante o retiro, ou melhor ainda, durante o ano todo, durma sete ou oito horas por noite e faça refeições simples e equilibradas. Não se preocupe muito com a alimentação. Seja qual for a sua dieta, torne-a mais leve: evite farinha branca, açúcar refinado, e coma mais frutas, verduras, nozes, soja e grãos integrais. Diminua a carne para que sua dieta se torne cerca de 65% vegetariana. Mastigue muito bem e devagar, desfrutando plenamente os diferentes sabores e texturas da sua alimentação. Coma o suficiente, mas cuide de deixar um espaço no estômago para a digestão.

Durante suas atividades diárias, deixe o relaxamento permear cada experiência, fique atento e concentrado, integrando o corpo, a mente e os sentidos. Dessa maneira, tudo o que você fizer se tornará uma bela cerimônia e toda a sua vida será transformada.

# Índice Remissivo

**A**
Alimento, 9, 29
ambiente externo, 2, 3, 6, 9, 16, 144, 314,, 340, 356
　　　　interno, 16, 41
ansiedade, 38,39, 172, 254, 268
articulações, 28, 69, 135, 180, 182
atenção plena, 3, 10, 13, 17, 18, 56, 96, 200-202, 290
　　　　e respiração, 40-41
　　　　expandindo, 186
automassagem, 8, 17, 21, 58

**B**
Bíceps, 121
Buddha, 26

**C**
Cabeça, 27, 37, 38, 70, 275, 277
　　　　massagem, 84-94
　　　　pontos de pressão, 84
calor, 4, 10, 11, 19, 21, 33, 61, 93, 146, 277, 361
cansaço, 182, 191
costas, 30, 61, 82, 133, 159, 161, 164,166, 168, 170, 174, 178, 179, 190, 192, 212, 218, 230, 364
　　　　massagem, 122-125
　　　　pontos de pressão, 122-123
　　　　tensão nas, 236, 212
centro da cabeça, 37, 38, 39, 277, 291, 292
centro da garganta, 7, 37, 38, 39, 171, 277, 291, 292
centro do coração, 37, 38, 39, 166, 223, 250, 277, 291, 292, 302, 304, 362
centro do umbigo, 277, 283, 291, 277, 283
centros de energia, 23, 40, 171, 279
circulação, 106, 117, 191, 247, 250, 255, 260, 374
coluna, 92, 147, 297
　　　　energia da, 90, 175, 176, 180, 191, 255, 257, 287, 302
　　　　estimulando a energia da, 154, 169, 189, 207, 311
　　　　sentimento na, 162, 182, 185, 231, 359
　　　　soltando a, 102, 103, 125, 148, 171, 225, 227, 229, 313, 373
comer, 3, 9, 21, 112, 204
comunicação, 9, 145
concentração, 6, 11, 18, 144, 158, 171, 178, 187, 201, 233, 247, 277, 291, 322, 365
confiança, 22, 23, 56, 173, 258, 298
consciência,10, 11, 18, 19, 20, 41, 42, 56, 89, 96, 173, 280
coordenação, 247, 253, 268, 359
coração, 4, 18, 19, 23, 38, 39, 58, 148, 194, 205, 249, 275, 362

cores, 2, 36, 292, 299

corpo de conhecimento, 22, 181-183, 276, 277

corpo e a mente, iv, vi, 4, 6, 7, 8, 33, 144, 145, 148, 164, 167, 168, 200, 203, 205, 211, 221, 228, 246, 372
    corpo e mente, 58, 141, 201

corpo, v-vi, 2-23
    como fonte de energia, 19
    energizando o, 372
    expandindo além, 51
    regenerando o, 11, 12

corporificação, 13, 22, 141, 145, 274, 275, 290

cuidado, 16, 66, 103, 146

cura, v-vi, 3, 6, 8, 9, 10, 22, 26, 90, 144, 148, 162, 205, 275
    centro de cura, 89

## D

Dieta, 387

dor de cabeça, 235, 289

dor, 22, 41, 58, 59, 93, 136, 172, 180, 194, 235, 255, 257, 294, 363

## E

Ego, 12, 57, 58

emoções, 12, 41, 70, 148, 201, 254, 276
    bloqueios das, 58, 255, 363
    desequilíbrios das, 38, 200
    transformando as, 254

energia, 3-13,19, 56-60, 274-278, 305, 313, 321, 326, 331, 346, 351, 360, 364, 366, 370, 374, 382
    acumular, 41, 200
    bloqueios de, 201
    brincar com a, 157
    corporificação de, 274
    curativa, 10, 90, 145, 164, 258, 305, 331, 375
    distribuição de, 221
    e a respiração, 34-42
    estimulando, 7, 12, 21, 126
    expandindo a, 258, 366
    na coluna, 376
    sistemas de, VI
    sutil, 6, 21, 46, 144, 201, 278
    vitalizando a, 159, 238

equilíbrio, 2, 17, 38, 144, -147, 169, 171, 200-205, 221, 253, 265, 335, 374, 378
    das energias, 201
    falta de, 5, 38, 205

espaço, 2, 9, 18, 19, 23, 41, 59, 145, 156, 160, 176, 183, 202, 212, 230, 232, 263, 274, 276

esternoclidomastóideo, 95, 96, 99

estômago, 53, 195, 233

eu, 11, 38, 57, 58, 201, 203
exercícios sem esforço, 10, 38, 146
    grupos de, 146
    instruções para os, 20, 60
    sem expectativa, 19
existência, 6, 10, 12-13, 47, 58, 145, 201
expectativa, 19, 20, 275, 278
experiência, v-viii, 2-12, 16-23, 32, 36, 38, 41, 58, 145, 149, 173, 201, 203-205, 275, 277, 279
    centro de, 276
    direta, 40, 57, 276
    expandir a, 147, 221
    sensível, 203

**F** Felicidade, 2, 3, 12, 17, 57, 93, 202

**G** Grávida, 104, 146, 153, 161, 184, 206, 208, 210, 224, 226, 228, 286, 342

**H** Harmonia, v, vii, 2, 3, 6, 10, 23, 201
hormônios, 255

**I** Infância, 4, 33
integração do corpo e da mente, 9, 18, 200, 274
interação, 9, 10, 47, 57, 145, 146, 234
intestino, 113, 114, 121

**J** Joelhos, 27, 28
    pontos de pressão, 129, 318

**K** Ku, 11
Kum Nye, v-vii, 2, 7, 9, 10-12, 16-23, 39, 43, 56, 141, 146, 204, 247, 277, 279, 297

**L** Longevidade, 12
lu, 10

**M** Mandala, 18, 37, 183
mantra, 47, 51, 171, 292-293
mãos, 27, 59
    energizando as, 61-62
    massagem, 63-69
    pontos de pressão, 68
massagem da barriga, 112-116, 178
    pontos de pressão, 114-115
massagem dos braços , 117 -121

    pontos de pressão, 119
massagem interior, 57
massagem, 8-10, 17, 19, 21, 42, 55-60
    barriga, 112-116
    braço, 117-121
    cabeça, 84-94
    costas, 122-125
    mãos, 61-69
    músculos internos, 250
    ombros, 104-105
    peito, 106-111
    pernas, 128-132
    pescoço, 95-103
    quadril, 126-127
    rosto, 70-83
memória, 38, 58, 135, 145, 363,
metacárpicos, 65
movimento,3, 7, 8, 17, 18, 248
músculo deltóide, 121
músculo trapézio, 105
músculos, 7, 8, 10, 19, 59, 66, 70, 79, 85, 91, 96, 102, 117, 121, 122, 131, 253, 279, 297, 308

## N

Natureza, 4, 5
nomeando a experiência, 20, 173
nutrição, 2, 7, 9

## O

Olhos, 9, 26, 28, 171
    dos sentidos, 147, 166
OM AH HUM, 47, 51, 171, 292, 293
ombros, 148, 205, 297
    massagem, 104, 105
órgãos internos, 32, 176, 279, 291, 330
osso occipital, 154

## P

Padrão de energia, 37
padrões, iv, 11, 12, 13, 32, 201
    de pensamento, 38, 79, 243, 275
    de respiração, 36
    de tensão muscular, 32
    musculares, 58, 243
    psicológicos negativos, 258, 330, 347
pé, 26, 133ff
    massagem, 133-140

　　　　　pontos de pressão, 135
peito, 106-111, 194, 227, 229, 232, 258
　　　　　energia no, 110-111
　　　　　pontos de pressão, 106-107
　　　　　tensão no, 205, 268, 326
percepção sensorial, Ver também sentimentos
pernas, 17, 26, 28, 204, 253
　　　　　massagem, 128-132
　　　　　pontos de pressão, 129
　　　　　tensão nas, 333
pescoço, 27, 3', 60, 95
　　　　　massagem do, 95-103
pontos de pressão, 58, 92, 118, 120, 121, 141, 303, 318, 320
　　　　　Figura 1, 68
　　　　　Figura 2, 72
　　　　　Figura 3, 84
　　　　　Figura 4, 107
　　　　　Figura 5, 119
　　　　　Figura 6, 122
　　　　　Figura 7, 129
　　　　　Figura 8, 135
　　　　　Figura 9, 141
prática matinal, 21, 42, 52, 146, 148
　　　　　noturna, 21, 42, 51, 59, 112, 146

**Q** Quadris, 109, 11, 150, 218, 232, 267, 374
　　　　　massagem, 126-127

**R** Relacionamentos, 2, 3, 7, 201
relaxamento, 2-12, 17, 20, 21, 23, 26, 31, 21, 39, 41, 46, 146, 173, 200, 203, 205, 275, 276
　　　　　três níveis de, 11
respiração, 35-42, 145-147, 200-205,
　　　　　e atenção plena, 40-47
　　　　　centro da garganta e a, 7, 37-39
　　　　　e energias, 36
　　　　　e estados mentais e emocionais, 46,
　　　　　energias mentais e físicas e a, 37
　　　　　equilíbrio da, 200
　　　　　exercícios de, 42-53
　　　　　massagem e a, 60
　　　　　qualidade da, 38, 40, 48, 369
rosto, 70, 80, 82, 84, 92

**S**

Satisfação, vi, 4, 5, 7, 10, 17, 19, 32, 38, 39, 43, 57, 145-147, 275-277, 279, 307
    dentro de si, 17
saudável, vi, vii, 2, 3, 8, 10, 17, 41, 145, 147, 274, 276, 294, 319, 351
saúde, v, 36, 275
sentidos, 3, 4-9, 12, 17, 28, 23, 39, 40-42, 45, 56, 58, 93, 141, 144, 145, 148, 200-207, 208, 210, 214, 222, 244, 274
sentimentos, 2-13
    acumular, 10
    alegres, 12, 58, 277, 347
    como mandala, 18, 183
    expandir, 17, 287
    fluir, 58, 93, 115, 201, 221, 252, 277
    negativo, 19
    neutro, 19
    qualidades dos, 6, 224
sete gestos, 26, 27, 287
sistema nervoso, 176, 266

**T**

Tempo, V, 9, 10, 12, 18, 22, 23, 31, 103, 173, 200, 202, 344
tensão, 3, 4, 7, 31, 32, 38, 41, 44, 60, 144, 147, 203, 221, 257, 277, 297
    aliviando a, 8, 30, 58, 86, 180, 182, 264, 288
    nos centros de energia, 23, 38, 6, 106, 112, 162, 170
    no pescoço, 103, 154, 189, 213, 225, 227, 229, 233, 262
    na coluna, 125, 163, 186, 213, 225, 227, 229, 287, 373
    na parte superior do corpo, 27, 31, 85, 91, 115, 165, 187, 195, 233, 237, 310
    na parte inferior do corpo, 28, 126, 128, 131, 163, 192, 252, 333, 373
terceiro olho, 86
tonalidades de sentimento, 8, 9, 11, 19, 32, 36, 57, 46, 173, 203, 247, 334

**U**

Úlceras, 185
umbigo, 49, 90, 116, 157, 177, 277, 282
universo, 3, 4, 5, 6, 9, 10, 13, 22, 23, 42, 58, 59, 150, 178, 195, 215, 221, 278, 291, 302, 365

**V**

Velhice, 12
visão, 9, 155, 171, 201, 299
visualização, 89, 90
vitalidade, 2, 3, 7, 13, 43, 200, 201, 268, 274, 275, 276, 294, 315, 358

# Centros Autorizados para a Prática do Kum Nye

Os centros dos *Institutos Nyingma* listados abaixo estão plenamente qualificados para oferecer programas de Relaxamento Kum Nye.

## *Brasil*
**Instituto Nyingma do Brasil**
Av. Prof. Fonseca Rodrigues, 224 - Alto de Pinheiros
05461-010 São Paulo, SP
www.nyingma.com.br

**Instituto Nyingma
do Rio de Janeiro**
Rua Casuarina, 297, Casa 2
22260-160 Rio de Janeiro, RJ
www.nyingmario.org.br

*Alemanha*
**Nyingma Zentrum
Deutschland**
Siebachstrasse 66
50733 Colônia, Alemanha
www.nyingmazentrum.de

*Argentina*
**Kum Nye Argentina**
Godoy Cruz 1570
Buenos Aires, Argentina
www.kumnyeyoga.com.ar

*Holanda*
**Nyingma Centrum Nederland**
Reguliersgracht 25,1017 Lj
Amsterdã, Holanda
www.nyingma.nl

*Estados Unidos*
**Nyingma Institute**
1815 Highland Place
Berkeley CA 94704, EUA
www.nyingmainstitute.com

**Ratna Ling
Dharma Publishing Programs**
35788 Hauser Bridge Road
Cazadero, CA 95421
www.dharmapublishing.com
www.kumnyeyoga.com